# アンコールに惹《ひ》かれて

## 国境を越える旅人

土方美雄
Hijikata Yoshio

社会評論社

**戦争とその爪跡の下から**　～カンボジア民衆の現場～

写真・文／大島俊一

1993年3月、国連管理下の選挙を控え、受け入れを拒むポルポト派との戦闘が続く。国道6号線を行くヘンサムリン派兵士。

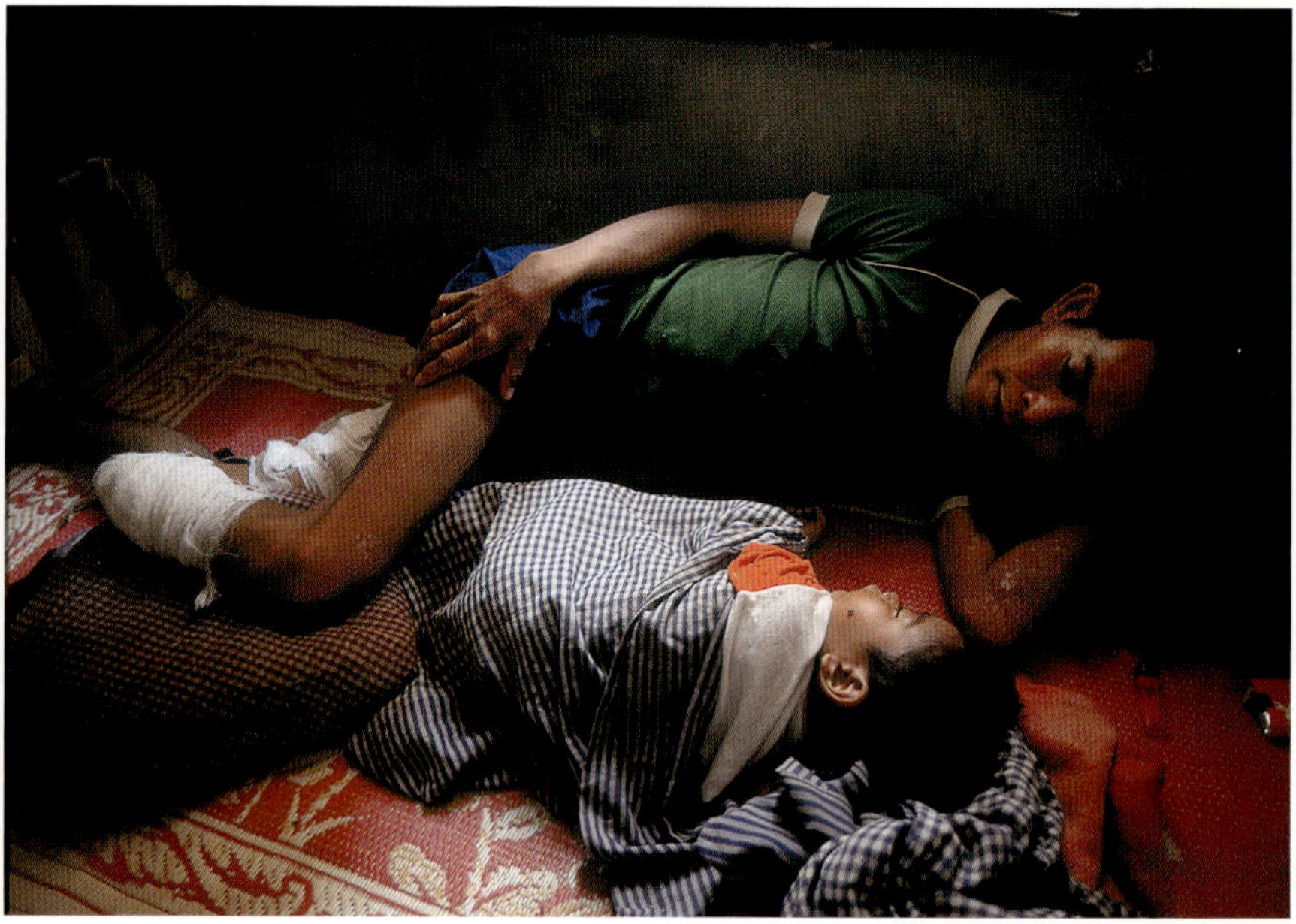

地雷で足を失った兵士、まだ小さな子供を抱えてこれからの生活は見えない。
国中にばら撒かれた地雷は今でも多くの人々の命と手足を奪い続けている。

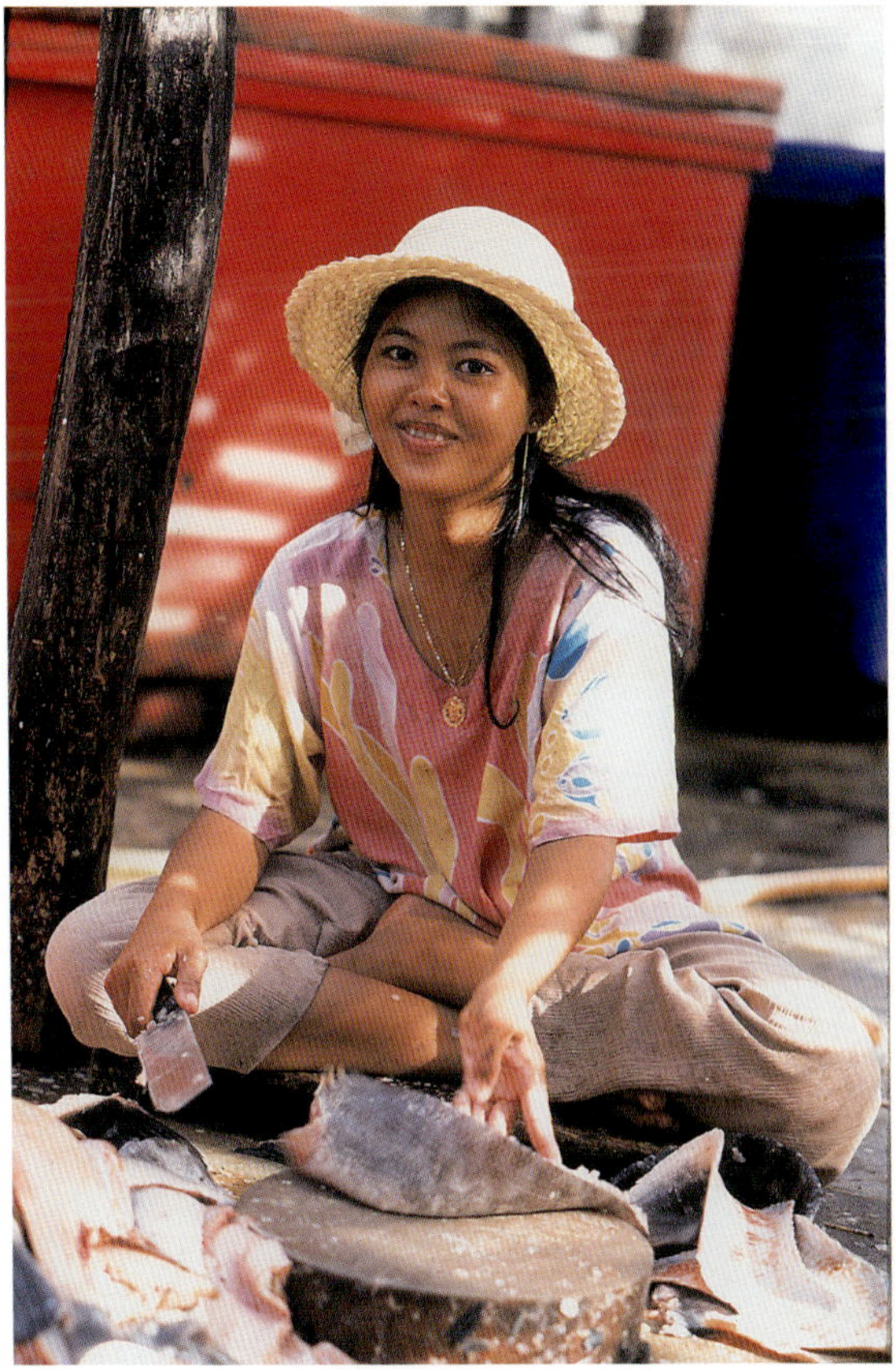

新政権が発足、戦闘は国境付近に。首都プノンペンでは落ち着いた日々が戻ってきた。

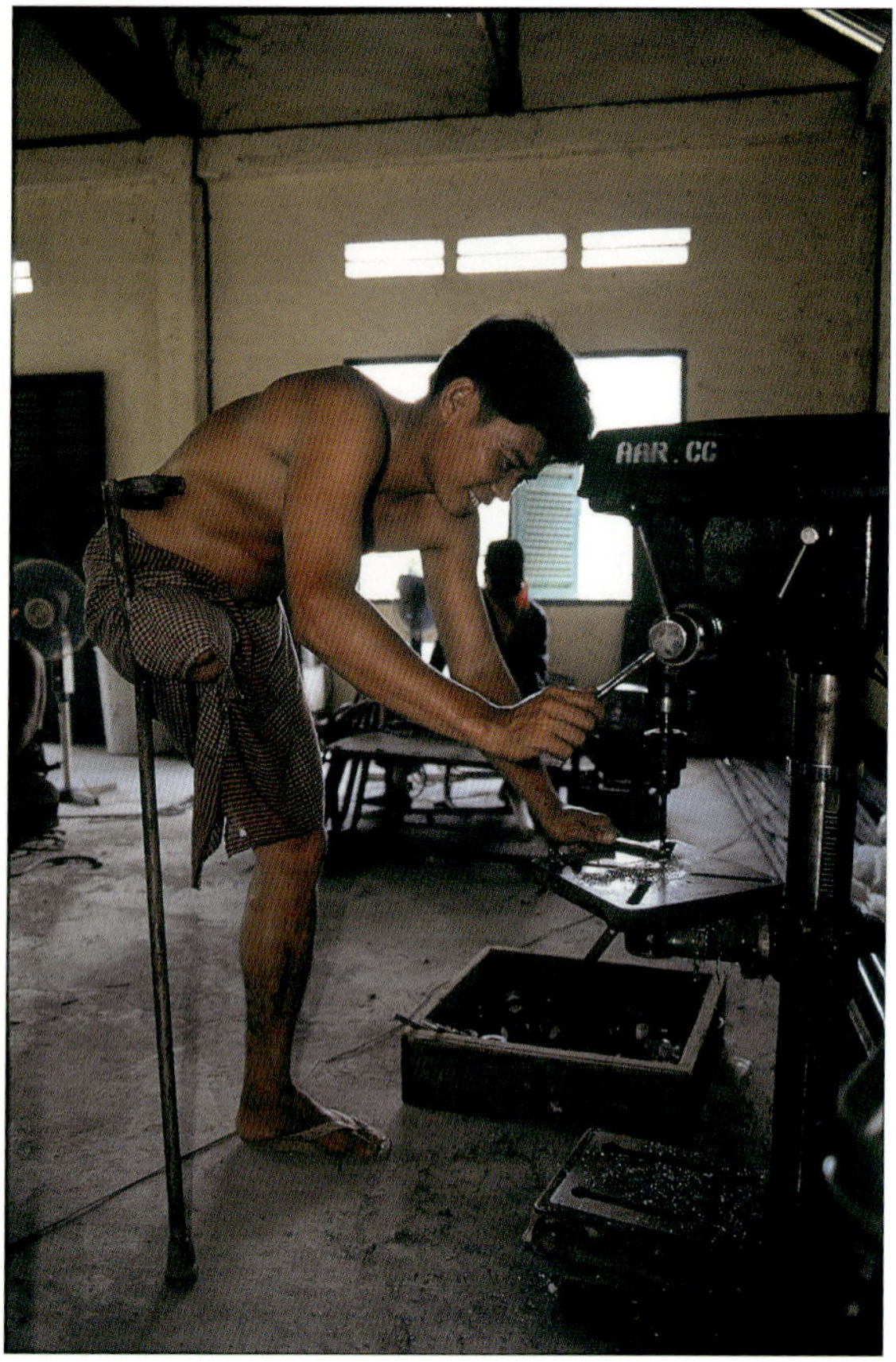


地雷被害者たちが就労を目指して職業訓練に励む。

援助と国際資本が一気に流入したカンボジア、貧富の差が広がり多くの人たちは日々の生活に追われる。ゴミ捨て場でのくず拾いで生活をつなぐ者も多い。

雨季、泥まみれになった大切な仕事道具のバイクを洗う。
バイクタクシードライバーたちの一日の終わり。

12月、実った稲を刈るのは村人たちの共同作業、
稲刈り唄が広がった田圃の上に流れていく。

日々の暑さの中、シェムリアップ市民に人気があるのは家族皆での
西バライ湖で過ごす時間。
戦争の中で生まれた子供たちが、新しい時代に向けて泳いでいく。

# アンコールに惹かれて

## 国境を越える旅人

目　次

▲バンテアイ・チュマールの廃墟

# アンコール遺跡の歩き方

第1章

# 新たな旅のスタート・ライン

# 「アンコール」以前

私の遺跡好きは、実は子供のころからのことである。今となっては記憶が定かではないが、多分、まだ小学生のころ、上野の美術館で開催されていたツタンカーメン(1)（正確に記せば、トゥト・アンク・アメン）王の秘宝展を、両親に連れられて、観に行った。ところが、凄まじい人出で、入場規制が行われていて、入館までに何時間も待たねばならない。ついに、短気な父親がしびれを切らし、同じ上野で開催されていた別の展覧会を観ることに、なってしまったのである。その時の無念は、今でもよく、覚えている。

同じ展覧会に行き、それをちゃんと観ることが出来た吉村作治氏は、将来、エジプト考古学者になることを夢見て、ひたすら猛勉強し、実際にその夢を叶えられたのだが、展覧会を観ることの出来なかった私は…というのは、もちろん、自分が頑張って夢を追い続けられなかったことへの、単なるつまらぬ自己弁護に過ぎない。

もっとも、私の関心はその後、古代史は古代史でも、エジプト文明にではなく、急速に、マヤを始めとするメソアメリカ(2)の古代文明や、カンボジアのアンコール文明へと、移っていったのだが…。

やがて、大学に入った私は、希望の史学科には在籍したものの、当時、高揚していた学生運動の波に、瞬く間に飲み込まれ、ほとんど、授業へ出ることも、研究室に通うことも、なくなってしまった。ゲバ棒や鉄パイプを担いで、学内や街頭、はたまた三里塚を、右往左往し、愚かなこ

（1）古代エジプト第18王朝のファラオ（王）で、若くして死去。その墓が完全な形で、1922年にハワード・カーターにより発見され、その副装品の数々は、カイロ・エジプト博物館の至宝となっている。「トゥト・アンク・アメン」は、アメン神の生きる姿の意味。

とに、「革命前夜」情勢の中で、勉強などしているのはもってのほかだという思いで、古代文明への関心などは、無理矢理、心の奥深くに、封じ込めた。

大学を出た後も、定職に就かなかったというか、就けなかった私は、とりあえず、友人のつてで、ライターの仕事を始めた。「フリーランスのライター」などといえば、聞こえはいいが、要は「失業者予備群」である。

来た仕事は、たとえ意に染まぬものであっても、引き受けなければ、待っているのは間違いなく、本当の失業者への道である。「フリー」といっても、全然、フリーではない生活。三流以下の雑誌の、雑文書きから、インチキ記事の粗製濫造、漫画の原作、果てにはゴースト・ライターまでして、文字通り、心身共に、ボロボロになった。

物書きの原点を見つめ直したいと思って、あこがれの石田郁夫氏(3)を頼って、東中野の日本文学学校へ入り、そこでA子に出会った。つきあい始め、やがて結婚という段になって、彼女が条件として持ちだしたのが、「定職」に就くということだった。フリーのライターでは、将来が不安で、とてもやっていけない、というのである。

とはいうものの、大学を出てから一度も定職に就いたことのない私には、就職活動はハードルが高く、ようやく見つけた仕事は、フリーのライターと五十歩百歩の、某業界紙の記者であった。それでも、兎にも角にも、毎月、決まった収入があるという生活に、A子は単純に、喜んだ。

生活が多少は安定すると、何とも現金なもので、心の奥底に封じ込めていた、マヤやアンコール等々、古代文明への関心が、少しずつ、よみがえってきた。

(2) メキシコおよび中部アメリカにおいて、16世紀にスペイン人によって征服されるまで、先住民の文化が花開いたエリアの総称。一般的にマヤ・アステカと呼ばれるが、それはあくまで、その代表的な文化のひとつ。

そうしたジャンルの本を書店で見つけると、思わず、衝動買いして、むさぼるように読んだり、東京やその近郊で展覧会が開かれると、仕事の合間に、何とか時間をつくって、会場に足を運んだ。もちろん、そうした古代遺跡を、直に自分の目で見たいという思いは、なかったといえば嘘になるが、仕事の関係上、長い休みを取ることは難しく、それよりも何よりも、私の安月給とA子のバイト代では、生活をするのがやっとで、海外に行く費用を捻出することなどは、到底、不可能だった。

それに加え、私とA子は、同じ党派系市民団体の活動家でもあったので、集会やデモ、三里塚での現地闘争などには、出来うる限り、揃って、参加していた。三里塚開港阻止をめぐる決戦局面では、あまりの緊張の連続に、A子の鋭敏で、もろい精神が耐えられず、彼女は再び、一時、やめていた精神安定剤を、飲むようになった。バイトもやめ、家にこもりがちになった彼女と、仕事や活動で夜遅く家に戻ることの多い私との間に、少しずつ、溝が出来始めた。

いや、きれい事はやめよう。深刻な喧嘩が何度もあり、ある日、深夜にふと目覚めると、彼女が包丁を握りしめて、思い詰めた表情で、枕元にじっと、立っていたこともある。あっ、刺されるのかなぁと思って、刺されるんだったら、刺されてもいいやと思い、そのまま、寝たふりをしていると、やがて、彼女は、はぁと、深いため息をついて、包丁を台所に戻しに行った。

別れは、彼女の方から切り出された。本当は、いくら彼女から切り出されたからといって、精神を病んだ彼女を、放り出すべきではなかったのかもしれない。しかし、そんなことを考えるだけの余裕は、当時の私には、なかった。

（3）沖縄や日本の差別・排外主義に関するルポを、数多く書き続けたルポライター。1993年に逝去された。

その時、二人の間には娘がいたので、彼女の今後の生活を考え、娘は私が引き取ることにした。引き取るといっても、不規則な仕事の私に幼い娘を育てることは無理で、しばらくの間、私の両親の元に、預けることになった。彼女もまた、東北地方の実家に戻り、家業を手伝って暮らしているということを、その後、風の便りに聞いた。

家庭の崩壊で自暴自棄になった私は、定職に就いたのが、彼女の願いであったこともあり、半ば仕事はもうやめてもいいやと思い、会社に長期休暇を申請した。長年の夢であったメキシコかカンボジアのどちらかに、行くつもりだったが、一九九一年の段階ではカンボジアの政情はまだ不透明な要素が多く、旅の初心者であった私には少々、荷が重く、結局のところ、メキシコに行くことにした。

日本からアメリカ（合州国）経由で、メキシコ・シティーまで飛んで、メキシコ・シティーにしばらく滞在し、次にユカタン半島に行った。メキシコ・シティーではアステカの遺構やテオティワカンを訪ね、ユカタン半島ではウシュマルやチチェン・イツァー等々、メキシコを代表する古代遺跡を訪ねる旅だった。スペイン語をまったく話せぬひとり旅は、トラブルの連続だったが、写真集を眺めているだけではわからない、遺跡群の壮大なスケールと、独自の装飾美に、私は、文字通り、圧倒された。

こうして、私はメキシコを中心に、グアテマラやベリーズ、ホンジュラスといった、メソアメリカ文化圏への旅を、断続的に、何かに憑かれたように、続けるようになったのである。仕事はその時は、結局のところ、やめずにすんだが、数年後に、経営者とぶつかり、やめることになった。再び、私はフリーランスのライターという、「失業者予備群」の仲間入りをした。
しかし、「自由」になって、旅をしたからといって、それで自分が変わるわけではなかった。結局のところ、自分で自分を意識的に変えようとしない限り、人は変わらないものなのである。

## アンコール幻想とアンコールの現実

私が初めてカンボジアに行ったのは、長期休暇をとって、メキシコへ行った、その翌年、一九九二年のことで、以降、二〇〇四年まで、ほぼ毎年、私はまるで何かにとり憑かれたかように、カンボジアへ通い続けることになった。その間、平行して、メキシコや中米への旅にも出かけたが、私のカンボジアへの、いわば片思いは、強まるばかりで、将来、定住するならカンボジアと、固く、心に決めた。

肺野に腫瘍が見つかり、それは幸い、悪性なものではなかったが、二、三カ月に一度の、定期的な検査が必要な身になった今の私には、とても医療体制が整っているとは言い難いカンボジアへの定住など、夢のまた夢だが、今でも定住は無理でも、近い将来、アンコール遺跡群のあるシェムリアプに、ゲストハウスとしても使える、別荘を持てないだろうかなどと、未だに、未練たらしく、夢想している。

まだ、高校生だったころ、深夜、受験勉強の現実から、一時、逃れたくて、父の書棚に並んでいた『世界の文化史蹟』(講談社)という大型本を見つけては、一冊、また、一冊…と、部屋に持ち帰って、読んで、「深い密林の中に眠るアンコール遺跡群」の神秘的な魅力にとり憑かれたのが、私のカンボジアとの、いわばファースト・コンタクトだった。

実際に行ってみると、アンコール遺跡群は、そのごく一部を除き、「深い密林の中」になど、決して眠ってはおらず、そうした神秘性の強調は、実は、その大部分が、主に西欧人によって、つくられたイメージであるに過ぎないのだが、そんなことは、まだ世間知らずの高校生に過ぎない、当時の私には、わかる筈もなかった。

エジプト考古学者の吉村作治氏が、幼少時に、ハワード・カーターの書いたツタンカーメン王墓の発掘記を読んだことがきっかけで、ひたすらエジプトの古代文明に憧れ続け、ついにはその夢を実現させて、ナイル川の水を飲んだように、私もいつか、カンボジアへ行って、アンコール遺跡群をこの目で見たいと、そう思い続けたのだが、生憎、私には吉村氏のように、自らの夢に向かって脇目もふらず走り続けるだけの、ひたむきさはなかった。

メキシコへの旅から戻った私は、すぐ、今度はカンボジアへの旅の計画を、立て始めた。

しかし、一九九一年の時点では、一応、ベトナム軍に支援され、カンボジアの大半を実効支配するヘン・サムリン政権と、ポル・ポト派、シハヌーク国王派、ソン・サン派の三派連合政府との間の「和平」合意が成立したとはいえ、長く続いた内戦の爪痕が随所に残るカンボジアへの個人的な観光旅行など、到底、不可能であるように、私には思えた。

「和平」合意を受けて、早くもアンコール・ワットへのパックツアーを再開する旅行社もあったが、六泊七日ないし七泊八日で、そのいずれもが四〇万円台という高額ツアーで、しかも、実際に問い合わせてみると、定員割れで不成立になったという回答が、大半だった。

ならば自分でツアーを組もうと、九一年から九二年にかけて、旅行好きの友人・知人に、片っ端から声を掛けてみたが、「あくまでも停戦中であって、いつ『合意』が崩れて、戦闘が再開されるか、わからないんでしょう?」「エッー、シェムリアプにあるホテルはたった一軒で、しかもホテルといってもクーラーもなく、お湯も出ないのッ!!」などと、けんもほろろに、拒絶された。本当は、シェムリアプにある、当時、宿泊可能なたった一軒のホテルであった、グランドホテルは、その客室の多くが、UNTAC(国連カンボジア暫定統治機構)の兵士たちの宿舎として利用されていて、部屋に泊まりきれない観光客は、ホテルの廊下に簡易ベッドを並べて、あるいは遺跡管理事務所や近くの民家にまで、泊まらされるケースもあると、旅行社からはクギを刺されていたのだが、そのことは、とてもではないが、誰にもいえなかった。

結局、西遊旅行という秘境ツアーや海外登山・トレッキングを専門とする旅行会社の主催する、一九九二年のゴールデン・ウイーク期間に実施する遺跡ツアーが、参加者がかろうじて最小催行人数に達し、成立したという連絡を受けたので、それに便乗して、カンボジアへ行くことになった。しかし、当初、個人旅行は不可能と考えていたカンボジアだったが、実際に行くと、決して数は多くないものの、バックパックを背負って、個人で旅している欧州からの観光客はすでに存在していて、たったひとりであるが、日本から来たバックパッカーにも、現地で偶然、出会った。もともと、集団行動の苦手な私は、翌年からはツアーに参加せず、ひとりで、カンボジアへ通うようになった。

(4) 元教員で、今も、障害者差別や天皇制教育、君が代・日の丸強制に反対する闘いの先頭に立たれている。

▲アンコール・ワット全景

その後、UNTAC統治下のカンボジアには、日本からも観光客だけでなく、九三年実施の総選挙を監視する目的で、多くの民間ボランティアやNGO組織も現地入りするようになり、たとえば、私が首都・プノンペンで、夕食を取ろうと、ホテルの近くのレストランに入ったら、日本語の会話が聞こえ、ふり返ると、長年のつきあい(4)があり、つい先日、東京でお会いしたばかりの北村小夜さんが、別のテーブルで、お仲間と会食をしていたなどという、まるで笑い話のような、事態になった。首都といってもプノンペンは、市の中心部であれば、うだるような暑ささえ気にならなければ、どこへでも徒歩で行けるほど、小さな都市なのである。

ところで、カンボジアの象徴ともいえるアンコールの遺跡群、そのまた象徴ともいえるアンコール・ワットは、今から一三〇年ほど前に、フランスの博物学者、アンリ・ムオ(5)によって、「発見」されたことになっている。

しかし、その「発見」はあくまでも西欧人による発見に過ぎず、彼らが「発見」する以前も、それ以降も、その周

（5）1826年、フランスで生まれ、博物学の調査のため、1858年に私財を投じて、タイ・カンボジア・ラオスを踏査。ラオスのルアンパバーンにて、1861年に没。

辺で暮らすカンボジアの人々にとって、アンコール・ワットが尊い、いにしえの仏教寺院（実際にはヒンドゥー教の寺院）であることには、何の変わりもなかった。西欧人の東洋的＝神秘的なものへの憧憬が、アンコール・ワットをはじめとする一連のアンコール遺跡群の、「密林に埋もれた謎の古代遺跡」という、いかにも神秘的なイメージを、度外れて増幅させ、定着化させることになった。

そして、そうした、いわばつくられたイメージは、アンコール遺跡エリアが、誰でも簡単に行くことの出来る、完全な観光地となった現在もまた、依然として、人々の記憶の中に根強く、残存し続けているのである。

たとえば、一例をあげると、東京ディズニーランドへ行かれて、「ジャングルクルーズ」というアトラクションに乗ったことのあるという人は、思い起こしていただきたい。あのアトラクションの最後に、クルーズ船が入る洞窟の中に刻まれている、神秘的な仏たちの表情が、アンコール遺跡群の壁面に刻まれたデヴァター（女神）たちと、そっくりであることを。そればかりか、よく見ると洞窟の一部には、アンコール遺跡の壁面装飾によく用いられる、唐草文様を模した浮き彫りが施された個所などもあり、このアトラクションの制作者たちが、具体的に何をイメージして、それをつくったのかは、あまりにも明らかである。

また、アンジェリーナ・ジョリー主演のハリウッド映画『トゥームレイダー』には、主人公のララ・クロフトが秘宝を追って旅する古代遺跡のひとつに、アンコール遺跡が選ばれ、実際にカンボジアで行われたロケでは、ハリウッドお得意のCG技術を駆使して、巨大な神像が突然、動き出して、主人公を襲ったり、アンコール・ワットの外堀に、実際にはない水上マーケットを出現させたり、している。

こうしたアトラクションや映画を見ていると、欧米人のイメージするアンコール遺跡の有り様がよくわかって、とても面白い。

しかし、実際のアンコール遺跡はカンボジアの、かつての栄光の時代の象徴であると同時に、現在のカンボジアの数少ない、外貨獲得手段＝観光資源である。

長く、過酷な内戦の終了と共に、アンコール遺跡群のあるシェムリアプの街は、内戦で荒廃したカンボジアの厳しい現実とはまったく無関係に、あたかも砂上の楼閣のごとき、繁栄を開始した。一泊三〇〇ドル以上の超高級ホテル（全面改装したグランドホテルも、そのひとつ）から、一泊五ドル程度のゲストハウスまでが、それこそ、需要と供給のバランスをはるかに凌駕する勢いで建設され続け、様々なグレードのレストランから、コンビニエンスストア、インターネット・カフェに至るまで、旅人が必要とするものはとりあえず、すべて手に入る街へと、シェムリアプは極めて短期間の内に、変貌を遂げていった。

そうしたシェムリアプの繁栄は、近隣の貧しい農民や漁民に、確かに就職の機会を与えたが、同時に、ホテル等からたれ流される汚水は、トンレサップ湖へと流れ込み、汚染の拡大で、漁獲量は激減し、原因不明の発疹などに苦しむ人々を、次第に生み出しつつあることもまた、事実である。

遺跡エリアもまた、連日、大挙して押し寄せる観光客目当てに、土産物や飲み物などを売って、生計を立てる人々（とりわけ、子供たち）で、埋め尽くされ、もはや静かな環境のもとで遺跡を歩き、いにしえの王朝時代を偲ぶなどということは、夢のまた夢という時代に、なりつつある。それればかりではなく、いわば観光被害による遺跡それ自体の著しい劣化や倒壊も、進んでいる。

かつては容易に行くことが出来なかった、あるいは、行くこと自体が、そもそも不可能であった遺跡エリアの外にある巨大アンコール遺跡、たとえば、ベンメリアやコー・ケー、バンテアイ・チュマールなどにも、最近は、容易に行くことが可能になり、もはやカンボジアには「秘境」といえるところなど、文字通り、どこにもないといってもいい、状況である。

そんなこともあって、私は、一九九二年の初めてのカンボジア旅行以来、まるで憑かれたように、ほぼ毎年、通い続けたアンコール詣でを、友人三人を案内しての二〇〇四年の旅をもって、とりあえず、ひとつの区切りをつけることにした。アンコール遺跡は、確かに私のあこがれの地ではあったが、それが世界の行きたいところのすべてでは、もちろん、なかったからである。

## カンボジアの過去＝現在を歩く

私はそれまでのカンボジアへの旅の記録をまとめて、『アンコールへの長い道』（新評論、一九九九年）という本を書いた。また、その後の旅の記録の一部は、拙著『北のベトナム、南のチャンパ～ベトナム・遠い過去への旅～』（同、二〇〇一年）の中に、ひとつの章（「プノン・クレーンからプリア・ビヘールまで～もうひとつの帝国～」）を設け、収録した。

アンコール遺跡の魅力については、すでにそうした本の中でも、詳細に書いてきた。本書では、なるべく、それとの重複は避けたいと思う。しかし、たとえ重複になろうとも、アンコール遺跡とクメール文化に関する基本的な認識として、以下のことは、最低限書いておかねば、やはり、先に進むことは出来ないだろう。

アンコール遺跡群とは、九世紀の初頭から一五世紀の半ばにかけて、カンボジアのアンコールの地（現在のシェムリアプの郊外）を中心に栄えた、クメール王朝の残したヒンドゥー教ないし仏教寺院遺跡の総称である。

その遺跡はカンボジア国内にとどまらず、タイやラオスの南部にまで、広範囲に点在している。その王都のあったアンコールの地だけでも、東京二三区とほぼ同じ面積の中に、少なくとも六二以上もの遺跡が、点在していると、いわれている。

アンコール王朝を築いたクメール人は、現在もカンボジアの全人口の九割近くを占める、アウストロアジア語系のクメール語を話す民族で、もともとはラオスのバサック地方、もしくはその周辺に、住んでいたらしい。

それに対し、現在のカンボジアには二世紀ごろから七世紀の半ばにかけて、中国の史料に「扶南」と記述されている海洋貿易国家が存在していたが、六世紀の半ばにクメール人の南下が始まり、七世紀の前半までには、その「扶南」を征服し、これもまた中国の史料で「真臘」と呼ばれる国家を、建設した。

このクメール人の国家は、内陸型の農業国家で、カンボジアからタイ、ラオスを含む広大な地域をその支配下に治める大帝国にまで、瞬く間に成長していくが、八世紀の初頭になると分裂し、小国に分かれて抗争をくり返すようになり、その一部は隣国ジャワ(6)の支配下に組み込まれるまで、凋落・弱体化した。

ところが、九世紀の初頭になると、ジャヤヴァルマン二世という王が、各地を転戦し、武力でカンボジアの再統一を成し遂げ、そのジャヤヴァルマン二世の親戚筋といわれるインドラヴァルマン一世と、その子、ヤショヴァルマン一世の治世に、アンコール王朝の基盤は、揺るぎのないものになった。

ヤショヴァルマン一世は、現在のアンコールの地に王都を建設し、以降、一五世紀世紀の半ばに、度重なる隣国シャム(タイ)(7)の侵攻に耐えかねて、やむなく王都を放棄するまで、アンコールの地が(ごく短期間、コー・ケーに遷都された以外は)同王朝の中心地になった。

アンコールの王都からはタイやラオス、ベトナムに向けて、放射線状に王道が整備され、まさに「すべての道はアンコールに通ず」といった状況が成立した。王朝は一二世紀初頭のスールヤヴァルマン二世(アンコール・ワットの造営者)と、一二世紀の終わりから一三世紀の初頭のジャヤヴァルマン七世の治世に、二度のピークというか、その繁栄の「黄金期」を迎えるが、過去の歴史は往々にして、「黄金期」は滅亡ないし衰退への始まりであるということを、私たちに教えている。

アンコール王朝もまた、そうした歴史の現実の前には如何とも逆らいがたく、新興勢力であるタイ人の度重なる侵攻の前に、アンコールの王都を放棄以来、王都を転々と移動、最終的にプノ

(6) 8～10世紀、中部ジャワでは、シャイレンドラ王朝やマタラム王朝が、その絶頂期を迎えていた。その前者が残した世界遺産が、ボロブドールの大遺跡である。

ンペンに新しい王都が築かれるが、クメール人に、かつての「栄光の時代」が再び訪れることは、決してなかった。

その後のカンボジアの歴史についても、ここで、ごくごく駆け足で、ふり返っておこう。

一四三四年、プノンペンに王都を移し、ひとまず延命したカンボジアの王統ではあったが、益々強まる隣国タイとベトナムの圧力の前に、その両国の、いわば事実上の属国として生き延びる以外に道はなく、領土も次々に切り取られるようにして、奪われ、ついには一八四一年、ベトナムのグエン朝⑧はカンボジアの併合を強行する。さらに一八六三年には、インドシナ全域をその支配下に置いたフランスの保護国となるが、第二次世界大戦後の一九五三年、フランスからの完全独立を果たし、ここにシハヌーク国王を元首とする「カンボジア王国」が、誕生した。

しかし、一九七〇年になると、シハヌーク国王の外遊中に、カンボジアに親米政権の成立を望む、アメリカ合州国の支援を受けたロン・ノル将軍のクーデターが発生、シハヌーク派は、思想的にはまったく相容れない共産主義勢力、クメール・ルージュ（ポル・ポト派）と民族統一戦線を結成し、ロン・ノル政権との内戦に突入する。これがカンボジアの長い長い内戦の、始まりとなった。

一九七五年、内戦はクメール・ルージュの首都制圧によって、いったんは終わる。しかし、ポル・ポト政権は都市住民の農村部への強制移住と私有財産制度の禁止、反対勢力や住民への処刑・虐殺等々、極端な恐怖政治を敷き、多くの人命が失われ、国土の荒廃も壊滅的に、進んだ。

一九七九年、国境紛争をきっかけに、隣国のベトナム軍がカンボジアに侵攻、その支持を背景



（7）タイは長く、アンコール朝の支配下にあったが、13世紀の前半に独立を勝ち取り、スコータイ朝を建国。その後、1351年、同じタイ人によるアユタヤ朝が勢力を拡大し、スコータイを併合した。

▲ポル・ポト政権によって処刑された人々。トゥールスレン刑務所。

にヘン・サムリン政権が成立し、ポル・ポト派による「暗黒時代」は終わるが、今度は政権を追われたポル・ポト派と、シハヌーク派、旧ロン・ノル系のソン・サン派とが、「反ベトナム」を唯一の共通点に、三派連合政権を対抗的に樹立し、国土の大半を実効支配するヘン・サムリン政権との内戦、突入する。

そして一九九一年の両派間での「和平」合意と、九三年の国連暫定統治機構の統治下での総選挙の実施…と、事態は推移していくのである。しかし、総選挙実施後も、旧ヘン・サムリン政権の後継者であるフン・センと、シハヌーク国王の実子、ラナリットの二人首相制という、いわば政治的妥協の産物以外の何者でもない新政権下で、その両派の対立・抗争が激化するなど、不安定な政局が長く、続くことになる。

いわばポスト・アンコール時代のカンボジアは、外国勢力による国土の蹂躙に加えて、深刻

（8）1802年、グエン・フォック・アイン（ザロン帝）によって建国された、ベトナム最後の王朝。ベトナム中部のフエが王都として、栄えた。

な内戦が長年続き、その「輝かしい栄光」は文字通り、地に落ちた。こうした事態は、誇り高きクメール人にとって、心底、耐え難い事態であり、あの「栄光の時代」の再現が、カンボジアの政治勢力各派にとって、共通の悲願となった。絵空事というしかない、無惨な「共産革命」を、しゃにむに推進したポル・ポト派ですら、その国旗には「栄光の時代」の象徴である、アンコール・ワットの偉容を、デザイン化し、刻んでいるのである。

さて、私が初めてカンボジアを訪れた一九九二年、「街全体が森のような緑に包まれ、塵一つない美しい街並み」と書かれた首都プノンペンは、かつてはさぞ美しかったであろう、フランス植民地時代に建てられた白い壁とオレンジ色のレンガ屋根の、瀟洒な西洋風な建物が、半ばスラム化して、文字通り、死屍累々といった感じで続く街並みに、変貌していた。幅の広い道路は通る車もほとんどなく、閑散とし、歩道には至る所にゴミの山がうずたかく積まれ、日中は三〇度を軽く越える炎天下で、四方に耐え難い、腐敗臭を放っていた。

しかし、そんな中でも、ほとんど瓦礫の山と化した老朽家屋の隣で、真新しい建物の建築が進められていて、この国が少しずつではあれ、復興に向かっていることも、同時に、感じ取ることが出来た。ある者は裸足で、あるいは、ペタペタ音のする薄っぺらなゴム・サンダルを履いて、炎天下をものともせず、子供たちが元気一杯に、街を走り回っていた。

アンコール遺跡のあるシェムリアプでも、子供たちは元気だった。時折、訪れる少数の観光客めがけて、猛ダッシュで殺到し、その周辺を取り囲んで、コーラやビール、ボトル入りのミネラル・ウォーターなどを我先にと差し出し、口々に「ワンダラー！」と叫ぶ。もちろん、彼らの背後には、その稼ぎをあてにする大人たちがいることはいうまでもないが、彼らはいかにも粗末な服を着て、やせて垢にまみれてはいるが、観光客を追って広大な遺跡内を縦横無尽に走り回り、まるで面白いゲームか何かをしているかのように、笑いころげて、元気一杯だった。もちろん、売るものもなく、ひたすら手を出して施しを受けようとする子供や、無表情で遺跡の瓦礫の上に座り込んだまま、動かない子供もいないわけではないが、明るい表情の子供が結構多いことが、せめての救いだった。

クーラーもないといわれていた、シェムリアプのグランドホテルだが、実際には、頻繁に停電するので、ほとんど役に立たないが、クーラーも、お湯の出るシャワーも、一応は、完備されていた。

プンンペンで宿泊したホテル・カンボジアーナに至っては、日本や欧米のホテルと比べても、何ら遜色ない設備を誇っていた。もっとも、当時の価格で同ホテルの宿泊料金は一泊一五〇USドルもし、これは当時のカンボジアの、都市部に住む比較的裕福な人々の平均月収が、だいたい一〇～一五ドルといわれていたので、そのほぼ年収に相当する金額だった。つまり、海外からの観光客以外に、絶対に泊まれる筈もない施設なのである。

一九九二年以降、私はほぼ毎年、カンボジアに通い続けたが、プノンペンやシェムリアプの復興ぶりには、まさに目を見張るものがあった。行く度に、新しいホテルやレストラン等が建設されており、けばけばしい電飾のナイトクラブのような店や、カジノまでが出現した。しかし、そうした見せかけの繁栄や平和は、実は安手のメッキ細工のようなもので、一九九七年七月、突如、フン・セン首相派の軍隊が大規模な軍事行動を起こし、ラナリット共同首相派の武装解除を強行しようとして、首都プノンペンだけでなく、大規模な戦闘が各地でくり拡げられた。

その翌年の一九九八年、私はカンボジアに出かけたが、街から観光客が見事に消え、特に、純然たる観光都市シェムリアプは、あたかもゴーストタウンのごとき様相を、呈していた。

当時、私の定宿であったバイヨンホテル（現在は、廃業）には、私以外には、会っても挨拶ひとつ交わそうとしない二人組の若い日本人が泊まっていただけだった。彼らのことを私は、拙著で失礼にも「正体不明の若い日本人二人組」などと書いたが、後日、彼らがアンコール・ワット西参道修復チームの日本人現地責任者である三輪悟さんと、その友人であったことが判明した。彼らもまた、こんな非常事態時に、わざわざたったひとりでカンボジアまでやって来た私を「怪しいおっさん」だなぁと思って、警戒していたのだという、笑い話もある。

それはともあれ、カンボジアの民衆が享受する「平和」の、それが実態だった。ある日、突然、ズルッと皮が剝けると、そこにあるのは剝き出しの暴力のみである。大勢の観光客で賑わう街は、突然、ゴーストタウンと化し、その見せかけの繁栄の、寄って立つ基盤がいかに脆弱なものであったのかが、ハッキリするのである。

そもそも、シェムリアプという街自体が、前述したように、あたかも砂上に造られた楼閣のごとき、街である。どんなにおしゃれでも、旅人の欲求を満たす、ありとあらゆるものが完備されていても、少し郊外に出れば、そこには家には電気も、水道も引かれていない、圧倒的多数派のカンボジア人による、現金収入とはほとんど無縁の、貧しい自給自足的農耕生活が、存在しているのである。

カンボジアの過去を歩く旅は、同時に、カンボジアの今を歩く旅でもある。アンコール遺跡群がいかに美しくとも、やはり、カンボジアの現実を直視することなしには、旅は出来ないのである。

## クメールの微笑の陰で…

くり返しになるが、アンコール遺跡群とは、アンコール王朝時代のクメール人によって建設された、石造のヒンドゥー教ないし大乗仏教寺院遺跡の総称である。

アンコールの王都は四度にわたって、全面的にリニューアルされていて、現在、私たちがその姿を見ることが出来るのは、一二世紀後半から一三世紀初頭に、ジャヤヴァルマン七世によって造営された第四次アンコール王都、すなわち、アンコール・トムの偉容である。

この王都は大城壁と壕で周囲を囲み、その南北東西四つの大門と、王宮正面に設けられた「勝利の門」の五つの門で、外界とつながっている。当時のクメールの王は、その力を内外に示すため、王都の内外に、その王の帰依するヒンドゥー教ないし大乗仏教の寺院を、競って建立したので、王朝崩壊後もそれらの石造寺院のみが、長い年月を経て、徐々に瓦礫の山に還りながらも、その王朝の永続を願う、王らの見果てぬ夢の痕跡として、今もなお、残存している。

クメール人は神々のすみかである寺院のみを、石造で建設し、人の住む王宮などは、すべて木

▲アンコール・トムの中心、バイヨン寺院

造であったため、かつて、一三世紀にこの地を訪れた中国人の周達観が『真臘風土記』(9)に書き残した、文字通り、贅の限りを尽くした、王宮のその華麗な姿を、偲べるものは今は、何ひとつ、残っていない。

アンコール・ワットは、一二世紀の初頭から前半に、スールヤヴァルマン二世によって建てられた、ヒンドゥー教寺院である。同寺院は空に向かって屹立する五つの尖塔と、それを取り囲む三重の大回廊、そして、それをさらに取り囲む外堀からなる、巨大な、しかし、閉ざされた空間である。外堀は南北に一三〇〇メートル、東西に一五〇〇メートルあり、もっとも高い中央の尖塔の高さは六五メートルあまり。確かに壮大だが、アンコール・ワットをはるかに凌駕する広大な敷地を有する遺跡はほかにもある。また、その高さだけを競うのであれば、アンコール・ワットより高い古代遺跡は、それこそ、いくつでも、列記するこ

(9) 元の使節の一員として、1296〜97年にかけて、アンコール王都に滞在した周達観が記した見聞録で、当時のアンコール王都の様子を知ることの出来る、極めて貴重な資料。邦訳が東洋文庫(平凡社)から出ている。

▲アンコール・ワットの女神像

とが出来る。

アンコール・ワットの魅力は、むしろ、その巨大さではなく、縦と横への広がりの絶妙なコントラストと、それ自体でいわば自己完結した、閉ざされた空間の醸し出す独特の神秘性であると、いうことが出来るだろう。

その神秘性をさらに高めているのが、寺院の壁面のそこかしこに、見事な浅浮き彫りによってレリーフされた、二千体を超えるといわれるデヴァター（女神）や、アプサラス（天女）の姿である。

彼女らが浮かべる、何か人間離れした微笑みは、一般的に、「クメールの微笑」と呼ばれている。

その微笑みの魔力に取り憑かれた人間のひとりに、フランスの作家、アンドレ・マルローがいる。彼は「東洋のモナリザ」と呼ばれる、バンテアイ・スレイのデヴァターの浮き彫りを盗掘、国外に持ち出そうとして、逮捕された。

　二一世紀の現在でも、こちらは完全に金目当てではあれ、盗掘は依然、後を絶たず、遺跡に行くと、その頭部のみが無惨にノミで削り取られ、持ち去られた女神たちに、よく出会う。そうした盗掘品は、まずはタイに持ち出され、それから様々な闇ルートを経て、日本を含む全世界の愛好家の元に、売られていくことになる。

　しかし、私には実のところ、「クメールの微笑」は、少し、恐ろしく感じられる。少なくとも、見る者を変に、落ち着かなくさせる何かがある。その微笑みは、彼女らが人間ではなく、神か神に近い何かだから、当然といえば当然だが、決して、比喩としてよく使われるような、人間の優しさを表すものではないように、どうしても私には、思われるのである。

「微笑」を浮かべているのは、女神らだけではない。アンコール・トムの中心寺院であるバイヨン寺院は、ジャヤヴァルマン七世が建立した仏教寺院だが、王がヒンドゥー教ではなく、大乗仏教への帰依者であったため、その寺院には全部で一九六面もあるといわれている観世音菩薩の四面像が刻まれ、まるであたかも、山か、森のように、林立している。

　その観世音菩薩の四面像もまた、静かな「クメールの微笑」を浮かべている。遺跡内を歩いていると、どこからかの視線を感じることがあるが、その方向を見ると、そこにあるのは必ず、凍りついた微笑みを浮かべる、観世音菩薩の尊顔である。

「本当は恐ろしいクメールの微笑」というタイトル（本章の元のタイトル）は、そうしたクメー

▲バイヨン寺院の観音菩薩四面像

ル美術から受ける印象からつけたものだが、同時に、カンボジアが今、享受している平和や繁栄は、あたかも非人間的な「クメールの微笑」のようなもので、その薄っぺらな表皮を引っぺがした時、そこに一体、何があるのか、そんな思いに駆られることが、よく、あるからでもある。

もちろん、その両者の間に何ら、つながりがあるわけもなく、私の単なる思い込み以外の、何者でもない。

私は実は、二〇〇四年の旅をもって、カンボジアへの旅にひとつの区切りをつけるつもりだった。しかし、季刊総合誌『リプレーザ』(10)（発売元社会評論社）を出そうと、集まった編集委員の中に、私以外に実に二人も、カンボジアへ行ったことのある者がいることを知り、あれこれ、思い出話をする内に、ひとつの旅の計画が煮詰まっていった。それはタイのバンコクを起点に、陸路で国境を越えてカンボジアへ入り、カンボジアを縦断、再び国境を越えて、ベトナムへ入り、ホーチミン（旧サイゴン）からハノイを目指すという、インドシナ縦断の旅である。

私はこれまでにも、タイへも、ベトナムへも何度も行っているし、また、陸路でそれらの国境を越えたことも何度かあるが、タイからカンボジア、ベトナムまでを、通しで、陸路で縦断するのは、これが初めてである。時間をかけて、そうした旅をすることで、改めて見えてくるものも、

（10）2007年に創刊した季刊総合誌で、現在、第２期第２号（通巻第10号）まで、刊行中。

きっと、ある筈だと、そう考えている。

ああ、これでまた、カンボジアへ行ける…そんなことを考えている時、タイで軍事クーデターが勃発した。

東南アジアの「先進国」であるタイであっても、政治的な対立をクーデターという形でしか止揚できない、かの国のというか、東南アジア全体の、「民主主義」の危うさを、つくづく、実感した。そうした状況下で、のうのうと、旅などしていていいのかという、忸怩たる思いも、その一方であるが、しかし、たとえ「世界崩壊前夜」であれ、何であれ、とにかく、行けるところまでは、行ってやるのだ。

こうして、また、新たな旅が始まった。

第2章

# その先の「世界」へ

～未踏査のアンコール遺跡群を行く～

## 陸路でカンボジアへ

本当は「リプレーザ」の仲間たちと、タイのバンコクを起点に、陸路で国境を越え、カンボジアに入り、そのまま、カンボジアを縦断、さらに国境を越えて、ベトナムに入り、国道一号線を北上して、最終的にはハノイを目指すというツアーを、企画していた。ところが、参加予定のメンバーに、参加を見合わせざるを得ないような事情が、次々に生じて、ついに参加者は、以前、カンボジア旅行にご一緒したことのあるKさんと、私の二人だけになってしまったのである。

今回のツアーは、バンコクからハノイまでの長距離を、二週間足らずの日程で走破するという、文字通りの強行軍であったため、バスや乗り合いトラックなどの「公共的」な交通手段を使わず、車とドライバーを、通しでチャーターする予定だった。そのため、参加者が二人では、当然のことながら、各自の負担額がベラボーに高くなってしまうことや、今回は参加を断念したメンバーも、次の機会には、出来れば、参加したい…との意向もあったので、ツアーそのものは延期し、しかし、何とか、やりくりして、一〇日ほどの日程を空けてあったので、私ひとりで下見も兼ねて、タイから陸路で、カンボジアに行くことにした。二〇〇七年八月下旬のことである。

国境を越えた後は、そのまま陸路で、シソポン、シェムリアプ、コンポントムの各都市に泊まりつつ、カンボジアの首都、プノンペンを目指し、そこから空路で、バンコク経由で日本に戻るというのが、私の立てた、おおよその計画だった。

カンボジアには、一九九二年以降、ほぼ毎年のように通っている私だが、行きたいと思いながら、まだ行っていないところは、実は、まだずいぶん、あった。

タイとの国境近くにあるアンコール朝時代の大遺跡、バンテアイ・チュマールや、極めて短期間だが、一時期、その王都がアンコールから移されたコー・ケーの遺跡群、その敷地面積だけを見れば、アンコール・ワットをはるかにしのぐ規模の大遺跡、コンポンスヴァイのプリア・カーン寺院（アンコール遺跡エリア内にも同名の寺院があるため、それと区別するため、大プリア・カーン寺院ともいう）等々、道路事情や治安上の理由から、これまでは行きたくとも、行くことの出来ない遺跡も、あった。

しかし、最近は道路事情も好転し、これらの、いわば「辺境」の遺跡にも、比較的容易に、行けるようになっており、この際、是非、それらの遺跡群をすべて見ておきたいという思いも、前々から、あった。

ただ、最近は、カンボジアは初めて…という人を案内しての旅が多く、辺境の遺跡に足を運ぶ、時間的な余裕は、なかなか、つくれなかった。そういった意味で、今回は、ちょうどいい、機会だった。

出発日は八月二五日。前日まで、仕事が終わらず、ほぼ徹夜になった。早朝の四時近くに、ようやく、原稿を書き終わり、それをメールに添付して、送って、あとは六時半に東京駅を出発する成田エクスプレスに乗ればいいので、一時間ほどソファーに座って、ぼーっとしているつもりが、いつの間にか、眠ってしまったらしい。

気がついたら、時計の針は六時を指していた。どう考えても、成田エクスプレスの出発時間まで、三〇分で、東京駅まで行ける筈がない。

しかも、次の列車では、成田からの飛行機の出発時間に、到底、間に合わないのである。一瞬、頭が真っ白になったが、とにかく、これはもう、成田までタクシーでダイレクトに行くしかないと、腹をくくって、家を飛び出し、ちょうどやって来たタクシーを、つかまえた。

「ええーッ、成田空港ですか…そりゃ、行けといわれれば、行きますけど」

と、運転手は及び腰だ。実は、深夜の仕事を終えて、これから車庫に帰って、車を返すところなのだ、というのである。

成田まで一体いくらかかるのかわからないが、手持ちの金はすでにその大半を、ドルに替えてしまったので、三万円くらいしかない。しかし、仮に足りなくとも、その時はその時で、カードで支払えばいい。

とにかく、あと一時間半しかないのです、頼みますと、頭を下げまくって、半ば強引に、車中の人となった。

結局のところ、早朝で、車の少ない高速道路を、制限速度ギリギリ?のスピードでひた走り、何と一時間一〇分で、成田の第一ターミナルに着いた。料金は高速道路代込みで、二万六千円あまりであった。

のっけから波乱の、旅の始まり。しかし、息を切らせて搭乗した、シンガポール航空のフライトは実に快適で、何のトラブルもなく、午後の二時に、バンコクのスワンナプーム新空港に着いた。

このバンコクの新しい国際空港は、とにかく、驚くほど広大で、SF映画にでも出てくる未来都市のような外観だ。打ちっ放しのコンクリートの壁と、天井を縦横無尽に這う無数のパイプと、巨大な窓ガラスとで、出来ている。

空調も完璧で、あの、ねっとりと肌にまとわりつく、蒸し暑さも、特有の匂いも、ない。ああ、タイにやって来たんだという、旅人のつまらない郷愁など、完全に無視する、造りである。

延々と続く通路と、はなはだわかりにくい表示、そして、ようやく辿り着いた入国審査のためのカウンターには、これだけは旧ドン・ムアン国際空港同様、うんざりするほどの、長蛇の列が出来ていた。

入国審査を終え、ファランポーン駅近くのホテルに向かう。帰宅ラッシュの時間帯まで、まだかなりあるため、高速道路はすいていて、わずか三〇分でホテルに着いた。

明日は朝の四時出発なので、遠出はせず、ファランポーン駅の周辺を散策するにとどめる。夕食後、ホテルのリラクゼーション・ルームで、タイ式のマッサージを一時間ほどしてもらい、部屋に戻って、本を読んでいたら、遠くで雷鳴が聞こえた。やっぱり、雨季なんだなぁ、雨が降り始めるらしい。

翌朝、三時半に起きて、四時ちょうどに、ロビーに降りる。あらかじめ頼んであった車で、カンボジアとの国境のある町、アランヤプラテートまで、送ってもらうのである。

朝とはいっても、その時間では外は真っ暗で、車窓からは何も見えない。眠るしかない。アランヤプラテートまでは、約三時間で着いた。バスで行けば、四〜五時間かかると、ガイドブックには書いてあった。

まだ、国境のゲートが開いていなかったので、開門を待つ、長い人の列に加わる。三〇分ほどで、その列が動き始めた。

タイの出国手続きは、至って簡単だ。パスポートに、ポンとスタンプを押すだけ。

イミグレーションを出ると、すぐにカンボジアのビザ発給所があるが、係員にあれこれいわれて、チップを要求されるという情報もあり、あらかじめ、日本のカンボジア大使館でビザを取ってあったので、ここは素通り。

カンボジアのイミグレを出た後、ガイドのソムナンさんと落ち合うことになっていたが、実際にはイミグレの建物の入り口に、すでに私の名前を大書した紙を持った、清潔なポロシャツ姿の青年が立っていて、彼がソムナンさんだった。ソムナンさんはまだ若いが、ガイドとしては一流であると聞いていたが、そのことはその服装や、身につけている時計、ネックレス等々の装飾品からも、うかがい知ることが出来る。

腕時計ひとつをとってみても、いかにも高級なブランド品という感じの彼の時計に対し、こちらは秋葉原の電気街で買った、千何百円かの、見るからに安物で、全然、違う。二台の携帯を、公私で使い分け、持っているカメラはカメラで、最新式のデジタルカメラ。私がデジカメの操作を誤り、画面にヘンな表示が出て、焦っていると、横からさっと手を伸ばして、正しい設定に戻してくれた。

▲タイとの国境の街・ポイペト

パソコンの操作も自由自在で、彼を見ていると、私は本当に、「先進国日本」からやって来た人間?という感じで、まったくもって、嫌になる。

ぎごちない日本語と英語で、挨拶を交わし、カンボジアのイミグレで出入国カードを、テキトーに、書く。

ここも、係員は記入された内容をほとんどチェックすることもなく、というか、チラッと横目で眺めただけで、パスポートにスタンプを押し、出国カードを挟んで、無造作に投げ返してきて、それでカンボジアへの入国手続きは終了。あっという間の、あっけない出入国だった。

このイミグレを出たところが、カンボジア側の国境の町、ポイペトだが、イミグレーション近くのロータリーに停めてあった車に、すぐに乗り込む訳にはいかないのだそうだ。

何で?と聞くと、「警察がうるさいから」との答え。何でも、乗り合いトラックやタクシーなど、

「公共的」な交通手段以外の、ロータリーへの横づけは禁止されているのだとかで（まぁ、嘘に決まっている、単に、警官が賄賂を取る口実？）、いったん、乗り合いトラックに乗ってロータリーを出て、町中で降りて、後から来たソムナンさんの車に乗り換えるという「セレモニー」があった後、改めて、シソポンに向かう。

ちなみに、「公共的」な交通のみを使って、シェムリアプ等に向かいたいという人は、このロータリーで、客待ちしている乗り合いトラックか、タクシーと、料金の交渉をすることになる。乗り合いトラックというのは、本当にただのトラックで、荷台に乗るか、助手席に乗る（当然、後者の方が、料金は高い）。タクシーも、基本的には乗り合いで、同乗者が誰もいなければ、割高になる。

ポイペトの街は、国道六号線に沿って、安ホテルやごくフツーの商店等が点在するだけの、田舎町。道路もほとんどが未舗装で、それが前夜の雨で、ドロドロのぬかるみ状態になり、その泥を周囲に激しくまき散らしながら、車やバイクが行き交っている。

周囲の店も、その外壁は飛び散った泥にスッカリ覆われ、しかも、車が頻繁に行き交う道路には、牛の群れがこちらも泥まみれになって、あちこちに固まっていて、それがひどい交通渋滞に、より一層、拍車をかけている。

ポイペトからシソポンに向かう国道は、途中まで未舗装で、今が雨季であることもあって、最悪のぬかるみ状態。途中で何度も、車輪が深みにはまって、むなしく泥ばかりを跳ね上げ始めると、同行のサボットさんが車を降りて、後ろから必死に、押す。そのくり返し。

サボットさんは、ソムナンさんの所属する旅行会社エイペックスの、新人ガイドで、事前に、現場研修のため、今回の旅に、当然のことながら、その費用は向こうの旅行社持ちで、同行させたいという申し出があった。バンテアイ・チュマールとか、大プリア・カーン寺院とか、「辺境」の遺跡にまで足を伸ばす観光客は、そう多くはないので、彼もそれらの遺跡にはまだ一度も行ったことがないのだという。

内心、煩わしいなぁという気持ちはあったが、今回の旅で行く遺跡は、いずれも僻地にあるので、何かあった時に心強いかなぁと思い直して、承知した。結果的には、沈着冷静なソムナンさんに対し、サボットさんはとても陽気な若者で、一緒に行動して楽しく、かつ、頼りにもなった。

ポイペトからシソポンまでは、普通、一時間ほどで着くというが、そんなこんなで、一時間半以上も、かかってしまった。車は跳ね上がった泥で、たちまち、見るも無惨な状態になり、前途多難な陸路でのカンボジアの旅の、始まりとなった。

## バンテアイ・チュマール

シソポンは、シェムリアプからコンポントムを経て、プノンペンに向かう国道六号線と、バッタンバン経由で、やはりプノンペンに向かう国道五号線とが交差する交通の要衝で、しかも、今はほとんど実用の体をなしていないとはいうが、一応はプノンペンと結ぶ鉄道の駅もある街なので、もっと栄えているかなぁと思っていたが、そうでもなかった。

一応、ソコソコの規模の市場もあり、様々な商店も軒を並べていることはいるのだが、午後六時過ぎに食事をしようと街に出たが、開いている店が、もうその時間で、ほとんどない。結局、国道六号線との交差点の近くの、国道五号線沿いに「プーカイ・プルック」という名のレストランがあって、まだ開いていたので、そこに入ったが、『地球の歩き方』でも、「町なかで外国人が違和感なく食事できるレストラン」として、唯一、紹介されていた。

つまり、そんな程度の田舎町で、ごくフツーの旅人としては、所詮、カンボジア最大の観光の街＝シェムリアプと、タイとの国境を結ぶ通過点でしかないのだろう。ポイペトからの乗り合いトラックは、たいてい、ここまでなので、旅人はここからシェムリアプ行きの、同様の乗り合いトラックか、タクシーに乗り換えて、先を急ぐことになる。

旅人がタイ側から陸路で国境を越えて、この街に辿り着くのは、その日の午前中か、遅くとも午後の比較的早い時間だから、この街に泊まる必要はまったくないし、仮に泊まったところで、特に観光すべき場所も、街の周辺には、ない。

町はずれに、鉄道駅はあるにはあるが、二〇〇七年末現在、シソポン発着の列車は一本もなく、カンボジアで不定期に発行されている日本語情報誌『トーマダー』によれば、プノンペンとバッタンバン間を、実に延々、二〇時間半もかけて結ぶ旅客列車が、二日に一往復しているだけなのだという。

ただ、私の場合は、シソポンから北に六〇〜七〇キロほどの距離の、タイとの国境近くにあるアンコール朝時代の大遺跡、バンテアイ・チュマールに行くことにしていたので、シソポンに一泊することにした。

バンテアイ・チュマールに行くのにも、現在はシェムリアプから、往復八～一〇時間かけて、日帰りするのが一般的だが、これはシソポンには外国人観光客むけのホテルがほとんどないということに加えて、シソポンからバンテアイ・チュマールへ行く道が、未舗装の悪路で、しかも、しばしば強盗が出るなどの、主に治安上の問題によるものである。それさえなければ、シソポンからバンテアイ・チュマールまでは、往復で三時間ほどの距離。どちらが楽で、かつ、遺跡をじっくり見学する時間をつくることが出来るかは、自明のことである。

シソポンに観光客むけの、つまり、それなりの客を収容出来るホテルがほとんどないということは事実であるにしても、もちろん、ホテルがまったくないというわけでは、ない。たとえば、私が今回泊まることにした「ニャック・ミースホテル（金龍飯店）」は、一泊一〇ドル程度の中級ホテルだが、部屋には一応、エアコンも、ホット・シャワーも、テレビも、空の冷蔵庫も、完備されている。一階のレストランは何故か営業していなかったが、前述の「プーカイ・プルック」も歩いて行ける距離にあるので、それほど不便ではない。

その「プーカイ・プルック」の近くにも、「プノン・スバイ」という名のホテルがあって、「ニャック・ミースホテル」と、ほぼ同クラスであるという。その他、ゲストハウスも、何軒か、ある。

道路も、未舗装の悪路であることは事実だが、あるいは、前夜、ポイペト周辺ほど、激しい雨が降らなかったためかもしれないが、ポイペトからシソポンまでの泥沼状態の悪路に比べれば、まだましという感じである。

あとは治安上の問題だけだが、シソポンからバンテアイ・チュマールまでの道は、そのほとんどが、どこへ行っても同じ、カンボジアのごくごくフツーの田園風景の中を走るもので、少なくとも身の危険を感じるような要素は、ほとんど、ない。もちろん、そんなのどかな光景の中でも、犯罪は起こるだろうし、長い内戦の後遺症で、大量の銃が巷に出回っているという、カンボジアの国内事情もある。油断することは出来ないが、何となく、大丈夫なのではないか…という気がした。

それは、いうまでもなく、何の根拠もない旅人の「感」で、はずれれば、あとは「自己責任」の世界である。もっとも、ベテラン・ガイドのソムナンさんに反対されればやめようと思っていたが、彼も「問題ない」というので、今回は、シソポンからの往復コースで、バンテアイ・チュマールに行くことにした。

アンコール朝は一二世紀初頭のスールヤヴァルマン二世の治世と、一二世紀の終わりから一三世紀初頭にかけての、ジャヤヴァルマン七世の治世に、「黄金期」を迎えた。とりわけ、ジャヤヴァルマン七世の治世には、アンコール朝は、本国カンボジアはもとより、現在のタイやラオスの南部、ベトナムの一部までを勢力下に置いて、その版図は過去最大のものになった。

スールヤヴァルマン二世は、あのアンコール・ワットを建立した王であるが、バイヨンを始めとする、第四次アンコール王都であるアンコール・トムの遺跡群や、現存する周辺の大寺院のほとんどを建立し、「建築王」と呼ばれたのが、もうひとりの大王、ジャヤヴァルマン七世である。

ジャヤヴァルマン七世はまた、アンコール王都を中心に、整備された王道を四方八方に張り巡らせ、その随所に、宿駅や施療院等を設置、文字通り、「すべての道はアンコールに通ず」という時代が、到来した。

今回、訪問するバンテアイ・チュマールもまた、そのジャヤヴァルマン七世が、王道沿いの交通の要衝に、アンコール朝の威光を誇示するために建立した、巨大寺院のひとつにほかならない。

しかし、「黄金期」はしばしば、衰退期の始まりであることを、歴史は我々に教えている。さすがのアンコール朝も、大王ジャヤヴァルマン七世の死後、ゆるやかな衰退期に突入する。アンコール朝の支配下からの独立を果たしたタイ人の国家「アユタヤ」が、しばしばアンコール王都を襲撃するようになり、アンコール朝の威信は、著しく低下した。

他方、南進政策を進めるベトナムの歴代王朝もまた、豊かなカンボジアのメコン・デルタを手に入れようと、積極的に定住農民を送り込むなど、その手を確実に、カンボジアに伸ばし始めていた。

一四三二年、タイの新興国家であるアユタヤの、度重なる王都攻略に耐えきれず、ついにアンコール朝は、その王都を放棄する。新王都は様々な紆余曲折の末、プノンペンに建設されたが、その後、再び、アンコール朝が、往年の勢いを取り戻すことはなかった。

アンコール朝の歴代の王は、その多くがヒンドゥー教徒であったが、ジャヤヴァルマン七世は大乗仏教を信奉していた。

これまで、ヒンドウー教と大乗仏教は、共に王権の強化や正当化のための原理として定着し、

「平和共存」していたと、考えられていたが、必ずしもそうではなかったことが、近年、明らかになりつつある。

二〇〇一年、ジャヤヴァルマン七世の建立した巨大仏教寺院のひとつである、バンテアイ・クディ遺跡において、発掘調査を行っていた上智大学を主体とする「アンコール遺跡国際調査団」は、その境内の土中に埋められていた、実に二七四体もの廃仏を発見した。これらの仏像には、明白に破壊の痕跡が残っており、これはジャヤヴァルマン七世の死後、ヒンドゥー教徒による仏教への反撃が強まったことを、如実に、物語っている。

バイヨン寺院を始めとするジャヤヴァルマン七世の建立した仏教遺跡には、巨大な観世音菩薩の四面像が建てられたが、その尊顔には額に、シヴァ神の特徴である第三の目が刻まれたものもあり、そのため、この像はシヴァ神ないし、同じくヒンドゥー教のブラフマー神であると考えられていた時代も、過去にはあった。

これもまた、ジャヤヴァルマン七世の死後、それらの寺院から仏教の痕跡を極力消すための改変が行われたためであると、考えられる。

一一七七年、ベトナムの中・南部で栄えていた海洋貿易国家であるチャンパ(1)の水軍は、メコン川からトンレサップ川を経由し、トンレサップ湖に出て、アンコールの王都を奇襲した。それまでのアンコールの王都は、いわゆる要塞化した都市ではなく、攻撃にはまったくの無防衛状態であったので、王都はたちまち陥落し、チャンパの支配下に置かれることになった。

当時、王族のひとりとして、チャンパへの遠征軍を率いていたジャヤヴァルマン七世は、その



（1）その名前が中国側の史料に登場するのは、２世紀のこと。中部ベトナムの東海岸を拠点に、中国と西方を結ぶ「海のシルクロード」の中継基地として栄え、やがて東南アジア屈指の強国に成長していった。

遠征中に父の死と、トリブヴァナーディティヤヴァルマンによる王位簒奪を知り、アンコール王都への帰還を諦め、その軍と共に、その後一二年間以上も、辺境の地にとどまっていたとされる。それがどこか、今もわからないが、コンポンスヴァイの大プリア・カーン寺院の周辺であったのではないかという説も、ある。大プリア・カーン寺院もまた、ジャヤヴァルマン七世の建立した、空前の規模の大寺院であるからだ。

そこでジャヤヴァルマン七世は、チャンパの襲撃による王都の陥落と、トリブヴァナーディティーヤヴァルマン王の戦死を知ることになる。

この知らせを受けて、ただちにアンコールの王都に戻ったジャヤヴァルマン七世は、その後約四年間の、文字通り、一進一退の攻防の末、チャンパ軍を打ち破り、王都を奪還する。王は荒廃した王都の復興に尽力し、それが私たちが今見ることの出来る第四次アンコール王都＝アンコール・トムの姿である。

ジャヤヴァルマン七世はまた、チャンパを王都から追い出しただけでなく、逆に当時のチャンパの王都＝ヴィジャヤに攻め込んで、一時的にではあれ、チャンパをその属国にした。その他、各地への遠征をくり返し、アンコール朝の版図を拡大していった。

いずれにせよ、その王の彫像等(2)から私たちが感じる「瞑想する敬虔な仏教徒」というジャヤヴァルマン七世のイメージは、もちろん、そういうイメージで自分を見て欲しいという同王のメッセージではあったのだろうが、あくまで王の、一側面に過ぎないのである。

アンコール王都でのチャンパとの最後の会戦が戦われたのは、陸上では現在のアンコール・ト



（2）数多くあるが、一番代表的なものは、プノンペンの国立博物館にあるアンコール・トム出土のもの。肥満体で、上半身裸で座禅し、静かに瞑想する姿で描かれている。

ムの北側に位置するプリア・カーン寺院の付近、海上ではトンレサップ湖上であるといわれている。ジャヤヴァルマン七世はチャンパとの闘いに勝ったことを記念して、王都の中心寺院＝バイヨンに、その大会戦の模様を克明に描いたレリーフを刻ませた。

そして、王都から北西へ約一五〇キロも離れたバンテアイ・チュマール寺院にも、同様の壁画が存在しているのである。

バンテアイ・チュマールはジャヤヴァルマン七世の母の故郷であると、考えられている。もちろん、それだけではなく、タイとの国境近くに位置し、王都防衛の重要な拠点のひとつでもあったのだろう。

バンテアイ・チュマールの創建と、その歴史的背景に関する説明が、あまりにも長くなり過ぎた。話を元に戻そう。

カンボジアの田舎は、どこへ行っても、だいたい、同じである。

平野部には山らしい山がほとんどなく、どこまでも続く地平線と、水田。そして、道路沿いに点在する高床式の家。大人たちは早朝の仕事を終え、酷暑の日中はつるしたハンモックで、のんびりと昼寝をし、ほとんど裸の子供たちだけが、元気に走り回っている。放し飼いにされた鶏や豚、牛などが、しばしば、車の前に飛び出すので、車の運転には注意が必要である。ところどころに、店や市場などが密集した集落もあるが、道路沿いには、ペットボトルに入れたガソリンや飲み物、タバコ等、どの店もたいてい同じ品揃えの屋台が、おそらくは農家の女性の副業として、点在していて、そこが結構、女性たちの井戸端会議の場所になっている。

プノンペンやシェムリアプなどの、大きな都市はともかく、水道も、電気もない生活が、農村部での、その基本だ。水は大きな甕に入れて、牛車で運んできて、それを炊事や水浴びに使っている。貧乏所帯には電気もないが、多少、経済的に余裕のある家では、自家発電で明かりをともし、テレビを見ているところもある。交通手段が発達していないので、バイクや自転車は必需品である。

カンボジア人の伝統的な産業は、稲作を中心とした農耕で、しかも、現金収入とはほとんど関係のない、自給自足的な農家が多い。これに対し、商業で身を立て、成功した一握りの都市の住民や、観光産業等に従事する人々との格差は、年々、拡がる一方で、首都のプノンペンでは、六階立てで、映画館まで入った高級ショッピング・センターが開業し、東京とほとんど変わらないファッションの女性が、携帯電話で誰かと話しながら、闊歩している。

今は多少上がったかも知れないが、月収が二〇ドルなどという公務員がいる一方で、一度の会食に一〇ドルも、一五ドルもかけ、しかも、その大半を残してしまう富裕層も、いる。それが現在の、カンボジアだ。

バンテアイ・チュマールへの道は、典型的なカンボジアの農村風景が延々と続き、一部は未舗装のあぜ道とはいえ、比較的水たまりが少なく、車はスムーズに進む。危険な雰囲気や兆候は、まったく、ない。

一時間半ほどで、バンテアイ・チュマールに、着いた。

バンテアイ・チュマールの周辺には村落があって、おおよそ、「秘境」というイメージからは、かけ離れている。今回、「辺境の遺跡」といわれているいくつかの遺跡を回って感じたことだが、遺跡に行くことが難しいのは、主に大型のツアー・バスの入れない、しかも、未舗装で、雨季には泥沼化する、農村のあぜ道を延々と走って行かねばならないからであって、遺跡そのものの周辺には、ごく普通の農民の、これまた、ごく普通の日常生活があるのである。

バンテアイ・チュマールは周辺を環濠で囲み、その中に東西八〇〇メートル、南北六〇〇メートルの規模で建てられた、平面展開型の寺院である。

アンコール朝時代の寺院建設には、アンコール・ワットに代表される、基壇を山型に積み上げたピラミッド型のものや、自然の丘や山を利用し、山腹に付属施設を、山頂には中央祠堂を配した山岳テラス型のもの、それに平地に回廊を何重にも張り巡らし、また、それを十字回廊などでつないだ平面展開型のものがあるが、ジャヤヴァルマン七世の建立した大寺院の多くが、この平面展開型のものである。

平面展開型の寺院は、たとえ規模は大きくとも、外観から受ける感じ＝偉容は、ピラミッド型と比較して、大きく、劣る。また、ジャヤヴァルマン七世時代の遺跡は、同王があまりにも多くの寺院を、しかも、短期間に、相次いで建立したためか、その造りは粗雑で、精緻さを欠くものが多く、したがって、その崩壊がそれ以前の遺跡に比べ、かなり早く、進んでいる。

バンテアイ・チュマールもまた、その一番外側の第一回廊のみは、その姿をかろうじてとどめているものの、その内部は、文字通り、足を踏み入れる場もないほどの、瓦礫の山である。

第一回廊には、有名な千手観音のレリーフや、クメール軍とチャンパ軍の戦いを描いたレリーフなどが、断続的に残っているが、何の図像かわからないほどに崩落が進んだものや、明らかに盗掘の跡と思われる不自然な破壊の跡も、随所に、ある。

　ソムナンさんは、タイ側からヘリコプターでやって来て、ごっそり、壁画を切り取って持って行ったケースもあると、語る。「もちろん、タイ人が勝手にやっているのではなくて、地元の警察が手が出せない（カンボジア側の）人物が、その背後にはいるのです」と、ソムナンさん。

　なかには遺跡を警護する軍の関係者が、直接、盗掘に関わっているケースも多いといわれているから、これでは「辺境の遺跡」の盗掘を防ぐことなんか、永遠に、出来はしないだろう。

　ジャヤヴァルマン七世の建立した寺院のもうひとつの特徴である、巨大な観世音菩薩の四面像もまた、ほぼ完全に残っているのは一基のみで、あとは無惨に、崩壊してしまっている。

　第一回廊の外部をぐるっと回って、随所に残るレリーフ等を鑑賞したのち、いよいよ、境内に足を踏み入れるが、巨石が散乱し、それらが互いに折り重なって、歩行ははなはだ、困難だ。

　石の上によじ登って、歩いてみるが、なかにはぐらぐらして不安定な状態の石もあり、石と石の間の空洞に、何度か足を挟まれそうになって、それ以上の探索を断念する。

　同寺院の近くには、池の中に、観世音菩薩の四面像が残っているタ・プロームという小寺院もあるが、何せ、池のど真ん中なので、近づくことは出来なかった。

　バンテアイ・チュマールを出て、シソポンに戻る途中、ソムナンさんが標識を見て、この先にバンテアイ・トアップという遺跡があるようですが、行ってみますか？と、尋ねた。いつごろの遺跡かなど、何の情報もなかったが、行ってみることにした。

途中までは車で行ったが、次第に道幅が狭まり、あとは車を降りて、歩く。そうして、行ったバンテアイ・トアップは、自然の丘を利用して、外装などはほとんど残っていない五基の祠堂が建っている、かなりの規模の遺跡だ。いつの時代のものかはわからないが、少なくともジャヤヴァルマン七世の時代よりかなり古い時代の遺跡であることは、確かだ。

五基の祠堂に隣接し、ほとんどバラックという感じの、現代の仏教寺院が建てられていた。内部には生活の跡もあり、どうやら僧侶が住んでいるらしいが、遺跡のことを聞こうと、しばらく待っていたが、僧侶は戻って来なかった。

自然の丘の上の遺跡からは、四方にどこまでも拡がる水田が見渡せ、大変、気持ちがいい。こういうところで、ぼんやりと暮らしていけたら、いいだろうなぁと、そう思った。もちろん、三日もすれば、たちまち退屈するだろうことは、わかっているが…。

遺跡を後にして、シソポンの街に戻った。ニャックミース・ホテルでシャワーを浴びてから、ソムナムさん、サボットさんと、夕食をしに街にくり出した。結局のところ、唯一、開いていた「プーカイ・プルック」で、魚のぶつ切りの入った酸っぱいスープ、豚肉とカシューナッツの炒め物、卵焼き、野菜炒めの四品と、ご飯をとって、水とスプライトを飲んで、しめて一一・五ドル。結構、いい値段だ。

食事中、ソムナンさんとサボットさんは、デジカメで撮ったお互いの写真を見せ合い、はしゃいでいる。横から見ると、写真を撮るのも一応仕事の内の、私が撮ったものより、よほど出来がよく、大いに、へこむ。

デジカメは日本製で、彼らの属する旅行社のお楽しみ抽選会で、当たったものなのだという。部屋に戻って、エアコンをギンギンにかけて、寝た。夜中の三時ごろ、窓はちゃんと閉まっているのに、どこからか入ってきた蚊の集中攻撃を受け、目が覚めた。設備はそれなりに整っていても、安普請。やはり、それなりの、ホテルなのだ。

## シェムリアプへ

翌朝は、七時半にホテルを出発、シェムリアプに向かう。道路事情は飛躍的によくなり、シェムリアプの手前ではついに、完全舗装の道路になった。シソポンから二時間半ほどで、到着。

シェムリアプへ向かう道では、真新しい送電線が、ほぼ一直線に並んでいる。ソムナンさんの話では、送電線はシェムリアプの街にタイから電気を送るためにつくられたというが、まだ稼働はしていないのだという。いずれ稼働しても、それはシェムリアプの観光施設のために使われるものであって、送電線の周辺に暮らす人々には、何の恩恵をもたらさないに、違いない。

シェムリアプの街は、もう十分すぎるほどだというのに、相変わらず、新しいホテルの建設ラッシュが続いている。特に国道六号線沿いには、ずっとプサー・ルー（シェムリアプ最大のマーケット）あたりまで、文字通り、豪華絢爛な外観のホテルが、ほぼ完成間近という状態で、並んでいる。高級ホテルなら、一泊二〇〇ドル、三〇〇ドルは当たり前。

「バイヨン・ホテル」閉館後、私が定宿にしているオールド・マーケット近くの「タ・プロームホテル」[3]は、以前は国連全権大使や政府要人も泊まった老舗ホテルだというのに、時代の流れに完全に取り残され、一泊三五ドルという、中級ホテルに格下げになってしまった。

それでも、以前は一階にあったレストランを三階に移し、外の階段からそのまま入れるように改装して、夜はまるでナイト・クラブのような電飾を施し、光輝かせていたが、夜にそっと覗いてみるが、ほとんど客が入っていなかった。それより何より、宿泊客そのものが異常に少なく、私を含めて、たった数組しか、いないのである。

これまではなかったエレベーターの工事も始まっていたが、あまりにも遅すぎるという感もある。この分では、いずれ閉館ということになっても、少しもおかしくない、状況である。

林立する超高級ホテルに、充実したレストランやショッピングセンターの数々、お洒落なカフェ、リラクゼーション施設等々、まさにシェムリアプは「観光バブル」の上に咲いた、あだ花である。

## コー・ケー遺跡群

アンコール朝の王都が置かれたのは、ごく一時期を除き、アンコールの地であったと、前に書いたが、その「ごく一時期」の例外とは、ジャヤヴァルマン四世の治世である。同王がコー・ケーを新たな王都にすることを宣言したのが、西暦九二八年のこと。以降、コー・ケーの都は、九四四年に即位したラージェンドラヴァルマン王が、再びアンコールの地に王都を戻すまでの、

(3) いつつぶれるかわからないが、私にとっては、かけがえのないシェムリアプの定宿です。是非是非、ご利用を。URLは www.taprohmhotel.com。

たった一六年間ではあるが、アンコール朝の、文字通り、中心地として、機能した。

もっとも、ジャヤヴァルマン四世が、アンコールの王都から北東約一〇〇キロほどの距離のコー・ケーに、新しい都城の造営を開始したのは、遷都を正式に宣言するよりずいぶん前の、九二一年ころのことであったと、いわれている。

当時はイーシャーナヴァルマン二世の治世であったが、ジャヤヴァルマン四世は同王のおじで、その妻は、アンコールの地に初めて王都を築いたヤショヴァルマン一世の妹であった。つまり、ジャヤヴァルマン四世は、名実共に、アンコール朝第一の実力者であり、その権勢は、実際の王をはるかにしのいでいたものと、思われる。

ところで、カンボジアの王位は、父から息子に順当に受け継がれることもあるが、むしろ、そうでないことの方が多く、基本的に実力のあるものが、その実力で王位を継承するというか、簒奪する、弱肉強食の世界であったと、考えられている。

前王との血のつながりのまったくない、あるいは、あっても、限りなく薄い、武力による王位簒奪者も多かった。ちなみに、アンコール・ワットを造営し、アンコール朝の第一の「黄金期」を築いた、スールヤヴァルマン二世もまた、そうした王位簒奪者のひとりである。

ジャヤヴァルマン四世が、すでに前王の治世に、コー・ケーに新たな都城の造営を開始した背景には、我こそが真の王なりとの想いが、当然、あったのだろう。あるいは、アンコール朝はすでに、事実上、二分状態であったのかも、しれない。

そして、イーシャーナヴァルマン二世がアンコールの地で死去すると、ただちに「ジャヤヴァルマン四世」として即位、また、同時に、コー・ケーへの遷都を強行した。

普通に考えれば、王となったジャヤヴァルマン四世が、堂々、アンコールに凱旋してもよかった筈で、あるいは、同王の即位に反対する勢力が、未だアンコールの都城には、いたのかもしれない。

王は新王都の中心寺院として、高さ三五メートル、七段の基壇を持つ石造のピラミッド寺院、プラサート・トムを建立したのを始め、約三五平方キロメートルほどの城内に、短期間に、中小規模の寺院を次々に建立、また、アンコール王都の東バライなどと比べれば、かなり小規模なバライ（貯水池）を建設した。日本におけるアンコール研究の第一人者である上智大学学長の石澤良昭氏は[4]、その著書『アンコール・王たちの物語』（日本放送出版協会）の中で、この貯水池の貯められた水だけでは、広い田地を潤すことは、到底、困難であっただろうと、書かれている。

マヤのピラミッドを思わせる偉容の、プラサート・トムにしても、一番上の基壇の上には、リンガ（男性器の形をした、シヴァ神の象徴）の基台が残っているだけで、それを納める中央祠堂は、ついに最後まで、建立されなかったらしい。

王の新王都宣言で、おそらく、それまでアンコールの旧王都に残っていただろう、官僚や下働きの者たちも、コー・ケーに大量に移ってきたものと思われるが、彼らの目にも新王都はあまりにも急造で、不十分なものに見えたのではないか。

ジャヤヴァルマン四世が亡くなったのは、九四一年のこと。王位に就いてから、わずか一〇年足らずである。王にはヤショヴァルマン一世の妹である妻との間にもうけた幼い男子がいたので、

（4）その学識でも、人柄でも、もっとも尊敬できる研究者の一人。現在、上智大学学長。アンコールに関する著書多数。

この子が即位して、ハルシャヴァルマン二世となったが、その治世はわずか二、三年しか、続かなかった。カンボジア中部のバヴァプラの王であったラージェンドラヴァルマンが、その王位を、文字通り、実力で、簒奪したからである。

ラージェンドラヴァルマン王の治世になると、コー・ケーは放棄され、王都は再び、アンコールの地へと戻った。

コー・ケーはアンコールの地から、直線的には、たかだか、一〇〇キロ程度の距離であるが、これまでは、シェムリアプから、いったん、コンポン・トムまで行き、そこから大きくUターンするようにして戻る、遠回りコースしかなく、しかも、ものすごい悪路が続く上に、途中、山越えもある。

加えて、コンポン・トムからでも、多分、バイクタクシーで片道一〇時間くらいはかかるので、到底、日帰りは不可能で、つまり、ヘリコプターでもチャーターしない限り、行くことが極めて困難な、遺跡のひとつであった。

ところが最近、シェムリアプからコー・ケーへの新道が出来て、片道わずか二～三時間ほどで、行くことが出来るようになった。シェムリアプから日帰り可能な場所になったことで、遺跡の整備と観光地化が、急速に進んでいるという。

これは行くしかないと、ガイドのソムナンさんに、リクエストを入れた。遺跡の入場料が一〇ドルいるというが、あとは何の問題もありませんと、ソムナンさん。

プロのカメラマンや奇人変人の類、否、好事家たちが、それこそ死ぬ思いをして行った、「幻の遺跡」が、あっという間に、ごく普通の、ただの観光地になってしまうのは、何だか、申し訳ないような、複雑な思いもあるが、まぁ、行けるんだから、四の五のいっていないで、行きましょう。

シェムリアプからコー・ケーへの道は、舗装されていて、ドライブは快適そのもの。秘境へ行くという感じは、まったく、なし。片道二〜三時間と書いたが、実際には、二時間で、楽々、着いた。

コー・ケーの遺跡群は、一見、整備された遺跡公園の中に、現在、公開されているだけでも三三もの遺跡（実際には一〇〇以上あると、いわれている）が点在しているが、まだ完全には地雷除去の確認が出来ていないようで、随所に立ち入り禁止の標識が立っている。しかも、標識が倒れて、わからなくなっている個所もあるので、要注意である。

かくいう私も、今回、何気なく歩いていて、気づいたら立ち入り禁止エリアに、いつの間にか、入り込んでしまっていたという、笑えない失敗もある。立ち入り禁止といっても、もちろん、必ず地雷があるというわけではなく、地雷を完全に撤去したという確認がなされていない場所という意味だが、しかし、誤って地雷を踏んでいたら、それこそ「地雷を踏んだらさようなら」の世界である。

まず、半ば崩れたリンガの参道を通って、王都の中心寺院、プラサート・トムに行った。

東の入り口に、プラサート・クラハムと呼ばれている、レンガ造りの崩れた塔門があって、そこから一番奥にある七層のピラミッド寺院まで、東から西に一直線に、参道が続いている。その参道沿いには、いくつものレンガ造りの祠堂が、その半ば崩れかけた姿を、さらしている。数ある祠堂は小さく、すべてレンガ造りで、しかも、壁面に丸くいくつもの、明かり取りの穴を無造作にあけた、古い時代のタイプである（のちの時代になると、格子がはめ込まれた連子状の窓等が、明かり取りに使われるようになる）。

プラサート・トムの境内は、東の入り口から入って、ひたすら西に直進し、七層のピラミッド寺院に到達したら、再び、来た道を戻るような造りになっている。つまり、境内は東西に細長く拡がっており、中心寺院を核にして、伽藍が全方向に配されているわけではない。そのため、景

▲倒壊したリンガの参道

▲プラサート・トム

観は重厚さを欠き、単調だが、その分、ピラミッド寺院の偉容が、より強調される仕組みになっている。

前述した通り、広大な遺跡エリアに点在している一〇〇近い遺跡群の内、現在、周辺の地雷撤去の確認が終了し、一般公開されているのは、三三の遺跡に過ぎない。プラサート・トムを見学後、それらの遺跡のいくつかを、足の向くまま、見て回ることにする。どこに何という遺跡があるのか、そうしたことを記した地図が市販されていればいいなぁと思うが、あるいは、あるのかもしれないが、少なくとも、私が行った時、遺跡の管理事務所にそうしたものは、置いていなかった。

以下、私の行った遺跡を、当時のメモを基に、行った順序に、列挙してみよう。その名称は、ソムナンさんの発音をそのまま、日本語でメモしたものだが、あるいは聞き違いなど、あるかもしれない。

▽リンガの塔

ちゃんとした名前がつけられているのかもしれないが、ガイドのソムナンさんは、単に「リンガの塔」としか、知らなかった。石造の小さな祠堂で、周囲には同じものがいくつも、点在している。リンガの塔は、あるいは、その総称なのかもしれない。

ほぼ完全な形で残っているものもあれば、相当、崩壊の進んでいるものもある。祠堂の内部には、その名の通り、リンガが納められている。

▽プラサート・スロウラウ

当時のメモに、名前だけ、記している。多分、崩壊が相当、進んでいて、その特徴を書きようがなかったのでは…。

▽プラサート・クロウチャップ

両サイドが跳ね上がった、バンテアイ・スレイなどにある屋根飾りに、極めて似た意匠の屋根飾りが、残っていた。

▽プラサート・ベン

「ほとんど、崩壊している」としか、当時のメモに、書いていない。

▽プラサート・バンテアイ・ピーチュラン

今となっては、記憶が定かではないが、プラサート・スロウラウ同様、当時のメモに、その名前しか記していないので、半ば崩壊していたか、あるいは、これという特徴がなかったのだろう。

▽プラサート・ニャン（もしくはネアン）・クマウ

ソムナンさんによれば、ニャン・クマウは「黒いお姉さん」との意味だという。確かに、その名の通り、ラテライトを積み上げた、背の高い祠堂は、その下部が黒い色に変色している。これが焼けたためのものか、あるいは、それ以外の理由によるものか、

▲プラサート・ニャン・クマウ

▲プラサード・プラン

私にはわからないが、祠堂それ自体は、ほぼ完全な形で残っている。

また、精緻な装飾文様の刻まれた八角形の柱なども、見どころのひとつ。
▽プラサート・プラン
横一列に祠堂が三つ並び、さらにその前に二基ある。つまり、合計五基の祠堂が配された寺院で、プラサート・トムを除けば、おそらく、一番、規模も大きく、見応えがある。

プラサート・プランを見たところで、そろそろ、シェムリアプに戻らねばならない時間になった。時間にならなくとも、正直、崩壊の進んだ小規模で、あまり特徴のない遺跡群を、ひとつひとつ、丹念に見て回るのに、少々、退屈していたので、このあたりが切り上げ時だった。

コー・ケーの王都は、やはり、急造というイメージが濃厚で、中心寺院のプラサート・トムを除けば、これという見応えがない。ジャヤヴァルマン四世の住んだ王宮は、こちらは木造のため、残っていない。アンコール朝時代のカンボジアでは、神々の住む家＝寺院のみが、石造もしくはレンガやラテライト等で、造られたのである。「現人神」視された王だが、極度に蒸し暑い気候のカンボジアでは、その王もまた、風通しのよい木造家屋に住むことを、選択したのである。

## シェムリアプでの日々

アンコール遺跡への拠点となる、シェムリアプの街は、一九九二年に初めて行ってから、ほぼ毎年のように通い詰めていて、その隅から隅まで、熟知していると、本当は書きたいところだが、全然、そんなことはなく、毎年、行くたびに、昨年あった店やホテルがもう、つぶれていたり、新たな店やホテルが出来ていたりする。たまに一、二年行かないと、もう全然、別の街である。

一九九二年に初めて行ったシェムリアプは、泊まれるホテルといったら、老朽化して、まるで幽霊屋敷のような、グランドホテルくらいしかなく、電気は自家発電で、おまけに頻繁に停電し、電話は通じていなかった。ホテルでの食事は、選択肢のないセット・メニューのみ。そんな時代のシェムリアプを知っている者には、今のシェムリアプはまさに、隔世の感がある。

グランドホテルは、全面改装して、「ラッフルズ・グランドホテル・ドゥ・アンコール」として、一泊最低でも三〇〇ドル以上という、超高級ホテルに生まれ変わり、しかも、同等クラスないし、ややグレードの下がる高級ホテルが、ザッと数えて、一〇以上もある。

そればかりか、国王の迎賓館を改装したアマンサラなど、実に一泊八〇〇ドル以上もして、一体、誰がとまるんだ？という、お値段である。

もちろん、その他、一泊わずか五ドル前後のゲストハウスから、三〇～五〇ドル前後の中級ホテル、一〇〇ドル前後のスーペリア・クラスなどが、町中に乱立している。おまけに、明らかに供給過剰なのに、未だに続々、新しいホテルの建設ラッシュが続いている。

変わったのはホテルだけでなく、この街には、世界各国の料理の食べられる各種レストランやバーの類、ネット・カフェ、リラクゼーション施設から、ショッピングセンター、スーパー、コンビニエンス・ストアーに至るまで、旅人の欲求を満たす施設は、それこそ、何から何まで、すべて、揃っている。

街から車を走らせて、しばらく行くと、それこそ、水道も電気もない、ごくごく普通の、カンボジアの農民の暮らしがそこにあるというのに、まさに砂上の楼閣のごとき、繁栄ぶりである。しかし、そんな街でも、タイとの国境から車を走らせて、ここに来ると、思わずホッとするのだから、私も業が深い。

この街での私の定宿は、すでに書いた通り、タ・プロームホテルである。以前は、シェムリアプ川を挟んで、タ・プロームホテルのほぼ対岸に、バイヨンホテルというホテルがあって、そこを定宿にしていたのだが、老朽化と周辺に真新しいホテルが次々に開業し、激しい客の奪い合いに耐えられなくなったためか、つぶれてしまった。それで、対岸のタ・プロームホテルに泊まるようになったのだが、ここもまた、その建物の老朽化で、かつての高級ホテルの面影は、まったく、ない。

周囲には、ほぼ同じ料金で、もっと最新設備のホテルが、いくらでもあるのだから、何も好んで、タ・プロームホテルに泊まる必要はないのだが、私はどーも、こうした、いわば時代遅れのホテルが好きなようで、どこへ行っても、愛着を持つのは、大抵、そういったホテルである。

もちろん、タ・プロームホテルのよさは、それだけでなく、オールド・マーケットに隣接していて、その周辺には様々な飲食店や、あるいは私は酒を飲まないので、あまり関係ないが、小さなバーが狭い路地にひしめく、通称バー・ストリィートと呼ばれる一角があって、そのどこへ行くのにも、歩いて二、三分以内と、大変、便利だからである。

朝はホテルの前の川沿いに、多くのバイク・タクシーや、そのバイクの後ろに、簡単な人の乗れるスペースを増設した、トゥクトゥクが泊まっているので、それをチャーターして、どこへでも、行くことが出来る。乗り心地という点では、断然、トゥクトゥクだが、一日借り切って、通常のアンコール遺跡エリア内であれば、一二ドル前後が相場。最近は、悪質なぼったくりドライバーと区別するため、揃いのジャケットの着用が義務づけられていて、だいぶ、普及してきているる。そのジャケットを着たドライバーであれば、もちろん、一〇〇%とはいわないが、まず問題ない。

シェムリアプの街一番の繁華街は、ほぼ南北に走るシヴォタ通りで、国道六号線との交差点から、オールド・マーケットの近くまでと、距離的にはかなり、長い。その沿道沿いとオールド・マーケットの周辺に、多くのホテルや店が、集中している。

ホテルや店が次に多いのは、国道六号線の沿道で、特にシヴォタ通りとの交差点あたりから、シェムリアプ川を越えてしばらく行ったあたりまでが、密集地である。国王の別荘や、超高級ホテルのグランドホテルやアマンサラも、ここにある。

つまり、宿泊するのなら、このエリア内であれば、どこへ行くのにも便利である。高級ホテルの多くは、たいてい、シェムリアプの中心部から、かなり離れた場所にあるので、パックツアーで来るのならともかく、少なくとも、自由な町歩きには、不便である。

シェムリアプに来る観光客のほとんどが、アンコール遺跡群を見に来るのだが、なかには遺跡なんかまったく興味がなくて、話の種に、アンコール・ワットとバイヨンだけ見れば、もう十分という、人もいる。そういう人におすすめなのは、オールド・マーケットと、シェムリアプ最大のマーケットであるプサー・ルー周辺での、散策である。

特にプサー・ルーは、観光客目当ての店が、ずいぶんと増えたオールド・マーケットと違って、シェムリアプ周辺の、カンボジアの人々が、日常的に利用するマーケットなので、大変、面白い。

オールド・マーケットから歩いて行ける距離にある、クメール伝統織物研究所は、日本人の友禅織り職人森本喜久男氏が主宰する、カンボジア伝統の絹絣の工房で、工程を見学出来、売店も併設されている。ただし、かなり高めの値付けで、日本人以外は、まず買わないだろう。

その他、市街から車を走らせて、トンレサップ湖の湖畔に出て、ボートを雇って、水上生活をする人々の暮らしを、垣間見るのも、いい。

アンコール遺跡エリアは、シェムリアプの街の北側にあり、その途中の検問所で、チケット

（一日券・三日券・七日券の三種類）を購入する。最近、三日券は、一週間ほどの有効期間内であれば、自由に使用日を選べるようになったので、非常に使い勝手がよくなった。

アンコール・ワットへと続く道の途中で、右折すれば、開館したばかりの、シハヌーク・イオン博物館(5)（カンボジア名はシハヌーク・アンコール博物館）がある。上智大学のアンコール遺跡国際調査団が、バンテアイ・クディで発掘した二七四体もの仏像を展示・公開するアンコール遺跡エリア初の博物館で、上智大と㈱イオンによって建設され、完成後、カンボジア政府に寄贈された。すぐ近くに、少し遅れて、立派なアンコール国立博物館が出来てからは、スッカリ、影が薄くなってしまったのは、残念である。

もっとも、こんな話はほとんど、『地球の歩き方』のようなガイドブックに書いてあることなので、話を先に進めよう。

私のシェムリアプでの日課は、ほぼ、こんな具合である。

まず、朝は早く起きて、シェムリアプ川を見下ろせる、タ・プロームホテル三階のレストラン（最近、一階に移動）の窓際の席に座って、フレッシュ・ジュースとパン、お好みのスタイルでの卵料理、それにコーヒーか紅茶の、朝食を取る。もちろん、朝食代は宿泊料に含まれている。

窓から見て、あたりをつけたトゥクトゥクのドライバーに声を掛けて、トゥクトゥクを一日チャーター、日中は自由に、遺跡を回る。昼食は遺跡のそばにある屋台などで取り、夕方早めにホテルに戻って、シャワーを浴びてたら、近くのカフェでしばらく本を読み、その後、街をぶらつき、どこかで夕食を取って、ホテルに戻る。時には、マッサージ店に、行くこともある。



（5）月曜休館。開館時間は午前8時〜午後5時まで。入場料は3ドル。ただ、博物館というと、アンコール国立博物館に連れて行かれてしまうので、「シハヌーク・アンコール博物館」と、正確に、いいましょう。

だいたい、こんな一日。

シヴォタ通り沿いには、プノンペンのモニボン通りにもある「ティー・アンド・コーヒー」という、スタバ並みのお洒落なチェーン店が出来て、一ドル前後で濃厚なベトナム式コーヒーが飲めるので、よく通っている(その後、つぶれた)。

夕食は、人と一緒の時は、国道六号線の近くにある老舗のバイヨン・レストラン等に遠出することもあるが、一人の場合はたいてい、カンボジア料理の味に定評がある、オールド・マーケットのバー・ストリィート側の真ん前にある、「クメール・キッチン」に行くか、やはり、オールド・マーケットの周辺にある、「ジ・オンリーワン」に行く。後者は、バーだが、食事も出来、しかも、かなり美味しい。それに加えてそのウェートレスは、昔から美少女揃いで、今回行った時も、狭い店にウェートレスが六人もいて、暇をもてあまして、おしゃべりの花を咲かせていた。美少女揃いだからといって、その手の怪しい店ではないので、ご安心を。

その他、シヴォタ通りにある「北京餃子館」もおすすめの店で、一人では食べきれないほどの量の焼き餃子が、たった一ドルという安さ。しかも、何か料理を頼めば、ご飯は無料である。

こんな日々を送っていると、もう、どーでもよくなり、日本には帰りたくなくなるが、しかし、夢はいつか醒めるもので、日本に戻らねばならない日は、必ず、やって来る。

しかも、最近は国際仕様の携帯電話を、旅先にも持って行くようにしているので、日本からの電話が、ほぼ毎日、かかってきて、否が応でも、現実に引き戻されてしまうのは、困ったものだ。なかには緊急とも思えない、この字は本当にこの字でいいの？といった、単なる原稿内容の確認の電話もあるので、まったくもって、頭に来る。

## ベンメリアへの再訪は土砂降りの雨の中

シェムリアプの北東約四〇キロほどの距離にあるベンメリア寺院もまた、昔は行きたくても行くことが難しい、幻の遺跡の、ひとつだった。今は、道路も整備され、せいぜい、片道二時間ほどで、容易に行くことが出来るようになっている。

私がベンメリアに初めて行ったのは、二〇〇〇年のことで、四輪駆動車で、しかも、危険エリアだということで、銃を持った警察官の護衛まで同行させてのことである。悪路のため、片道三〜四時間はかかるといわれたが、実際、想像をはるかに上回る悪路の連続で、途中で、とうとう、四駆の車輪が泥沼にはまって、全員で押しても、まったく、動かない状態になってしまった。

ガイドは一応、携帯を持っていたが、通話可能なエリアを過ぎてからのことで、しかも、他の車が通りかかる可能性もほぼゼロ。つまり、自力での脱出以外に道はなく、しばらく休んだあと、もう一度全員で力を合わせて、全力で車を押して、ようやく脱出に成功した。

もちろん、全員泥まみれで、着衣のまま、ホースで水をザアザアかけて、泥を洗い流さなければ、どこにも入れないような、有り様だった。その詳細はすでに、拙著『北のベトナム、南のチャンパ』の中で、書いた。

ベンメリア寺院が建設されたのは、一一世紀末から一二世紀の初頭にかけてのことで、アンコール・ワット様式のヒンドゥー教寺院である。アンコール・ワット建造の直前に造られたこともあって、そのいわば試作品としての意味を、持っていたのかもしれない。

アンコール・ワット同様、三重の回廊に囲まれた巨大な寺院ながら、中央祠堂に向かって、基壇の高さを徐々に上げていくなどの、いわば寺院をより荘厳に見せるための工夫がなされていない等の、違いもある。つまり、その改良型が、アンコール・ワットというわけである。

もっとも、遺跡の崩壊が著しく、かろうじて残っている第一回廊の中に入ると、ほとんど歩くことも困難な、瓦礫の山という感じであった。図面におこされた寺院の伽藍配置図を見ない限り、その往時の壮麗な姿を想像することは、残念ながら、まったく、出来なかった。

そのベンメリアに、今回、もう一度、行ってみようと思っていた。今回は誰かを案内しての旅ではなく、まったくの一人旅なので、何度も足を運んだ遺跡エリア内の主な寺院を、一通り回る必要は、なかったからである。

しかし、その当日、シェムリアプの街を出て、ベンメリアに向かう道の途中で、雨が降り始めた。今が雨季であることはわかっていたが、大雨が降るのはたいてい、九月から一〇月にかけてなので、大丈夫と思っていたが、雨は、その後、一日中降り続いて、とうとう、ベンメリアに着いたころには、土砂降りになってしまった。

車の中で、しばらく様子を見ていたが、一向にやむ気配がないので、しかたなく、傘を差して、車を降りた。

遺跡の荒廃ぶりは、以前、ほぼ来た時のままだが、第一回廊を入ると、ほとんど瓦礫の山の境

▲ベンメリアの第1回回廊

内を、観光客が楽に歩けるようにと、木の歩道橋が造られている。その上を歩いて行けば、とりあえず、境内をグルッと一巡は出来る、仕組みである。

前回は、瓦礫の山によじ登り、崩れた石の屋根の上を歩いて、あちこち見たが、苔むした巨大な石は、ぐらつく上に、雨でつるつると滑りやすく、しかも、至るところに、石と石の間に大きな裂け目もあって、好天であった前回ですら、そうした裂け目に何度もはまって、身動き出来なくなり、その度にガイドに助け出されたことなどを考え併せると、この雨の中を、歩道橋を外れて歩くことは、難しい。

諦めて、歩道橋を一巡したのち、街に戻ることにした。

翌日、再び、行くチャンスもあったが、この日は朝起きた時点で、すでに雨が降っていた。それで、ベンメリアに行くことは断念し、アンコール遺跡エリア内の遺跡を、回ることにする。エリア内の遺跡であれば、たとえ雨でも、道路は舗装され、また、境内の整備もすでに完了しているので、傘さえ差せば、回るのに何の問題もないからである。

まずはアンコール・ワットに行き、それから、アンコール・トム都城内の、各遺跡を回る。

アンコール・ワットは、以前、落雷により中央祠堂の一部が崩れたが、未だに修復されておらず、木材で補強し、あるいは、ビニール・シートを張っただけの、痛々しい姿をさらしていた。それに対し、アンコール・トム内のパプーオン寺院などは、修復がかなり進み、元の姿を少しずつ、取り戻しつつある。

しかし、どこまで正確な修復が図られているのか、不安も残る。らい王のテラスなどのように、観光客が見やすいようにと、壁面を薄く剥がして、コンクリートで新しく造った通路の壁面に、それを再び貼るという、とんでもない修復がなされたケースも、あるからである。

アンコール・ワットの、見事なまでに閉じられた空間の持つ神秘性と、その壁面に刻まれた無数の女神たちの、凍てついた微笑み。アンコール・トムの中心寺院バイヨンの、四方八方を睥睨しつつ、そそり立つ観世音菩薩の四面像の偉容。プノン・バケンの山頂から見る、雲海のごとき、深くどこまでも続く緑の森の中から、突き出たアンコール・ワットの姿等々。

文字通り、そのいずれをとっても、アンコール遺跡は、間違いなく、世界で一番、美しい（と、少なくとも、私はそう思う）。

ここ数日、雨が降り続いているので、不安なのだが、次の日にはシェムリアプを出て、コンポン・トムに向かう。大プリア・カーン寺院には、果たして、行けるのだろうか…。

## 大プリア・カーンへの長く険しい道

今回の旅の中で、一番行くのが難しいとされていたのが、コンポンスヴァイのプリア・カーン寺院、つまり、通称「大プリア・カーン寺院」である。

大プリア・カーン寺院は、二重の濠と三重の外周壁に囲まれ、一番外の周壁の一辺は、約五キロメートルという、文字通り、その規模だけならば、アンコール・ワットをもはるかに凌駕する大仏教遺跡である。

一二世紀までに建設され、大王ジャヤヴァルマン七世の時代に、現在の姿に、増改築されたと、いわれている。ジャヤヴァルマン七世の時代には、ここがチャンパに対する防衛拠点となっていたようで、同王はチャンパ遠征の際、アンコール王都でのトリブヴァナーデイティーヤヴァルマン王による王位簒奪を知り、一二年以上も辺境の地にとどまっていたとされるが、その辺境の地が大プリア・カーン寺院の周辺だったのではないかと、考えられている。もちろん、確証はない。しかし、そうとでも考えないと、理解しがたい、大プリア・カーン寺院の巨大さである。

同寺院はシェムリアプから東に約一二〇キロほど離れているが、問題となるのはその道路事情である。とにかく、すさまじい悪路らしく、道路の状態が良好な乾季でも、四駆を使って、片道五時間以上かかり、しかも、雨季には道路が水没するため、ヘリコプターでも使わない限り、行くことが不可能といわれているのである。そして、今はその雨季なのだ。

もともと、行くことはほぼ無理と諦めていたのだが、車ではダメでも、途中からバイクに乗り換えて、水没していない山の道を通れば、何とか、大プリア・カーンまでいけるのではないかという情報を、ソムナンさんが、聞き込んで来た。実際にその道を通って、大プリア・カーン寺院の周辺からコンポン・トムまで通ってきている人もいるというので、とにかく、行けるところまで行ってみようかという、気になった。

当日、シェムリアプを早朝の六時半に出発し、五時間ほどで、車で移動出来るギリギリの地点に、着いた。

その日も、朝から曇ってはいたが、少なくとも、雨は降っていない。道路は国道六号線は完全に舗装されているが、その先は未舗装の田舎の畦道で、一見、悪路というほどの悪路ではないが、ところどころに、大きな水たまりが出来ていて、泥沼化している。

それを避けながら、走行するが、ついにその泥沼のひとつに車輪がはまってしまい、脱出出来なくなった。研修生のサボットさんが近くの民家に走り、事情を説明すると、たちまち、周辺の村人たちがワイワイガヤガヤと集まってきて、車を押してくれる。そのおかげで、車は何とか、泥沼から抜け出し、先を進む。

とにかく、なるべく、ぬかるみの少ない畦道を探しつつ、車は進む。やがて、何軒かの高床式の民家が密集している村落で、車は停まった。ここまでが、車で行ける限界だと、ソムナンさんはいう。

民家の一軒に、四台のバイクと四人の男が待っていて、彼らがその前日、ソムナンさんが交渉してくれたドライバーたちである。その中のひとりが、大プリア・カーン寺院の周辺まで行ける山道を知っているというのである。

つまり、彼が案内人で、あとの三人はソムナンさんにサボットさん、それに私を、実際に乗せて走るドライバー。料金についても、すでにソムナムさんとの間で、話がついていて、ソムナンさんのいう額を、すでに彼に、渡してある。

「大プリア・カーンまでは、だいたい、片道三時間だから、向こうには一時間くらいしか、いれません。それでも、戻って来たら、五時ですから。もし、途中でトラブルが起こったりした場合は、その時点で、諦めて戻りましょう」と、ソムナンさん。

もちろん、私に異存はない。実は、多分、行けないのでは…と、内心、思っていたのだけれど、ここまでお膳立てをしてくれたソムナンさんに、それはいえなかった。

案内人が一人でバイクに乗って、先頭を走り、その後に、それぞれ後ろに、ソムナンさん、私、サボットさんを、乗せたバイクが続く。

最初は農道を走っていたが、途中からそれて、山道に入る。山道は狭くて、しかも、昨日までの雨で、あちこちに大きなぬかるみが出来ている。ぬかるみにはまったら、バイクを降りて、押しながら歩き、また、バイクに乗って、行けるところまで行くという、そのくり返し。

下半身は、もう泥まみれ、半ズボンに着替えておいて、よかった。ぬかるみといっても、歩くと膝のあたりまで埋まってしまう状態で、バイクは乗っている時間より、降りて歩く時間の方が、次第に、長くなりつつあった。

とにかく、周囲は雑木林が延々と続くだけで、民家は皆無。本当にこの道を行けば、大プリア・カーン寺院にたどり着けるのだろうか。道を知っているのは先頭を行く道先案内人だけなので、もし、彼とその仲間がその気になれば、我々を殺して、金品を奪い、山中に埋めてしまっても、誰にもわからないだろうなどと、つい、考えてしまう。

ひとつの森を抜けると、また、次の森。山道は果てしなく、続く。

やがて、山道といっても、少し開けたところに出て、一軒の民家が見えてきた。ところが、突然、私が乗っていたバイクが急に前のめりになって、停まった。バイクに乗らない私にはよくわからないが、バイクの車輪近くの部品の一部が、激しいバウンドで、折れてしまったようだ。とにかく、修理をしなくては動かないというので、そこで休憩。男がバイクを直している間、民家の軒先を借りて、休むことにした。

時計を見ると、出発してから、ちょうど一時間半くらい。まだ、道のりの半分くらい来たところである。その民家の住人と話していた道先案内人が、この先の道を見てくるといって、バイクに乗って、ひとり、出掛けていった。

やがて、バイクを修理していた男が、「終わった」という。終わったといっても、折れた部品に布を巻いただけのように見えるが、エンジンをかけると、バイクは無事、動いた。あとは下見に行った道先案内人が戻って来るのを、待つだけである。

男が戻って来たのは、それから三〇分くらいたってからで、この先も悪路が続くが、どうにか、

▲大プリア・カーン断念記念の写真。右は筆者、左はサボットさん。

行くことは行ける、ただ、途中、橋の架かっていない川を渡らねばならない個所が、一個所あるという。どうするのかというと、バイクがぬれないよう、担いで渡る。他の人は、歩いて渡るという。

しかし、よく考えて見ると、すでに午後の二時近くだから、この先、運よく一時間半で大プリア・カーンにたどり着けたとしても、三時半、川渡り等で時間を食えば、四時近くになってしまうことになる。仮に、大急ぎで、せめて写真だけでも撮って、三〇分で現地を出たとしても、今いる地点に戻って来ることが出来るのは、六時近くになってしまう計算になる。それから今来た山道を一時間半かけて戻るのは、どう考えても、到底、無理だ。山道はぬかるみだらけだし、人家もないので、当然、明かりもない。

おまけに、空模様もおかしく、いつ雨が

降ってきてもおかしくない。

「やめましょう」と、私がいうと、すでに出発の準備をし始めていた男たちも、一応に、ホッとした表情になった。

最初から、何かトラブルが起きた時点でやめると決めてあったのだから、むしろ、サバサバした気持ちだったが、考えると、車を降り、バイクに乗り換えた場所に戻るまでには、先程の悪路を再び、一時間半かけて戻るしかないのである。まさに、行くも地獄、戻るも地獄。しかし、戻るしかない。

おまけに帰路は、ついに雨まで降り出し、乗っていたバイクが何度か横転、一度は泥沼にもろに投げ出されて、ついに上から下まで、泥まみれになった。

車を置いておいた民家に戻って、井戸の水をつかって、全身を洗い、車に置いておいたGパンとTシャツを着た。泥まみれの服は、シェムリアプのホテルから持ってきた、ランドリー用のビニール袋に入れる。ソムナンさんが私が渡しておいたお金を渡すと、道先案内人の男は、たちまち上機嫌になり、子供に命じて、庭の椰子の木に登らせ、椰子の実を下に落として、その上部をスパッと切って、ストローをさし、皆に振る舞ってくれた。

「頑張りましたが、残念でした」と、ソムナンさん。

「今度は乾季に来て、もう一度、大プリア・カーンに行くので、その時はまた、ガイドを頼むよ」と、私。

その会話をそばで聞いていたサボットさんが、ソムナンさんがいない時を見計らって、そっと、

「今度来た時は、私がガイドしますよ。それまでに、いろいろ、勉強しておきますから、任せて下さい」という。ガイドは実入りのいい仕事だが、ガイドの世界もまた、過当競争の時代になりつつあるのだろう。どこの世界でも、生きていくのは、大変だ。

そこで一休みしてから、コンポン・トムに向け、出発した。

## コンポン・トム

コンポン・トムはシェムリアプからプノンペンに向かう、国道六号線の沿線にある街で、シソポンに比べれば、多少、大きいかなぁという程度で、特に見どころのある街ではない。

アンコール朝の前身である真臘の都があったサンボール・プレイ・クックの遺跡群や、大プリア・カーン遺跡へ行く時の拠点となる街だが、実

▲コンポン・トムの市街

際にはそうした遺跡に行く物好きは、ごくごく、少数であり、したがって、観光客向けのホテルなどは皆無だ。

シェムリアプから陸路でプノンペンに向かう観光客（それ自体、少数派で、ほとんどが飛行機で移動）も、わずか六時間あまりで、楽にプノンペンまで行けるので、わざわざコンポン・トムで一泊しようという人は、まず、いないのだ。

それでも、コンポン・トムには、ソコソコの設備のホテルが、まったく、ないわけではない。私の泊まったアルンラスホテルも、そうしたホテルの一軒で、少なくとも、外見はかなり立派である。

しかし、実際に泊まってみると、立派なのは外見だけで、中身はそうでないことがわかる。エレベーターは、しばしば、私の部屋のある階には止まらず、最上階まで行ってしまう。たまに、ちゃんと止まっても、今度はその廊下の床と、エレベーターの床とが、かなりズレて止まるのである。そのズレ方は三〇センチ以上のこともあれば、微妙にズレているだけのこともあるが、急いで降りようとすると、つんのめってしまうので、はなはだ、危ない。

部屋の家具の一部は壊れたまま、電灯も、半分くらいしか、つかない。

クーラーは動くことは動くが、びっくりするほどの旧型で、ガガガという、その騒音のうるさいこと。しかも、途中で急に止まり、一呼吸置いて、再び、動き出したりする。もちろん、その音の大きさに反比例して、部屋の温度はあまり下がらない。

泥まみれになった服の洗濯で、一時間近くかかり、一息入れた時は、外はだいぶ、暗くなっていた。夕食時だが、街の様子もわからないので、ソムナンさんの部屋に電話すると、「じゃあ、このホテルの一階がレストランになっているので、そこで食べましょう」という。

レストランは、何故か、一階のロビーから直接行けず、いったん、外に出て、別の出入り口から入るような造りになっている。典型的な中華風レストランで、このホテルの経営者もカンボジア系中国人らしい。何でも、コンポン・トムでは、かなり大きな規模のレストランだとかで、店はほぼ満席で、大いに賑わっている。すべて丸テーブルで、みんな、テーブル一杯に料理の皿を並べて、大声でしゃべりながら、飲み食いしている。

サボットさんも呼んで、魚入り酸っぱいスープ、肉と野菜の炒め物、具の一杯入った卵焼き、川魚の唐揚げなどを取る。飲み物は各種取り揃えて、あらかじめ、テーブルの上に置いてあって、飲んだ分のみ精算する仕組み。もちろん、それとは別に、土瓶に入った、熱いお茶は出るので、それを飲んでもいい。

お金は私が出したが、締めて一〇ドルとちょっと。決して安い値段ではない。グルッと店内を見回すと、客はほとんど、おそらくカンボジア人だが、見るからに裕福そうな人たちばかりで、つまり、そういう人種が集まる店なんだと、わかる。

食事を終えたら、コンポン・トムの街をぶらついてみようと思っていたが、外は真っ暗で、とても散策するような雰囲気ではない。それに、やはり、ひどく疲れた。これから連れ立って、どこかに遊びに行くというソムナンさん、サボットさんとロビーで別れて、部屋に戻った。

そのまま、ベッドに倒れ込んで、すぐに眠ってしまったらしい。朝まで、まったく、目覚めることはなかった。

そのせいか、翌朝は六時にはもう目が覚めてしまったので、ひとりで、一階のレストランに行ってみた。それほど食欲があるわけではなかったので、おかゆとホット・コーヒーのみ取って、朝食にする。カンボジアのおかゆは、中国式の白がゆで、肉や内臓肉、もやしなどの野菜、香草などが入っている。

コーヒーは、もろ、インスタント・コーヒーの味。まずいコーヒーはブラックではきついので、砂糖とミルクをたっぷり、入れる。

その日は、サンボール・プレイ・クックに行って、そのあと、プノンペンに向けて出発する予定。プノンペンでは、写真家の大島俊一さんとも、合流する。旅もいよいよ、終盤にさしかかっている。

久しぶりに、東京の娘に電話をした。「元気だよ」とはいっていたが、あまり元気そうな声ではなかった。

## サンボール・プレイ・クック

午前八時半にホテルを出発、サンボール・プレイ・クックの遺跡群に向かう。

コンポン・トムからは、北へ約三〇キロほど、車で約一時間の距離。道は未舗装だが、絶え間なく、身体を突き上げる、小刻みな、しかし、結構、激しい揺れ以外には、特段、何の問題もなく、途中で断念した、前日の大プリア・カーン行きに比べれば、「楽勝」という感じである。

　何だか、身体がだんだん、カンボジア仕様になっていて、ちょっとやそっとしたことでは、驚かなくなってきた。

　途中、何の変哲もない、ごくごくフツーのカンボジアの村落で、ソムナンさんは車を停めた。

「ここがアツ村です。寄って、お墓参りをしていきましょう」

　何のことか、一瞬、わからなかったが、すぐ、「アツ」とは一九九三年の五月に、国連の管理下で行われた総選挙で、国連の日本人ボランティアとしてカンボジアで活動中、ポル・ポト派の武装襲撃を受けて、死亡した中田厚仁さんのことであることが、わかった。そういえば、中田さんが殺されたのはコンポン・トム近郊の村で、その後、中田さんのご両親によって、村に学校が寄進され、その構内に中田さんのお墓が建てられたということは、何となく、聞いて知っていたが、コンポン・トムにやって来て、そのことを強く意識することは、なかった。

　私が初めてカンボジアを訪れたのは、一九九二年のことで、その後、九四年に再訪、以降、ほぼ毎年、カンボジアを訪れてはいるが、総選挙の実施された一九九三年だけは、さすがに物見遊山の観光旅行をする気にはならず、しかし、「選挙監視ボランティア」なども、性に合わなかったので、知人の何人かが、そうした選挙監視活動で、カンボジアに出掛けて行ったのを尻目に、私は全然関係のない、インドネシアに行った。

　ジャワ島で、チャーターした車で、ボロブドールやプランバナン等々の遺跡群(6)を精力的に巡り、最後にバリ島に渡って、のんびり骨休めをして、帰国したら、カンボジアでの中田さんや高田さ

(６) 中部ジャワにある遺跡で、前者はシャイレンドラ王朝の、後者はマタラム王朝の寺院遺跡。それぞれの全盛期である、８～10世紀に、建設された。

んの死を知った。

後ろめたい思いが、まったく、なかったわけではないが、基本的に「内戦下」のカンボジアに行き、しかも、ポル・ポト派が完全に同意しているわけではない選挙監視活動に従事する以上、彼らも、そうした事態はある程度、想定して、それなりの覚悟もしていた筈だと、いやに醒めた見方をしている自分が、そこにはいた。

そんな思いもあって、中田さんのご両親の、「息子の志」を継ぎたいという、その後のカンボジアでの、ボランティア活動に対しても、正直、関心が薄かった。

だから、ソムナンさんに「お墓参りをしていきましょう」といわれても、素直にハイ、そうしましょうという気には、なれなかった。

でも、とにかく、その現場だけは見ておこうと、車を降りた。

深い緑に囲まれた、赤茶けた一本道、ソムナンさんによれば、そこが中田さんが襲撃され、死亡した現場だった。車が通ることもほとんどなく、道ばたでは牛が、のんびりと草を食んでいる。

中田さんのご両親は、その道路を整備すると共に、村に小・中学校と、病院の建物を寄進したのだという。それで、村はそれへの感謝の気持ちを込めて、村名を「アツ村」に改名したのだと、ソムナンさんは話す。

中田さんの襲撃された現場の近くに、その「アツ小学校・中学校」はあり、まだ真新しい校舎が何棟か、広い敷地内に建っていた。八月で夏休み期間なのか、校内に人影はまったくなかったが、私たちがやって来たのを見て、どこかから、男が現れ、中田さんの墓に案内してくれた。

▶中田厚仁さんの墓

男が率先して、墓の前にしゃがみ込んで、合掌をするので、私も何となく、立ったまま、手を合わせる。それにしても、あまりにもおざなりな合掌だったので、カンボジア人はこの日本人は何と薄情な…と、思ったかもしれない。

でも、私には信仰心はまったくなく、人は死んだらそれで終わりと思っているので、実家に戻っても、仏壇に手を合わせたこともない。それに、中田さんは私にとって、一面識もない他人で、その死を深く悼んだこともないのに、何だか、あたかも、その死を悼んでいるようなポーズを取るのは、偽善だという気も、する。だから、それで勘弁してもらうことにして、ソムナンさん、サボットさんをうながして、車に戻った。

人の死を悼むのは、肉親や友人等親しい者が、それぞれのやり方で、あくまで個人的に行うべきものだと、私はそう思っている。それ以上のことは、してはいけない。もちろん、それが国家であれ、一民間団体であれ、人の死の政治的利用など、論外である。いけない、いけない、話がそれた。

それはともあれ、再び、車窓の人となり、サンボール・プレイ・クックへ、向かう。

サンボール・プレイ・クックは、アンコール朝成立以前の、クメール人の国が、中国の史料で「真臘」と呼ばれていた時代の、都市遺構である。真臘は「チェンラ（ップ）」と発音されていたようであるが、その呼び方に対応する古クメール語はなく、どうしてそう呼ばれるようになったのかは、不明である。

『随書』などによれば、真臘はもともと、二世紀から七世紀の半ばにかけて、カンボジア南部のメコンデルタ地方で栄えた、やはり中国の史料が「扶南」と呼ぶ海洋貿易国家の、属国であったが、六世紀の半ばには扶南からの独立を勝ち取り、次第に勢力を拡大しつつ、南下を開始、七世紀の前半から半ばにかけて、ついに扶南をも併合し、カンボジア全土からラオスの南部、タイの東北部までを、その勢力下に置くまでになる。

ベトナム人研究者のレン・タン・コイは、その著書『東南アジア史』（白水社）の中で、「扶南への征討は、ハヴァヴァルマン一世により六世紀の半ばに始められ、イーシャーナヴァルマン王によって七世紀の二〇年代に完了した」と、記している。

そのイーシャーナヴァルマン王が建設した王都イーシャーナプラが、コンポン・トム州のサンボール・プレイ・クックの都市遺構であると、考えられているのである。

では、真臘はもともと、どこにあったのか。これはラオス南部のチャンパサック地方であるとするのが、今ではほぼ、定説となっている。チャンパサック地方にはワット・プーというクメールの大寺院遺跡があり、その周辺からは、それなりの規模の都市遺構も、発見されている。そこが、真臘の揺籃の地であったことは、ほぼ、間違いない。

しかし、真臘同様、扶南もまた、クメール人の築いた国であると考えられており、真臘王ハヴァヴァルマン一世は、扶南王ルードラヴァルマンの孫であるという、説もある。

それればかりではなく、真臘の揺籃の地であるチャンパサック地方は、その名の通り、かつてチャンパ（ベトナム中部の海洋貿易国家）の勢力下にあったと考えられており、クメール人はどうやら、同地方の覇権を巡って、チャンパと争い、それに勝利して、この地を手に入れたようである。真臘は、あるいは、扶南のチャンパサック地方支配のための、いわば出先機関のようなものであったのかも、しれない。

いずれにせよ、六世紀の半ば以降、七世紀の前半までには、真臘と扶南の力関係は、完全に逆転する。『随書』などによれば、真臘は六二三年には、早くも中国への朝貢を開始しており、六二七年に建立された碑文には、イーシャーナヴァルマン王の名前が初めて出現し、同王が扶南の王都を陥落させたことが、明記されている。

『随書』や、イーシャーナヴァルマン王の治世に建立された複数の碑文によれば、王はコンポン・トムの北に、新王都イーシャーナプラを建設、そこで政務を執った。しかし、地方には未だ扶南の残存勢力を始め、王の権威に服従しない小国も数多く割拠していたため、実際には軍事行動に明け暮れる、治世であったようである。

同王が死ぬと、六三九年にはハヴァヴァルマン二世という、前王の息子ともいわれている王が、即位する。

ハヴァヴァルマン二世の主な業績は、扶南の残存勢力を一掃したことであるといわれているが、実のところは、現状維持が精一杯で、大した実績をあげることは、出来なかったようだ。

そのハヴァヴァルマン二世との血縁関係のハッキリしない、ジャヤヴァルマン一世の治世が、真臘にとっての、文字通り、「黄金期」となった。

王は少なくとも六五七年までは在位し、「敵の集団を打ち倒した人」と、碑文に讃えられている。歴代の真臘王が完全には実現することの出来なかったカンボジアの統一が、ついにジャヤヴァルマン一世によって、成し遂げられたのである。

しかし、同王の死後、カンボジアは再び、群雄割拠の時代に逆戻りし、ついには真臘自体も七〇七年前後に、「陸真臘」と「水真臘」とに、分裂してしまう。さらに追い打ちをかけるように、混乱に乗じて、ジャワの王朝が「水真臘」をその支配下に置くなど、混迷の時代がその後、長く、続くことになる。

その混乱を止揚し、カンボジアの再統一を成し遂げたのがジャヤヴァルマン二世であり、つまり、ここからが、アンコール朝の時代となる。

サンボール・プレイ・クックは、現存するクメール建築では、最も古い建造物であると、考えられている。二重ないし三重の土塁周壁で囲まれた敷地内に、レンガ造りの、比較的小振りな祠堂が、点在している。その祠堂の数は一〇〇を超えるともいわれるが、実際には、そのほとんどは倒壊して、そこに祠堂があった痕跡が、わずかに残っているばかりである。

現存する祠堂は、主に三つのグループからなり、発掘者によって、Sグループ、Cグループ、Nグループと、それぞれ、名づけられている。もっとも、Cグループに関しては、グループといっても、C1と呼ばれる中央祠堂以外には、現在、何も残っていない。

Sグループは S1と呼ばれる祠堂が二重の周壁のほぼ中央に、東向きに建っている。さらにそれを取り巻くように、六つの祠堂が建てられており、さらに外側と内側の周壁の間にも、今は倒壊してしまっているが、いくつかの祠堂が建てられていたようである。

このCグループおよびSグループとは少し離れて、Nグループがある。こちらは三重の周壁に囲まれ、N1と呼ばれる中央祠堂を中心に、半壊したものを含め、複数の祠堂が残っている。

▲サンボール・プレイ・クックの祠堂

祠堂は四角もしくは八角形で、レンガ造りであるが、開口部には石材が用いられ、中には後のアンコール時代の建造物に見られるような、美しい装飾文様が刻まれたものもある。また、ほとんどの祠堂のレンガの外壁には、神々のいる宮殿のレリーフが刻まれていて、その宮殿があたかも、空中に浮かんでいるように見えることから、「空中宮殿」と名づけられている。
祠堂は開口部がひとつのものが多く、なおかつ、

▲N18祠堂と筆者

東向きに建てられたものが全体的には多いものの、別の方向を向いたものも結構あって、はなはだ、統一性には欠ける。きっと、長い年月の中で、次々に建立されたものなのだろう。また、N1祠堂だけは、東西南北の四方に、開口部が設けられている。

また、祠堂の前面には、石のシンハ（獅子）像が二体、左右に配置されたものも、多い。祠堂の内部には、確かN10祠堂に、ハリハラ（ヒンドゥー教の主神、シヴァ神とヴィシュヌ神が合体したもの）神、N9祠堂にはドルーカ女神の石像が、それぞれ、残っている。もっともこれはレプリカで、本物はプノンペンの国立博物館に収蔵されているという。

この三つのグループのさらに奥に、イーシャーナプラの都城がさらに拡がっていたようであるが、今は深い森が拡がっているばかりである。否、S、C、Nの各グループ自体も、森の中に点在しているといった感が、強い。N18祠堂のように、樹木が絡みつき、それにほとんど埋もれるようにして、存在しているものも、ある。

サンボール・プレイ・クックの遺跡群は、いずれも規模が小さく、また、崩壊も進み、アンコール朝時代の遺跡のような、息をのむような壮麗さは、ない。

交通の便も決してよいとはいえず、最寄りのコンポン・トムにも、多くのツアー客を収容出来るようなホテルは、現状では、ほとんど、ない。つまり、一応、遺跡公園としての、最低限の整備は施されてはいるものの、残念ながら将来的にも、観光地化されることは、まずないのではないか。

事実、私がいた二時間ほどの間に、すれ違った観光客は、皆無だった。

しかし、アンコール・ワットに代表されるクメール寺院建築の出発点は、間違いなくここからだったことが確認出来る、重要な遺跡である。

遺跡の保存・修復には主に、日本の早稲田大学のチームがあたったようで、同大を中心とするサンボール・プレイ・クック保存プロジェクト制作の、英文の簡単なパンフレットが、入り口の料金所で販売されていたので、それを購入する。

いくつになっても、まるで少年のように初々しく夢を語るロマンティスト、懐かしい中川武教授(7)の名前をそこに発見して、思わず、微笑んでしまう。中川先生とは何度か、シンポジウム等でお会いして、言葉を交わすことがあったが、いつ会っても、私のことは覚えておらず、あたかも初対面の人と会話するように、生真面目に応答されるのである。多分、死ぬまで、名前を覚えていただくことは出来ないだろう。

最後に、N18祠堂の前で、記念写真をソムナンさんに撮ってもらい、遺跡を後にする。

## プノンペンにて

コンポン・トムの街に戻り、昼食後、プノンペンへ向かう。車で三時間ほどの距離。国道六号線は比較的よく整備されていて、あっという間に着いてしまったという、感じである。

プノンペンでの定宿は、かつては目抜き通りのモニボン通り沿いにある、典型的な中級ホテル、パイリンホテルだったが、つぶれてしまい、今はラッキー・バーガーと、二階から上が、高級そ

（7）早稲田大学教授。工学博士。日本政府のアンコール遺跡救済チームの、中心的メンバーとして活躍。

うなアジアパレスホテルになっている。

そこで、モニボン通りを挟んで、ちょうどその反対側にある、パイリンホテルと同クラスのパシフィックホテルに移ったのだが、今回は生憎、満室だった。

そこで、同じくモニボン通り沿いにあるアジアホテルに予約を入れてあったのだが、ここは正直いって、ハズレだった。綺麗なのは外観だけで、内装は昔のまま。エレベーターは、嫌な音を立てて、きしむように上がり下りし、しかも、決まって各階の床と、かなりズレたまま、止まる。

しかも、私の部屋は窓の外が隣のビルの壁で、昼でも薄暗く、おまけにエアコンは大騒音をまき散らしながら動くものの、その割にはサッパリ冷えないという、使えない代物である。

まぁ、一泊一五～二〇ドルだから、一泊三〇ドルはするパシフィックホテルと比べて、遜色があっても、仕方がないといえば仕方がないが、もう二度と泊まりたくないホテルである。それこそ一五～二〇ドルも出せば、外観はともかく、もっと設備のいい安宿やゲスト・ハウスは、いくらでもあるからである。

プノンペンのホテルは、ソコソコ快適な中級クラスで、一泊シングルで二〇～六〇ドル前後。高級ホテルだと、最低でも一二〇ドル以上、しかも、老舗のカンボジアーナやラッフルズホテル、インターコンチネンタル等々、三〇〇ドル以上というホテルが、何軒もある。要はある程度、快適なホテル・ライフを満喫したければ、そのぐらいの出費は覚悟する必要があるのである。

ゲスト・ハウスは二、三ドルからあるが、お勧め出来るのは、一〇ドル以上のクラスである。むしろ、新しく出来たゲスト・ハウスなら、一〇〇％そうだとは断定出来ないが、アジアホテルなどよりも、よほど、快適な環境で過ごすことが出来そうだ。

もっとも、アジアホテルは、立地条件だけは抜群にいい。ホテルを出てすぐに、安くて美味い中華料理店が、何軒も並んでいるし、セントラル・マーケットにも、ソリア・ショッピング・センターにも、近い。

ソリア・ショッピング・センターは、プノンペンで初めて出来たエスカレーターのある実質七階建て（日本でいう一階が、グランド・フロアーのため、二階が一階と表示される）の大型ショッピング・センターで、出来た当初は、エスカレーターに乗ったことのないプノンペンの住民が、恐がって上手く乗れず、それがまた、話題にもなった。今は、日本の街で見るのとほとんど変わらないお洒落な格好をした若い女性が、携帯電話片手に、颯爽と乗りこなしている。

グランド・フロアーにラッキー・マーケットという大型スーパーが入っていて、五階にはフード・コートが、六階には映画館が、それぞれ、入ってる。その他、衣料や化粧品類、雑貨、電化製品、CD・DVDショップ、ハンバーガー・ショップやピザ屋など、結構、高級そうなのに、バンバン買い物をしているカンボジア人がいるのには驚くが、それだけ、貧富の差が拡がり、一方でお金を持っている人も増えている、ということなのだろう。

一カ月働いても、せいぜい二〇ドル前後、あるいは、それ以下という人もいれば、一日に三〇ドル稼ぐという人も、いるのである。もちろん、もっと稼いでいる人だって、相当、いるに違いない。

しかし、アジアホテルのはす向かいにあるB・S・デパートメント・ストアーは、主にブランド品を扱う、さらに高級志向の強いお店で、こちらにはさすがに、人があまり入っていない。カンボジアの高給取りも、未だブランド品を日常的に買えるほどには豊かではない、ということなのだろう。

昔は外国人観光客くらいしか、入っていなかったハンバーガー・ショップも、あちこちに出来て、しかも、カンボジアの若いカップルや親子連れで、連日、満員盛況の賑わいである。観察していると、何故か、ハンバーガーとポテト、飲み物類と共に、フライド・チキンを一緒に頼む客が、非常に、多い。

前述の通り、「ティー・アンド・コーヒー」という、スタバ顔負けのお洒落なカフェも、モニボン通りには出現した。高い天井と、ガラス張りの店内には、エアコンが効き、濃厚なエスプレッソ・コーヒーや、甘いフラペチーノを飲みつつ、談笑する若者や、ノート・パソコンを操作する会社員風の男の姿も…。

これがカンボジアかという姿だが、それもプノンペンや観光拠点としてのシェムリアプの町中に、ほぼ限られた、光景である。カンボジアの国民の六割以上は農民だが、農村には電気もガスも水道も、それればかりか、現金収入もほとんどない日常が、あるだけである。

私はホテルでたまっていた洗濯をした後、ホテルを出てすぐのところにある北京菜館に、夕食を取りに行った。ここのお勧めはパリパリの焼き餃子で、今年行った時には少し値上がりしていたが、この当時は一皿一〇個入りで、何とたった一ドル。大皿に山盛りのチャーハンも一・五ドルで、飲み物を頼んでも、四ドルで十分おつりがくる、安さである。

山盛りのチャーハンを半分ほど食べ、餃子は完食して、少しボーッとしていると、雨が降り出した。そう、今は八月の最終日、もう本格的な雨季なのである。

雨は降り出すと、傘を差すのも無駄なほど、もの凄い勢いで降って、たいていは二時間もするとサッと上がる。しかし、時にはダラダラと降り続いて、いつまでも上がらない時もある。

そういえば、最近は日本の梅雨のように、ダラダラと一日中降り続くこともあると、確か誰かがいっていた。異常気象は、決して、日本だけの話ではない。

チャーハンを完食するのは諦め、サッサと勘定を済ませて、ホテルまで走って帰った。しかし、よく見ると、走っているのは私くらいなもので、カンボジアの人々は、強まってくる雨脚の中を、平然と歩いている。

## さらに始まりの地へ～プノン・ダ～

翌朝、プノンペンから南下して、タケオに向かう。タケオから東に約一五キロの位置にある、プノン・ダの遺跡を見に行くためである。

プノン・ダはかつて、「扶南」の王都があったとされるアンコール・ボレイの近くにある「聖なる山」で、扶南の王はその山頂に、ヒンドゥー教の祠堂を建立し、王都の鎮守とした。もっとも、現在、山頂に建っている祠堂は、アンコール朝の時代、一一世紀のころに建て直されたものである。

▲扶南時代の祠堂「アスラム・マハルセイ」

しかし、山頂の祠堂の近くにある「アスラム・マハルセイ」と呼ばれる小振りな祠堂は、六世紀に建立されたもので、扶南時代の遺跡である可能性が高い。もっとも、アスラム・マハルセイは発見時、完全に倒壊しており、一九三〇年代にフランスによって、再建されたものである。

扶南については、真臘の説明の中で、すでに簡単に触れたが、その前史は紀元前一世紀ごろまで、遡る。当時、インドシナ半島の沿岸地方には、インド人商人が頻繁に訪れていた。この地方が、中国との交易ルートの、ちょうど、中間地点に属していたからである。

事実、現在はベトナムの領土内にある港湾都市遺跡＝オケオからは、ローマ時代のコインや、様々な西方の出土物が、発掘されている。

インド人商人たちは、この地で、香辛料や香木、鼈甲などの、インドや西方にはない特産品を買いつけると共に、インドの物産や、インドを経由して渡来した西方の商品を、売りさばいた。そうした西方渡来の珍品の数々は、この地からさらに遠く、中国へも送られたのである。

インド人商人との交易とその拡大は、当然のことながら、地元の富裕層を生む。また、そうした富裕層の娘と、インド人商人との婚姻関係なども、積極的に結ばれたに、違いない。

六世紀前後の中国の文献や、現地に残る碑文等には、天竺（インド）から渡来したカウンディンヤというバラモン（ヒンドゥー教の僧侶）が、この国の蛇王の娘、蛇姫（ナーギー）と結ばれ、扶南を建国したという象徴的な伝承が、記されている。

インド人商人がこの地にもたらしたのは、西方渡来の珍品の数々だけではなく、ヒンドゥー教とその文化も、そのひとつである。それは、やはり、インド伝来の大乗仏教と共に、土着の精霊信仰などと結びついて、急速に定着していくことになる。

ベトナムによる、扶南の港湾都市＝オケオの発掘調査では、住居跡などと共に、石やレンガで造られ、環濠や塔門、回廊などを有した寺院の跡や、シヴァ神の象徴であるリンガ（男根）等が、発見されている。

中国の史料によれば、扶南は全長一六～二〇メートルもの大型船をつくって、他の港湾都市との間を往復し、金銀や絹布をもって、交易を行っていた、という。また、扶南の権威に従わない近隣諸国を、武力で攻略し、住民を連行、奴隷としていたと、記されている。

「扶南」は、現地の言葉の「ブナン（山）」を中国語で音写したものであると考えられており、オケオのあるメコン・デルタを中心に、その勢力は最盛時には、西はマレー半島からビルマ、東はベトナム中部のチャンパ王国と国境を接するまでの広範囲におよんでいたと、いわれている。

彼らはその属国であった真臘と同じ、クメール人で、その王都はたびたび遷都されたらしいが、六世紀に入り、真臘が力をつけて、メコン川沿いに南下し始めたころの王都は、港湾地方ではなく、かなり内陸の、アンコール・ボレイにあったと、考えられている。

アンコール・ボレイと、その聖山プノン・ダからは、ヒンドゥー教や大乗仏教の石像彫刻が数多く発見され、その独自の力強さから、「プノン・ダ様式」と、美術史上、区分されている。

扶南は七世紀の前半から半ばにかけて、真臘の攻撃を受けて滅亡するが、当時、マレー半島に、新しい有力港湾都市が次々に登場し、東西貿易の拠点が次第に、マラッカ海峡に移っていったことも、その衰亡の大きな要因であったと、考えられる。こうして、カンボジアでは、海上貿易国家の時代は終わり、内陸型の農業大国、すなわち、真臘、さらにはアンコール朝の時代へと、移っていくのである。

プノン・ダまでは、プノンペンより、車で片道三時間半ほどの距離である。決して良好とはいえない道路事情だが、それでも以前は、冠水で雨季には、途中からはボートでしか行くことが出来なかった遺跡に、今は道路が整備され、兎にも角にも、雨季でも麓まで、車でダイレクトに、行くことが出来るようになっている。

あるいは、観光客にとっては、雨季で完全に水没し、あたかも湖水のようになった田畑を、ボートで渡って、プノン・ダまで行くのは、素晴らしい体験かもしれないが、地元住民にとっては、少しずつではあれ、住みやすい環境が整備されつつあるのは、いうまでもなく、よいことである。

車はのどかな、田園光景の中を走る。陽光を受けて、キラキラと光る水田と、深い緑の森、そして、ゆったりと草をはむ牛たち。空は高く、青い。

身体を突き上げる、小刻みな、しかし、絶え間ない車の揺れがなければ、きっと、思わず居眠りをしてしまいそうな、そんなのどかさだ。

やがて、前方に、見渡す限りの水田の中に、山というよりは、小高い緑の丘が、見えてきた。その頂上には、遠目にもよく見える、巨大な祠堂が一基。そこが、目的地のプノン・ダである。

山頂の祠堂に向かうための、石の階段の前で車を降りて、階段に腰を下ろして、持参した弁当を食べた。プノン・ダの周辺には昼食を取れるところなど一軒もないというので、朝、開いていたプノンペンのレストランで、お弁当をつくってもらったのだ。発砲スチロールのランチボックスの中には、ご飯が詰められ、その上に焼いた豚肉のスライスが、のせられている。それだけのシンプルな、お弁当。添えられたビニールの小袋には、酢漬けの野菜が入っている。これを豚肉ご飯の上にかけて食べると、とても美味い。

「さぁ、疲れるので、ゆっくり、登りましょう」と、ソムナンさんはいうが、実際には、登りは思っていたほど、大したことはなかった。いくら運動不足の肥満体だからといって、また、もうすぐ六〇になる「年寄り」だからといって、バカにしてもらっては、困る。こちとらは、八月の炎天下に、山形県の山寺の、あの知る人ぞ知る階段を、何度も、頂上まで登っているんでぃ。

実にあっけなく登れてしまった山頂の祠堂は、確かに、重厚感のあるもので、レンガとラテライトで出来ている。造形は極めてシンプルで、一方向のみにある開口部と、その上の屋根飾りの破風部分以外には、ほとんど、何の装飾もない。

前述した通り、この祠堂は、残念ながら、扶南時代に建てられたものではない。一一世紀に、アンコール朝のスールヤヴァルマン一世によって建てられたものとされている。それ以前の、扶南時代の祠堂は破壊されてしまったのか、あるいは、自然に倒壊したかして、残っていないが、祠堂の周辺からはプノン・ダ様式の神像が多数発見されているので、ここにかつて、扶南時代の祠堂が建っていたことは、間違いない。

祠堂は巨大な割に、見どころが少ないが、その代わりに、祠堂のある山頂から見下ろす、グルリ三六〇度の田園風景は、素晴らしい。眼下にはかつて、扶南の王都＝アンコール・ボレイの街並みが拡がっていた筈であるが、今は何もない。

山頂の祠堂から少し坂を下ったところに、もうひとつの祠堂、アスラム・マハルセイがある。山頂の祠堂よりは小さいが、玄武岩で造られていて、さらに重厚感がある。

小さいながら、祠堂の内部にさらに、グルリ一周出来る回廊が造られているのも、珍しい。外壁の随所に、明かり取りの窓が開けられているが、それでも回廊は薄暗く、圧迫感がある。祠堂の内部には、今は何もないが、発見当時はハリハラ神の石彫が安置されていて、現在はプノンペンの国立博物館に収蔵・公開されている。

アスラム・マハルセイは、扶南時代の古い祠堂であるが、フランスによる修復が完全なものだったため、山頂の祠堂より、ずいぶん新しいもののように、見える。真臘やアンコール朝時代の祠堂というよりは、むしろ、素人見には、ジャワ島にあるブランバナンの祠堂などに、非常によく、似ている。

このふたつの祠堂を見てしまうと、プノン・ダには他に、これといって、見るものがない。

別の階段を使って、山を下り、藁葺き屋根の高床式住居が点在する、閑散とした麓の村を抜けて、車の待つ場所に戻った。

上半身裸の少女が、こちらを鋭い目で見つめていた。手を振ってみるが、微笑みもしない。実に、暗い目をしていた。一体、何があったのだろうと気になるが、こちらは所詮、旅人である。何があったとしても、何が出来るわけでもない。

帰りは車を相当飛ばしたので、三時間でプノンペンに着いた。ここで、ソムナンさん、サボットさんともお別れ。もっとも、サボットさんとはその後、夕食を取りに行った、ショッピング・センターのフード・コートでも、偶然、会った。その後も、翌年、偶然、再会し、研修期間を終えて、日本語ガイドとして、独り立ちもしたらしい。

不思議な縁を感じるので、大プリア・カーン寺院への再チャレンジの際は、彼にガイドを頼もうかと思っている。早く、その日が来るのを、心から願っている。

プノン・ダから戻ったその夜、深夜の〇時近くに、突然、携帯が鳴った。『リプレーザ』の仲間である、写真家の大島俊一さんが、プノンペンに到着したのだ。ホテルのロビーで待ち合わせ、近くの屋台で、二、五〇〇リエル（四、〇〇〇リエルが約一ドル）のフルーツ・シェイクを飲みながら、少し、話をした。

翌日、昼食でも…ということになり、その翌日もお会いした。その日は私が、バンコク経由で日本に帰る日でもある。

大島さんの目的地は、彼が支援しているシェムリアプの孤児院で、そこでの写真は、『リプレーザ』の第一期第六号にも、掲載されている。私とは、まったく、指向が違うが、久しぶりに日本語で、まとまった会話が出来たのが、嬉しかった。ソムナンさんもサボットさんも、もちろん、日本語はしゃべれるが、彼らの日本語のレベルでは、やはり、突っ込んだ会話にはならなかった。では、英語で…といっても、私の英語が中学レベルなので、どうにもならないのである。もっとも、その日の翌日には、もう日本語の会話が飛び交う場所に、戻るのである。ずいぶんと、軟弱な…。

帰国の日は午後から、大雨となった。空港に向かう車から眺めていると、プノンペンの道路は見る見る内に、冠水状態になった。いくら大雨といっても、ここまで街が水浸しになるとは…下水道等の整備が、全然、出来ていないのが、よくわかる。

こうして、この時の旅は、終わった。

## 七カ月後…

七カ月後の二〇〇八年の四月、ようやく、当初の計画であった、タイのバンコクを起点に、陸路で国境を越えて、カンボジアを縦断、ベトナムのホーチミンまでの旅を実現させることが出来た。出発直前にあれこれあったが、メンバーは私を含め、五人。

参加者の年齢を考えて、全行程、車をチャーターすることにした。台北経由でバンコク入りし、一泊。車でポイペットからカンボジアに入り、シェムリアプまで行って、三泊。さらにプノンペンで二泊。モックバイからベトナムに入り、ホーチミンで三泊し、再び、台北経由で日本に戻るという、九泊一〇日の日程である。

シェムリアプでは、昨秋、オープンした、上智大学がバンテアイ・クデイで発掘した多数の仏像を収蔵・公開するシハヌーク・イオン博物館にも、初めて、行くことが出来た。その近くには、やはり、昨年の一一月に、アンコール国立博物館もオープンしていたらしいが、今回は行かなかった。現地で日本語で発行されている『クロマートラベルガイドブック』(8)第八号によれば、「ショッピングモールも併設予定で、シェムリアプの新たな観光スポットとして注目されている」とある。ショッピングモールも併設する博物館というのが、一体、どんな博物館なのか、よくわからないが、まぁ、何でもありなのだろう。

たった、七カ月でも、シェムリアプの街の変化は、顕著である。新しいホテルやお店、観光施設等が、どんどんオープンする一方で、つぶれていく店も、多い。

これからも、きっと、もの凄い勢いで、変化し続けていくのだろう。

シェムリアプ滞在三日目に行ったバンテアイ・スレイは、もの凄い数の観光客で、ごった返していて、遺跡を見るというよりは、むしろ、人を見るという感じで、正直、興ざめだったが、日本人観光客を案内するサボットさんに、偶然、再会することも出来た。

今年の雨季明けか、来年の雨季入り前に、大プリア・カーンに、是非、再チャレンジしたいという話をして、ガイドを依頼した。

ああ、これでまた、カンボジアに行く理由が出来た。もちろん、旅に理由なんかいらないが、その先の「世界」へ、さらに、その先の「世界」へ…という思いが、自分を突き動かしている内

(8) 日本の旅行会社エイペックスによって、カンボジアで定期発行されている旅行ガイドで、極めて優れもの。URL は http://krorma.com。日本で確実に手に入るのは、東京・西荻の「旅の本屋のまど」。

は、まだまだ、旅を続けることが出来そうだ。
さぁ、その先の「世界」へ…。

第3章

# 再び、大プリア・カーン寺院へ

## 承前

二〇〇九年三月、前々年、バイクの故障で、途中で断念した大プリア・カーン寺院への泥沼の悪路を、再び、四駆で走っていた。前回は、すでに雨季に入っていて、「何度も行っているし、行けると思う」というバイク・タクシーのドライバーの言葉に、半ば半信半疑の、いわばダメモトでの、チャレンジだったが、今回は乾季で、しかも、大プリア・カーンへ行くためだけの旅。一週間ほどの滞在期間中、たとえ一度ダメでも、何度でもトライするつもりで、日本からやって来た。酔狂といわれればそれまでだが、今回は何としても、大プリア・カーンへ行くつもりだった。

大プリア・カーン寺院は、前章でも書いたが、二重の濠と三重の外周壁に囲まれ、外周壁の一辺は五キロメートルという、文字通り、その規模だけならば、アンコール・ワットをもはるかにしのぐ大仏教遺跡である。カンボジアのアンコール朝の時代、遅くとも一二世紀までに建設され、大王ジャヤヴァルマン七世の時代に、現在の規模にまで増改築されたと、考えられている。

そのジャヤヴァルマン七世の王都であるアンコール・トムの北に、やはり、ジャヤヴァルマン七世によって建立されたプリア・カーン（聖なる剣の意味）という名の寺院があるので、それと区別するため、大プリア・カーン、もしくは、その建立された場所の地名を頭につけて、コンポンスヴァイのプリア・カーンと、呼ばれている。

長い内戦が終結し、平和が訪れたカンボジアには、今では世界中から多くの観光客が押し寄せ、むしろ観光被害が真剣に問題視されるまでになったが、そんな今も、道路事情等から行くことが困難な遺跡が、いくつか、存在する。大プリア・カーンもそうした遺跡のひとつで、私にとっては、残された、数少ない未踏査の遺跡のひとつでもあった。ある人が、もちろん、乾季に行ったこともあるが、たった一度のトライで、楽々、クリアしていることを知って、今回は何が何でも…という思いが、益々、強まった。

しかし、山間の悪路は、あちこちに大きな水たまりが出来て、泥沼と化している。今は乾季なのに、何故?という焦燥感と共に、今回もダメなのではないかという、一抹の不安が、胸をよぎる。そして、その不安は、早くも現実のものと、なりつつあった。

## ソウル経由でシェムリアプへ

今回の旅は、大プリア・カーンへ行くことだけが目的だったので、同じ宿泊数でも、出来るだけ、現地に長くいられるようにと、いつものバンコク経由ではなく、ソウル経由の大韓航空便で、シェムリアプに行くことにした。同便なら、ソウルで一時間ほどの待ち時間で乗り継げ、その日の内に、シェムリアプ入りすることが出来るし、帰国の便も、シェムリアプを深夜に出れば、翌日の午前中には、日本に戻ってくることが出来る。

ソウルの新国際空港はあまりにも巨大で、ゲート間の移動が、結構、大変だったが、それでも、途中、一度、荷物検査があっただけで、乗り継ぎは極めてスムーズだった。随所に、日本語での表示もあり、その機能性と、施設内移動のわかりやすさは、日本の成田をはるかに凌駕している。さすが、世界のハブ空港である。成田はとてもではないが、ソウル新空港に、かなわない。

シェムリアプの空港で、コン・サボットさんの出迎えを受けた。サボットさんは旅行社エイペックス所属の日本語ガイドで、前回の失敗した大プリア・カーン行きの旅に、たまたま、研修員として同行、何故か、彼とはとても波長が合ったので、今回、大プリア・カーンへのガイドとして、彼を指名した。

「大プリア・カーンへは、その後、一度、行きました。今回は大丈夫だと思います」と、サボットさんはいう。

その日は、定宿の夕・プロームホテルに一泊し、翌朝、午前七時半にホテルを出発する。

まずは、コンポン・トムに向かう。コンポン・トムはシェムリアプからカンボジアの首都・プノンペンに向かう、国道六号線の沿線にある街で、シェムリアプからは車で、二時間ほどの距離。大プリア・カーン寺院へはそこからさらに、農道や、途中からは山間の悪路を通って、順調に行けば、片道四時間ほどの距離である。

つまり、現在の道路事情では、往復一二時間はかかり、現地での滞在時間や、何らかのトラブルを考えると、シェムリアプからの日帰り観光は、不可能ではないにしても、正直、かなり、難しい。

コンポン・トムにはアルンラスホテルという、まぁ、何というか、比較的設備の整った?中級ホテルもあるので、今回も、前回同様、そこに予約を入れてある。

コンポン・トム郊外のパーキングエリアに車を駐めて、お昼の弁当を買った。いつものように、ご飯の上に、豚の焼き肉をのせて、酸っぱい野菜の漬け物を添えたもの。店内は、中国人の団体客でごった返していた。

今回の旅でも、カンボジアでは、中国人や韓国人の団体客が、際立って、目立っていた。大韓航空のソウル発シェムリアプ行きも、ほぼ満席状態で、すでにハイテンション状態の団体客パワーに、文字通り、機内は席捲された。

お弁当が出来るまで、コーラを飲みつつ、東京の娘に、携帯で国際電話をかけた。これから先、携帯が通じるかどうか、わからなかったからだ。「それで、ええとぉ…何々を、家計費から買っていいかなぁ」「まぁ、いいけど」などと、間の抜けた、あたかも同じ東京にでもいるような内容の電話を、今では、どこからでも出来るようになった。

もちろん、その分、仕事関係の電話も、頻繁にかかってくるようになった。今、カンボジアで、この通話には国際料金がかかっているんですけど…などといわないと、長電話をされることも、多くなった。

お弁当が出来上がり、出発。途中の農道は、何の問題もなく、快調に車は走り、これなら何とか、辿り着けるかなぁ…と思ったのもつかの間、山間の道に入ると、道路事情は見る見る内に、悪化した。

## 辿り着くことには辿り着いた大プリア・カーン

今は乾季のハズなのに、あちこちに、大きな水たまりが出来ていて、それが泥沼化している。「雨季がやや早まったのか、最近、時々、まとまった雨が降ります」と、サボットさん。

二時間ほど行ったところで、荷崩れをおこしている牛車を避けようと、迂回した車が、泥沼にはまり、どうしても、脱出出来なくなってしまった。他の車はまったく通らないので、自力で脱出するしかない。

ドライバーや、サボットさんが、近くの木をバンバン切って、それを添え木にして、何とか車を動かそうとするが、なかなか、うまくいかない。牛車の持ち主も加わって、悪戦苦闘し、結局のところ、脱出までに二時間近くが、経過してしまった。

しかし、それだけではなく、その先、わずか三〇分くらいのところで、再び、泥沼に車輪がはまってしまう。何度か、脱出を試みるが、ドライバーも、もう、お手上げ状態だという風に、肩をすくめて、タバコを吸い始めた。偶然、通りかかる車をあてにしようというのだが、山道に入ってから、すれ違ったのは、先程の牛車と、連れ立って歩いていた二人の農民のみである。

結局、万策尽きて、いささか、やけくそになって、そこで、みんなで、お昼のお弁当を、食べることにした。

事態が大きく変化したのは、それから十数分後。わりと近くで、車のエンジン音がした。ドライバーが飛んで行って、木材の積み込み作業を始めようとしていたトラックを、現場まで、連れて来た。チェーンで車を引っ張って、泥沼から脱出させてくれるというが、一〇ドルを要求される。もちろん、無条件で、払った。払わなければ、大プリア・カーンへ行くことも、はたまた、コンポン・トムに戻ることも、出来はしないのだ。

大プリア・カーン寺院には、結局、片道六時間以上、かかった。それでも無事に着いたが、帰りをどうするかを考えると、正直、うんざりする。

「あの道を暗くなってから通るのは、危険です。何とか、遠回りでも、別の道を探してみます」と、サボットさんはいう。

確かに、先程は運よく、近くをトラックが通りかかったからいいが、そうでなければ、一体、どうなっていたことか。たった一度のトライで、大したトラブルにも遭遇せず、大プリア・カーンに辿り着いたという人の車のドライバーは、一体、どんな道を通ったのだろうか？

さて、気を取り直して、大プリア・カーンである。

大プリア・カーンは前述の通り、ジャヤヴァルマン七世の治世に、現在のような、大寺院に拡張・整備された。ジャヤヴァルマン七世はかねてから、中部ベトナムを拠点とする海洋貿易国家チャンパからの防衛拠点として、この地を重視していたようで、事実、自らが王位継承者候補のひとりであった頃、チャンパへの遠征中、この地でアンコール王都での、トリブヴァナーディティーヤヴァルマン王による王位簒奪を知ったという。

しかし、ジャヤヴァルマン七世は、直ちに王都に軍を率いてとって返すことをせず、この地に実に一二年以上も、とどまった。後に「大王」と呼ばれることになる同王の、沈着で慎重な姿勢

▲大プリア・カーンの塔門

▲中央祠堂のあったあたり

を知ることが出来る、エピソードである。

大プリア・カーン寺院が、巨大寺院としてリニューアルされたのは、そこが周到なジャヤヴァルマン七世の王位奪還計画のための、出撃拠点であったからかも、しれない。二重の濠と、三重の外周壁は、もはや寺院というよりは、砦そのものである。

一一七七年、チャンパの大軍が突如、陸路と水路の双方からアンコール王都へ侵入、外敵の侵入に対してはまったくの無防備状態であった王都は、実にあっけなく陥落、トリブヴァナーディティーヤヴァルマン王もまた、戦死してしまうという事態が、発生した。

知らせを受けて、これを「好機」と考えたのか、直ちに王都に戻ったジャヤヴァルマン七世は、その後、四年におよぶ一進一退の攻防の末、チャンパ軍を打ち破り、王都の奪還を成し遂げる。

こうして、ジャヤヴァルマン七世治世下での、アンコール朝の第二の「黄金時代」が、始まったのである。

王は荒廃した王都の再建と、その城砦化をおし進めると共に、王都から各地に四方八方に延びる王道を整備、その随所に宿駅と、王の威光を広く知らしめるための巨大寺院等を、建設した。

ひとたび地方で反乱等が起きれば、直ちに鎮圧軍を派遣出来る体制を確立すると共に、各地に建立した巨大寺院の塔門等に、巨大な観世音菩薩の四面像を、おそらく自らの顔に似せて、刻ませた。それはジャヤヴァルマン七世の建立したすべての寺院に共通する、シンボルともなった。

その塔門がそこにあった。しかし、門の観世音菩薩の四面像は、倒壊が著しく、その尊顔は唇の一部を残して、ほぼ完全に失われていた。大伽藍全体でも、残っているものはごくわずかである。

車を降りて、サボットさんと共に、塔門を抜け、その崩壊した伽藍の一部、かつては中央祠堂があった跡あたりを、歩く。

大プリア・カーン寺院は、基本的には、アンコール遺跡エリアにあるタ・プロームやバンテアイ・クディ、プリア・カーン、タイとの国境近くにあるバンテアイ・チュマール等と同様、いくつもの建物を四方に張り巡らせた回廊で結んだ、平面展開の伽藍で、それと経蔵や聖池などの付属施設を、何重にも周壁で取り囲む、構造となっている。

その一番内側の外周壁は、それでもかなり残っているが、境内の建物の多くは半壊、もしくは完全に崩れて、その内部に入ろうとすると、瓦礫が散乱し、足の踏み場もないほどである。

来る前から予想していたことだが、巨大寺院の面影は、ほとんど、ない。いつも思うことだが、ジャヤヴァルマン七世の建立した建物は、いずれも、倒壊が早い。それ以前の、一〇世紀から一二世紀半ばくらいまでの建物の方が、よほど保存状態がいいことも、多い。

「建築王」と呼ばれるほど、様々な規模の寺院を、各地に相次いで建立した同王だが、建造物の倒壊状態を見る限り、粗製濫造の感も強い。

前述のように、境内にある塔上の観世音菩薩の四面像で、その尊顔がわかるものは皆無である。より正確にいえば、寺院の周辺部にある、いくつかの付属寺院の内のひとつに、四面像の尊顔が、かろうじて残っているものがある。

外壁のデバター（女神）のレリーフや装飾文様なども、ごく一部しか、残っていない。やはり、最近、行くことの出来るようになった、他の辺境の遺跡、バンテアイ・チュマールやベンメリア等と比べても、保存状態は極めて悪い。

遺跡内には、寺院にお参りに来たようにも見える、おそらくは近隣の、幼児を抱いた婦人と、彼女にまとわりつく子供二人、子供たちの父親なのか、あるいは違うのか、少し遅れて歩く男性一人と、遺跡保存のため派遣された制服姿の係員が一人いるだけ。

そうそう、あとはゆったりと草をはむ牛が一頭。その草に半ば埋もれて、頭部を欠いたシンハ（獅子）の石像が、うち捨てられたように、転がっている。

写真を撮りながら、小一時間ほどいて、遺跡を後にした。まだまだ、去りがたい思いはあるが、もう戻らないと、無事、コンポン・トムまで、帰り着けるかどうか、わからない。

外周壁の外に出ると、まるで湖のような、一辺三キロもあるというバライ（貯水池）が拡がっていた。すべてが静寂に包まれ、時間があたかも静止しているかのようだ。

## 行くも地獄、帰るも地獄

しかし、問題は帰りである。時刻はすでに五時近くになっていて、夕暮れの気配が漂っている。行きの山間の道は、途中でまた泥沼にはまったら、今度こそ最後なので、通れない。別の道を探すしかないが、サボットさんもドライバーも、どこをどう行ったらいいのか、まったく、わかっていないのである。

見当をつけて、車を走らせ、途中であった農民に、片っ端からコンポン・トムへの道を尋ねるが、一応に、だいたいの方向を指さすだけで、正確な道を知っている者が、誰もいない。だいたい、自給自足が原則で、現金収入などほとんどないカンボジアの農民にとって、彼らにとっては「大都会」のコンポン・トムへ行く用など、そもそも、ないのかもしれない。

そうこうしている内に、六時になり、街灯などあるハズもない、カンボジアの農道は、完全な闇に包まれた。本当に、車のヘッドライトが当たっている範囲内しか、何も見えない。その暗闇の中を、平気で歩いている人々も、結構、多い。

ドライバーは、もう誰に聞いてもダメだというふうに、だいたいのコンポン・トムの方向に、車を走らせる。

思わず、「大丈夫?」と、助手席のサボットさんに声をかけるが、返事はなく、彼はスッカリ、眠り込んでいた。日本語のわからないドライバーがサボットさんを揺り起こそうとするが、彼が起きたところでどうにもならないだろうから、「いいよ、いいよ」と手で制する。

延々と続く、闇の中を車が走る。途中ですれ違う車は皆無。いや、正確に記せば、バイクが一台、山間の道ですれ違った。

そう、車は結局のところ、どうも、避けたハズの山道に入っているようなのだ。もっとも、同じ道なのか、どうか、それすら、わからない。サボットさんは熟睡しているし、ドライバーがしゃべれるのはカンボジア語だけだから、それを確かめる手だてもない。

だし抜けに、けたたましく携帯が鳴って、サボットさんがようやく、目を覚ました。携帯が通じるということは、もう街が近いということなのか。ヘッドライトで見える景色を見る限り、そうとも思えないが…。

電話を終えたサボットさんに、「今、どのへん?」と聞くと、彼はドライバーと二言三言、話したあとで、「もう、多分、コンポン・トムの近くまで来ていると思います」という。時計を見れば、午後一〇時過ぎ。すでに五時間近く、走っていることになる。

確かに、行きは途中で泥沼にはまり、車が動かなくなっても、六時間で着いたので、そろそろ、コンポン・トムについても、いい時間である。

やがて、突然、車が舗装された大きな道に出た。

「ああ、もう本当に、コンポン・トムの近くまで来ましたッ!!」と、サボットさんは嬉しそうに、叫ぶ。やっぱ、全然、わかっていなかったんじゃない。

一一時近く、無事、アルンラスホテルに到着。

そんなに遅くに、ホテルのレストランはやっているのかと思ったが、ちゃんと、やっていた。ホテルの宿泊客というよりは、周辺の富裕層が大勢、騒がしく宴会中である。

サボットさん、ドライバーと一緒に、テーブルを囲む。レモングラスを効かせた酸っぱい魚のスープや、肉野菜炒め、プラホック（小魚を塩漬けにして、発酵させたもの）と魚醬入りの、しょっぱい味の卵焼きなどを取って、飯をかっこむ。無事、帰還の、ささやかなお祝い。

食事後、「私たちはこれから遊びに行きま～す」といって、サボットさんとドライバーは、本当に、深夜の街に揃って、消えていった。こんな時間に、遊ぶところなど、どこにあるのか…。

まぁ、いいけどね。

私は部屋に戻って、シャワーを浴び、洗濯だけは何とかして、あとは泥のように、眠る。

## その後のこと

翌日の早朝、ホテルを出発し、すでに何度も訪れたコー・ケーとベンメリアを再訪してから、シェムリアプに戻った。ここで、サボットさんとドライバーとは、お別れである。

途中、ベンメリアの廃墟の中で、サボットさんと少し、話をした。

彼はいずれ、日本語で、遺跡巡りに役立つ、カンボジアのガイドブックを出したいと考えているようで、そのために、写真も撮りためているのだ、という。意見を聞かれたので、日本には『地球の歩き方』という、少なくともカンボジア編に関しては、相当充実した内容のガイドブックもあるし、最近ではJTBや、成美堂出版などからも、カンボジアのガイドブックが出始めていて、競合も激しくなっている、そんな中で、出すのだったら、よほど、日本のガイドブックにはない、カンボジア人だからこそ書けるという視点がないと、厳しいんじゃないかなぁなどと、少し、シビアなことをいった。サボットさんは、しばらく黙って、考えていたが、やがて、自分の撮った写真を見てくれないかなぁと、いった。これは快諾する。

日本に戻る日、サボットさんは、写真の入ったSDカードを持って、ホテルまでやって来て、そのまま、空港まで送ってくれた。次にカンボジアに来た時、その感想をいうよと約束し、その約束は、その年の冬に、果たした。ハッキリいえば、サボットさんの写真は、素人写真だった（まぁ、写真のへたくそな私に、そんなことはいわれたくないだろうけど…）。もちろん、そんなことはいえないので、夢が叶うといいねとか、そんなことをいって、ごまかした。本当は、これではダメだといった方がいいのだろうけど、私にはいうことが、出来なかった。

帰国まで、あと三日もあったので、翌日からはトゥクトゥクを雇って、新しく出来た国立博物館や、これまでに訪れたことのない、遺跡エリア内の小遺跡を、主に回ることにする。

とりあえず、ホテルで少し休憩してから、夜の街に出る。

シヴォタ通りにある、行きつけの「北京餃子館」へ行った。皿に山盛りの焼き餃子が、わずか一・五ドル（以前は一ドルだった）、あと、青菜の炒め物とコーラを取って、しめて四ドルあまり。ご飯はもちろん無料で、食べ放題。道路に面した席に陣取って、汗をたれ流しながら、飯を食い、騒々しい往来を眺めながら、ああ、カンボジアにいるんだなぁと、しみじみ、実感する。これぞ、至福の時という感じ。

シヴォタ通りは、いたるところで、配管工事の真っ只中だった。このシェムリアプ随一の繁華街も、貧弱な排水システムのせいか、雨には滅法弱く、少し激しい雨が降ると、たちまち、道路が一面水浸しになって、歩行困難になることが、たびたびだった。それを解消するための、大規模な配管工事なのだろうが、雨季はもうすぐそこまで来ており、こんなペースで、果たして、間に合うのか、どうか…。

以下は、翌日以降の話で、順不同に、記す。まずは、アンコール国立博物館について、ここでは何を置いても、書いておきたい。

アンコール国立博物館は、二〇〇七年一一月にオープンした。昨年、シェムリアプに来た時には、そのすぐ近くにある、上智大のアンコール遺跡国際調査団がバンテアイ・クデイで発掘した廃仏を収蔵・公開する目的でつくられた、シハヌーク・イーオン博物館（現地での呼称は、プリア・ノドロム・シハヌーク・アンコール博物館）には行ったが、すでにオープンしていた国立博物館には行かなかった。施設の半分がショッピング・センターという、そうした観光客誘致至上主義的な姿勢に対する、反感も、多少はあったのだが、今回、初めて行ってみて、そのあまりにも充実した内容に、脱帽した。

同館は、シェムリアプの街から、グランドホテルの前を通って、アンコール・ワットに向かう道の、途中にある。チケット・ブースの手前、シェムリアプ随一の最高級ホテルであるアマンサラの、ちょうど、はす向かいあたり。

両極に翼を拡げたような、左右対称の美しい白亜の建物で、その左翼部分が博物館で、右翼は前述の通り、あまりはやっているようには見えないが、ショッピングセンターとなっている。年中無休で、開館時間は、朝の九時から、夜の八時半までなので、一日、じっくり遺跡を見学した後に、立ち寄ることも可能だ。入場料は一二ドルと、やや高いが、もちろん、それだけの価値はある。

アンコール遺跡から出土した膨大な石像やレリーフ、碑文等々の中から厳選した、展示品の美術品としての質の高さも、さることながら、広いフロアーを贅沢に使った、余裕のある展示と、たとえば、鏡を使って、石彫の背面を見せるなどの、トリノ・エジプト博物館張りの演出、随所に配された、日本語を含む様々な国の言語で、説明を聞くことの出来る映像資料等々、こんな洗練された博物館が、いつの間にカンボジアに…と、実に感慨深いものがある。

ミュージアム・ショップも充実しているが、ただ、残念なのは、これほどの博物館なのに、あるのは薄っぺらなリーフレット（一応、各国版がある）だけで、未だ、ガイドブックや図録等が、刊行されていないことである。

しかし、国立博物館の開館で、近くにあるシハヌーク・イーオン博物館には、博物館の来歴を知る、日本人以外には、人がほとんどいかなくなってしまった。

『地球の歩き方』等のガイドブックに、すべて書いてあることなので、アンコール遺跡エリア内、すなわち、チケット・ブースで購入した入場券で入場可能な遺跡を、どう回るかについて、ここで長講釈をする気は、さらさら、ない。ただ、遺跡エリアは広大なので、一日や二日では、そのすべてを見ることなど、到底、不可能である。

具体的にいうと、アンコール・ワットとアンコール・トム内の各遺跡を見るだけでも、ほぼ丸々一日は、かかってしまうだろう。アンコール・トムには、中心寺院のバイヨンに加えて、パプーオンやピミアナカス、象のテラス、らい王のテラス、プラサット・スゥル・プラット、プリア・パリライ、プリア・ピトゥ、南北クリアン…と、ざっとこれだけの遺跡がある。

アンコール・ワットの西参道入り口と、アンコール・トム内のパプーオン前には、簡易食堂が軒を並べているので、そこで昼食をとって、ゆっくり時間をかけて、遺跡を回り、夕刻になったら、アンコール・トムの南大門の近くにあるプノン・バケンに登って、アンコール・ワットの全景と、沈む太陽を見るというのが、まずは平均的な第一日目の過ごし方だろう。

　二日目以降は、まずはアンコール・ワットとアンコール・トムの周辺の遺跡を回る。アンコール・トムの北大門を出れば、ほぼ時計回りに、プリア・カーン、ニャック・ポアン、タ・ソム、東メボン、プレ・ループ、バンテアイ・クディ、スラ・スラン、タ・プローム、タ・ケウ、トマノン、チャウ・サイ・テウダ…と、主要遺跡を見て回ることが、出来る。

　この時計回りのコースから外れるのは、バンテアイ・サムレとバンテアイ・スレイ、クバル・スピアン、西メボン、それに、バコン、プリア・コー、ロレイの、いわゆるロリュオス遺跡群。また、小遺跡ながら、見応えのあるのは、アンコール・トム南大門すぐ近くのバクセイ・チャムクロンに、スラ・スランからやや離れたところにある、プラサット・クラヴァンあたりだろう。

　それらをすべて踏破するのには、駆け足でも、だいたい、三日はかかるが、とにかく、短期間で、そのすべて見せようという、サービス精神旺盛というか、貪欲なパックツアー並みに、駆け足で回ったのでは、疲れるだけだし、また、正直、それぞれの遺跡の魅力を、じっくりと味わうことは、とてもではないが、出来ないだろう。

　結論からいえば、入場チケットの七日券をフルで使わなければ、余裕のある日程を組むことなどは、到底、無理である。そんなに日程的に余裕がないという人は、いくつかの遺跡を選んで、見ればいい。そうすれば、次に来る時の楽しみもまた、出来るというものである。

　しかし、今回は、カンボジアは初めて…という人を案内しての旅ではないので、私はこの際、これまで時間がなく、素通りしていた小遺跡を、残りの三日間で回って、未完成の巨大なジグゾーパズルの、空白のピースを、あらかた埋めてしまうことにした。

いずれも、ジャヤヴァルマン七世が建造した小祠堂であるバンテアイ・プレイとクオル・コーは、共に、プリア・カーンからニャック・ポアンへ行く道筋にあり、決して行くこと自体が難しい遺跡ではないが、規模が極めて小さい上に、崩壊も進み、何より、見た目が美しくないので、そのまま素通りする観光客が、ほとんどである。

破風や、祠堂の壁面などに、一部彫刻が残っているが、レベルの高いものではない。

プラサット・バッチュムは、スラ・スランとプラサット・クラヴァンの中間地点から、少し横道にそれたところにある、一〇世紀半ばのラージェンドヴァルマン王時代の、古い遺跡で、雨季には道がぬかるみ、トゥクトゥクやバイク・タクシーでは、行くことが難しくなる。かくいう私も、以前、途中でトゥクトゥクの車輪が泥沼にはまって動かなくなり、行くのを断念したことがある。もちろん、乾季であれば、驚くほど簡単に行ける。

プラサット・クラヴァン同様、レンガ造りの小ぶりな祠堂三基が、横一線に並んでいる。古い時代の小祠堂は、だいたい、このタイプである。

ただ、比較的、保存状態のいいプラサット・クラヴァンに比べ、祠堂の崩壊が進み、木の添え木で、ようやく、倒壊を防いでいるという有り様である。

一時的に、コー・ケーに遷都されていた王都を、再び、アンコールの地に戻した、ラージェンドラヴァルマン王が、今は完全に干上がっているが、巨大な貯水池＝東バライの中心に建立した、

▲タ・ネイ

ピラミッド寺院の東メボンと、同じ建築家の手によって建築されたものであることが、残された碑文から、わかっている。

タ・ネイはタ・ケウの脇の、森へと続く道を約一キロ、一五分ほど、徒歩で歩く。森へと続く道は車やバイクの乗り入れが禁止されているため、結構、規模の大きい遺跡であるにも関わらず、ほとんど人が行かず、ガイドブック等にも紹介されることがない。ジャヤヴァルマン七世の時代の建造物であると、思われる。

ここは初めてではなく、二度目の訪問なので、道がわかっているが、そうでなければ、ガイドと一緒でなければ、行くことはあまり、お薦め出来ない。ほぼ一本道で、途中の岐路には矢印の標識があるので、道に迷うことはまずないが、通る人が皆無なので、もし、何かがあった時に、助けを求めることが出来ないからである。

二〇〇一年から二〇一一年にかけて、日本を含めた、遺跡の国際共同研究が行われているとの看板も、立っているが、深い森に包まれた遺跡は、まったく、人影がなく、シンと静まりかえって、怖いほどである。

別の日には、ロリゥオス遺跡群の中にあって、ほとんど人が訪れないプラサット・プレイ・モンティへ、行った。

シェムリアプの郊外、国道六号線をコンポン・トム方向へ、約一三キロほど行ったところにある、ロリゥオス遺跡群は、アンコール朝の創始者であるジャヤヴァルマン二世が、王都に定め、その後継者であるインドラヴァルマン一世の手によって、完成したアンコール朝最初の王都「ハリハラーヤ」の姿を、今日に伝える遺跡である。

その中心寺院は、一堂型の壮大なピラミッド寺院であるバコンで、その他、インドラヴァルマン一世が両親の菩提寺として建てたというプリア・コーと、今は干上がってしまったが、巨大な貯水池「インドラタターカ」の中心に建立されたロレイ祠堂の、以上三つの遺跡が、今も残っている。

インドラヴァルマン一世が死去すると、その息子であるヤショヴァルマン一世が、順当に王位を継承するが、王は何故か、ロリゥオスの地を捨て、アンコールの地に、新たな王都を建設する。それが、プノン・バケンを中心寺院とした、第一次アンコール王都である。

ロリゥオス遺跡群を地図等で見ると、バコン、プリア・コー、ロレイの三つの遺跡と並んで、プラサット・プレイ・モンティの名が記されていることには、早くから、気づいていた。地図で見る限りは、バコン寺院のすぐ近くにあり、簡単に行けそうである。しかし、トゥクトゥクのドライバーなどに尋ねても、一応に、「行けない」との、つれない返事が、いつも返って来た。

今回は、サボットさんにも確認し、大変だが、行くことは行けるという、確証を得ていた。さらに万全を期して、トゥクトゥクのドライバーも、サボットさんの知り合いを、紹介してもらっていた。

ということで、いざ、プラサット・プレイ・モンティへ、出発である。

プラサット・プレイ・モンティへは、バコン寺院の裏手の道をしばらく行き、農道を左に折れ、さらに森の中の道を進む。

トゥクトゥクやバイクタクシーならかろうじて入れるが、両サイドから木々が覆い被さってくるような狭い道は、確かに、とてもではないが、車は入れない。そんな道を一〇分ほど、進む。とにかく、道が悪いので、トゥクトゥクのドライバーも、サボットさんの口利きなので、断れないながらも、明らかに、行くのを嫌がっていた。

ここも三堂型の、レンガ造りの祠堂で、崩壊が激しい。特に、真ん中の祠堂などは、基壇部分より上を、わずかに残すのみで、ほとんど、瓦礫の山といっていい、状態である。

確かに、こんな状態の、美しくも、何ともない遺跡に、来たいという酔狂な観光客は、まずいないだろう。

こうして、私は三日かけて、開いていたジグゾーパズルのピースを、ほとんど、埋めた。

いつ来ても、何らかの、新しい発見がある。観光化の進んでいるアンコールの地でも、主要遺跡以外は、ほとんど、訪れる観光客もまばらだ。

今回、大プリア・カーンへ行ったことで、確かに私的には、ひとつの区切りはついたが、おそらく、来年も、再来年も、この地も戻って来ることになるんだろうなぁ…との予感を、漠然と抱くに、至っている。

などといっている内に、是非、行きたいという人がいるので、早くも今年の一一月下旬から一二月上旬にかけての再訪が、決まった。こうなればもう、開き直って、ずっと、死ぬまでつき合っていってやろうと、今では、そう思っている。

日本人の女性が経営する、「アンコール・クッキー」というお店がある。アンコール・ワットの祠堂をかたどったクッキーで、彼女の指導で、カンボジアの女性によって、手作りされている。それほど美味しくもなく、安くもないが、話の種にもなるし、綺麗な箱入りで、手頃なお土産になるということで、ほぼ日本人の観光客だけだが、お店は結構、賑わっている。

場所は、シェムリアプの中心街から、アンコール・ワットに向かう道の、チケット・ブースの手前。アンコール国立博物館からも、近い。ソフィテル・アンコール・ポキットラー・ゴルフ＆スパ・リゾートという高級ホテルの、ちょうど、道を挟んでの、真向かいである。

この店に、隣接して造られた同じ経営の「カフェ・プカプカ」に、最後の日に行った。クーラーの効いたお洒落な店内。その日の日本の新聞や、様々なファッション誌等が置かれていて、メニューもフルーツ・シェイクや、フルーツかき氷等々、明らかに女性を意識した、品揃えとなっている。完全に場違い感ありありの私と、雰囲気に飲まれて、目が泳いでいるサボットさんとの、二人連れ。めずらしいからと、たくさんのフルーツと、アイスをのせたかき氷を頼んだが、もちろん、私のおごりなのだが、メニューに記された四ドルという、日本で食べるかき氷並みのお値段を、チラリと見て、サボットさんは不機嫌になった。失敗だったかなぁ、この店に連れて来たのは…。

こうしたお洒落なカフェは、市内のあちこちに出来ている。たとえば、オールド・マーケット近くのバー・ストリートの一角にある「ブルー・パンプキン」なども、そうした一軒。一階はホームメイドのベーカリーで、その二階がカフェになっている。クーラーが効き、ゆったりとしたソファーが配され、足を投げ出して、リラックスすることも出来るので、読書したり、パソコンを開く、主に欧米人の観光客の、たまり場となっている。実は、アンコール・ワット西参道前にある複合店舗の「アンコール・カフェ」も、カフェ部分はこの「ブルー・パンプキン」の、経営である。

そんなカンボジア離れした店で、サボットさんと、しばらく、世間話をした。ガイドは確かに高給取りだが、給料は完全な日払いで、仕事が入らなければ、無収入の日が続くこと、しかも、ガイド間の競合も、日々、激しくなってきていて、たとえば、日本語なら日本語だけ話せるというのでは、次第に、やって行けなくなりつつあることなどを、サボットさんの話の行間から、ひしひしと、感じた。そういえば、以前、一緒に遺跡を回ったガイドは、英語とフランス語がペラペラな上に、日本語ガイドではないにも関わらず、ソコソコ通用する日本語を、話すことも出来た。その日本語は、まったくの独学で、しかも勉強し始めてから、まだ一年もたっていないのだということ。

サボットさんの日本語も、まったくの独学で、新しい語彙を知ると、仕事の途中でも、すぐにメモを取っていた。すでに、『地球の歩き方』の、漢字交じりの文章を、ほぼ理解できるレベルに達していた。そう、私などとは努力のレベルが、全然、違うのだ。

「日本にも一度、行ってみたいです。無理でしょうが…」といって、彼は笑った。私とサボットさんとの間にある溝は、まだまだ、依然として、深いのだ。

以前、遺跡で、一ドルで何かを買ってくれと、必死で食い下がる子供に対し、「金がないよ」といった観光客に対し、その子供が放った一言を、今も鮮烈に、覚えている。「お金がなくては、旅行なんか、出来ないだろう」。

そう、我々は、お金のある国から来た、所詮、旅人に過ぎないのだ。

第4章

# バンコクからホーチミンまで

～タイ・カンボジア・ベトナムの国境を越える～

## タイからカンボジアへ

二〇〇八年四月二五日、私たちは台北乗り継ぎのチャイナ・エアラインで、バンコクへ向かった。

チャイナ・エアラインを利用したのは、同航空であれば、台北から、バンコクへも、ホーチミンへも、直行便が飛んでいるからである。そう、今回の旅は、タイのバンコクを起点に、陸路で国境を超えて、カンボジア、さらにはベトナムへ、行く旅なのだ。本当は、ホーチミンを超えて、さらにベトナムを北上し、ハノイまで行くつもりであったが、メンバーの中には、休みを取るのは一〇日が限度という人がいて、ハノイまで行くのは、可能でも、それでは、ただただ、車の車窓から変わりゆく風景を眺め続けるだけの旅に、なってしまいかねなかった。だったら、無理にハノイまで行くより、ホーチミン止まりとして、その分、日程に多少、余裕を持たせたいと考えて、ハノイ行きを断念した。

参加者は五人、私を含め男性が三人、女性が二人である。私はその全員と面識があったが、他のメンバーはお互いに、初対面という人もいて、実は最終的に参加メンバーが決まるまでに、あるトラブルもあって、二人の参加者が、合流をやめた。私がいわば、旅の「添乗員」的役割りも果たさねばならないこともあって、正直、少し、気も重かった。

とにかく、あれこれ考えていても、しかたがない。トラブルは、ないにこしたことはないが、あっても、乗り越えて行くしかない。

台北での乗り継ぎ時間は、一時間あまり。台北の国際空港は、あまりにも広く、乗り継ぎは結構、きつかったが、それでも、まぁ、何とか、クリアして、午後四時過ぎには、バンコクに着いた。

エアポート・タクシーで、宿泊先のバンコク・センターホテルに向かう。同ホテルは国鉄のファランポーン駅のすぐ近くにある、ソコソコの規模の中級ホテルで、ホテルのちょうど目の前に、地下鉄のファランポーン駅があるので、町中の移動には、極めて便利だ。

バンコクの地下鉄は、今のところ、このファランポーン駅を起点に、国鉄のバーン・スー駅までの一路線だが、バンコク随一の繁華街であるシーロムを通る上に、そのシーロムやスクムウィト、チャトゥチャック・パークの三カ所で、それぞれ、BTS（高架式鉄道）にも接続している。つまり、地下鉄と、現在、二路線あるBTSを乗り継げば、行動範囲はグンと拡がるし、何より、バンコク名物の、地上の慢性的交通渋滞とは、少なくとも、無縁でいることが、出来るのである。

ホテルにチェック・インした後、少し休んで、まだ、時間も早かったので、シーロム通り界隈に、くり出すことにする。

地下鉄なら、わずか、二駅。地下鉄の乗り方は、極めて簡単だ。まずは、駅の自販機で、行き先の駅を押して、表示される料金を入れると、切符代わりの、おもちゃのコインのようなトークンが出てくる。乗る時は、これを改札機のセンサーに軽くタッチさせればよいし、降りる時は、やはり、改札機のトークン投入口に直接、トークンを入れる。ちなみに、BTSの場合も、乗り方はほぼ同じで、切符がトークンではなく、カードになるだけである。しばらくバンコクに滞在し、頻繁に地下鉄やＢＴＳを利用するという人には、それぞれ、プリペイド・カードも、販売されている。

地下鉄は、バスなどより料金が高いせいか、あるいは、たまたま、乗った時間帯によるものなのか、それほど混んではおらず、移動は非常に、楽だ。

シーロム駅から地上に出ると、シーロム通りはそのちょうど真上を、ＢＴＳの高架線が走っているせいで、より狭くなり、両サイドの歩道には、屋台や出店、看板等が、目一杯、はみ出し、その混雑ぶりというか、混沌ぶりに、益々、拍車がかかっている感じだった。

そういえば、私にとって、初めてのアジアはタイで、その初めての訪問地がバンコクだった。その時の当惑ぶりを、私は拙著『アンコールへの長い道』の中で、次のように書いている。

「タイの首都バンコクは『クルンテープ』とも呼ばれ、これは『天使の都』という意味であるという。その、かつては『東洋のベニス』とまで形容された美しい水の都も、今はほぼ慢性化した交通渋滞と、車、バス、トゥクトゥク、バイク、そして、何よりも人、人、人…の醸し出す一大騒音、目に染みるほどの排気ガスに支配された街へと変貌を遂げた。もちろん、バンコクはかなりグロテスクではあれ、資本主義的に発展するタイの象徴というか縮図である。バンコクにのみいつまでも『天使の街』であり続けることを求めるのは、所詮、旅人の身勝手というものであろう。しかし、そうは分かっていても、もしこの世に天使などというものがいるのならば、きっとサッサと逃げ出すにちがいないこのバンコクの現実はあまりにも悲しい」

一九九一年のことだが、その時、私は、今は売れっ子のイラストレーターになってしまった、

S君という年下の友人との二人旅で、バンコクに滞在後、ひとりで、タイのアンコール・ワットと呼ばれているピマーイ遺跡に、向かう予定だった。そのへんのいきさつについても、前著で詳しく書いた。S君はそのまま、バンコクに残り、一人、街の散策を続け、再び、合流して、日本に戻る予定だったのだが、バンコクの生き馬の目を抜くような喧噪ぶりに、スッカリ、度肝を抜かれてしまい、結局のところ、私と一緒に、バンコクを脱出することになった。

私もまた、バンコクの桁外れの喧噪ぶりと、まったく通じない言葉、とにかく、観光客と見れば、ふっかけてくるトゥクトゥク・ドライバーとの料金交渉等々に、疲れ果て、相当、ナーバスになっていたことがよくわかる、文章である。

もちろん、その後、数え切れないほど、バンコクに通い、今ではそんなことはない。そもそも、トゥクトゥクそのものが、少なくともバンコクの中心街からは消え、メーター・タクシーが走るようになった。それだけでなく、バンコクのこのおもちゃ箱をひっくり返したような喧噪ぶりを、楽しいとすら、思うようになったのだから、我ながら、大した変わりようである。

しかし、この日は、生憎、地下鉄のシーロム駅を出て、タニア通りやハッポン通り界隈を冷やかしてから、クルンテープ・クリスチャン病院方向に歩き出してまもなく、雨が降り出した。しかも、次第に本降りになってきてしまったので、それ以上の散策は諦め、とりあえず、近くのレストランに飛び込んだ。

その店は、レストランというよりは、ナイト・クラブのような造りのお店だったが、一応、タイ料理のメニューは揃っていたし、味もまぁまぁ、だった。というか、私はタイで、ものすごくまずいタイ料理を出す店に、一度も、遭遇したことがない。「美食の街」と呼ばれ、ミシュランの星の数の多さが話題になった東京では、ものすごくまずい店に、ものすごく頻繁に、遭遇するというのに…ねッ。

そのお店には、かなり長く居たが、雨は一向に降り止まないので、諦めて、再び、地下鉄に乗って、ホテルに戻った。初めての人もいたので、バンコクの雰囲気をもっと味わってもらいたかったので、残念だ。

翌朝は、四時半に起きて、五時にホテルを出発し、カンボジアとの国境の街、アランヤプラテートに向かった。もちろん、外はまだ、真っ暗である。

車はバン・タイプのものを、あらかじめ、チャーターしてある。途中、ドライブインで二度、朝食とトイレ休憩を取って、九時半ごろに、アランヤプラテートに着いた。以前、私ひとりで来た時は、どこへも寄らずに、ひたすら車を飛ばし、三時間で着いたが、今回は四時間半、かかったことになる。このくらいのペースの方が、全然、楽だ。

急ぐ旅でもなかったので、国境のすぐ近くにある、巨大マーケットに行った。このマーケットにはいろいろな名前があるが、「ゴールデン・ゲート・プラザ」の大看板があったので、ここではそう呼ぶことにしよう。

とにかく、ありとあらゆる、日用品雑貨や衣料品、生鮮食料品等が、この巨大市場では、売られている。カンボジア側からタイへ運ばれてくるものも、その反対に、タイからカンボジアへ運ばれていくものもあるのだろうが、もちろん、カンボジアからタイへの物の流れの方が、圧倒的に多いのだろう。国境のゲートが開くと、それがドッと、カンボジア側から、バイクやリヤカーに小分けされて、流れ込んで来る。そんな光景を、前回、目にしている。

国境のゲートが開くのは、七時半。もう大分時間がたっているので、人の流れはそれほど、多くはない。タイのイミグレーションを出ると、橋があり、そこを超えればもう、カンボジアである。しかし、橋を越えてから、カンボジアのイミグレーションを出ると、カンボジアのイミグレーション・オフィスに着くまでは、かなり距離があり、そこに何軒ものホテル兼カジノが、店開きしている。ホテルといっても、タイの金持ちたちが、カジノで遊ぶところで、泊まるところではない。

ちなみに、橋を越えてすぐのところに、カジノとカジノに挟まれるようにして、カンボジアのビザ発給所があるので、現地でビザを取る人は、ここに立ち寄ることを、忘れないようにしなくてはならない。我々は、私が日本のカンボジア大使館でまとめて取ったので、とりあえず、関係がない。

タイのイミグレを出たところで、今回の旅の手配を依頼した、旅行会社エイペックスのガイドが、待っていて、その案内で、カンボジアのイミグレに向かう。今回の旅は、辺境の遺跡をじっくりと回るツアーではなかったので、ガイドの出番は、ほとんどない。だから、ガイドを指名することはしなかったが、特に名を秘すが、やって来たガイドは、小島よしおの物まね「そんなの、関係ねーッ」を連発する、誠実さのかけらもない男で、少し、ガッカリした。

カンボジアのイミグレで、出入国カードを記入するのだが、こまかく書こうとしていると、早くも、その得意の「関係ねーッ」が出て、未記入の個所が多いカードを持って、早く、審査の列に並ぶよう、うながされる。でも、イミグレの係官も係官で、その未記入の個所の多い出入国カードを、よく見ることもせず、ポンとスタンプを押してしまうのだから、本当に「そんなの、関係ねーッ」の、世界である。

こうして、私たちは、カンボジアの入国した。以前、来た時、イミグレを出たところの、ポイペトのロータリーでは、何でも「公共的」な交通手段以外の乗り物のロータリーへの横付けは禁止されているとかで、いったんは乗り合いトラックに乗って、途中でガイドの車に乗り換えるという、いわばセレモニーがあったが、今回は、ロータリーに堂々と、エイペックスの車が横付けされていた。要は、大分、賄賂をいくら出すかの、世界なのだ。

道路も、今回は乾季なので、泥沼化しているなどということもなく、車はシェムリアプを目指し、快調に飛ばす。「そんなの、関係ねーッ」男のダジャレも快調で、私は車窓にもたれて、少し、居眠りをすることにした。

## 国境の大遺跡、プリア・ヴィヒア

カンボジアの、タイとの国境線の近くには、プリア・ヴィヒア（プリア・ヴィヘア、プリア・ビヘールなどと、記されることもある）という、アンコール朝時代の大遺跡がある。長く、その領有権を巡って、カンボジアとタイの間で争いがくり返されてきた遺跡で、一九六二年に、オランダのハーグ国際司法裁判所がカンボジア領との裁定を下し、法的には決着がつき、また、二〇〇八年には、ユネスコの世界遺産にも登録された。しかし、世界遺産への登録で、観光資源としての価値が飛躍的に高まると、再び、カンボジア・タイ両国の争いが激化、同年一〇月には両軍が交戦し、双方に死傷者が出るという、深刻な事態にまで、発展した。

私がプリア・ヴィヒアに行ったのは、一九九九年のことで、タイ東北部の街、ウボン・ラーチャタニーから、車で行った。片道一時間半ほどの距離で、カンボジアとの国境の近くに、大きな駐車場があり、レストランや、お土産物店などが、軒を並べている。ここで車を下車し、タイ側の国境のゲートを超えて、しばらく歩くと、カンボジア側のゲートがあり、ここで入場料を徴収していた。料金は、当時、一〇〇バーツだったが、今は二〇〇バーツまたは五ドルに、値上がりしているらしい。

入場料金を払うだけで、パスポートを提示する必要すら、なかった。

本当に簡単な国境越えで、拍子抜けしたが、その後、この遺跡への入場は、両国の関係悪化によって、禁止されたり、解禁されたりを、何度となく、くり返している。

もちろん、プリア・ヴィヒアへはカンボジア側からも、容易ではないが、行くことは出来る。以前、カンボジアでお会いしたアンコール・ワット西参道修復の現地責任者であった三輪悟さんは、コンポン・トムから陸路で行った時のことを、話して下さったが、文字通り、悪路に次ぐ悪路で、最後は崖をよじ登るようにして、登ったという。

今では、乾季であれば、シェムリアプからでも行くことは可能というが、片道六時間はかかるというので、やはり、行くことが容易ではない遺跡であることは、事実である。しかも、遺跡は高さ六〇〇メートルほどのダンレック山の山頂にあるので、最終的には、つづら折りの、急な登り道を、車で上がらねばならず、頻繁に横転事故が起こっているとの、情報もある。

要は、プリア・ヴィヒアへは、タイ側から行くのが、一番、簡単なのだ。だから、タイは重要な観光資源であるプリア・ヴィヒア（タイではカオ・プラ・ヴィーハンと、呼ばれている）を巡る利権を、何としても、手放したくはないのである。

さて、話がずいぶんと横道にそれたが、それついでに、プリア・ヴィヒアに関し、もう少し、書いておこう。

プリア・ヴィヒアが初めて建立されたのは、九世紀末から一〇世紀初頭のことで、建立者はアンコールの地に初めて王都を築いたヤショヴァルマン一世であったが、碑文によれば、その時の寺院は木造であったという。その後、一〇世紀の半ばから後半にかけて、ラージェンドラヴァルマン王と、その子、ジャヤヴァルマン五世が、祠堂や経蔵、塔門、回廊などを砂岩やラテライトで造営し、さらに、一一世紀の前半、スールヤヴァルマン一世が大規模な増改築を行って、ほぼ、現在、私たちが目にすることの出来るプリア・ヴィヒアの姿に、なったようである。しかし、増改築はその後も行われ、アンコール・ワットの造営者であるスールヤヴァルマン二世も、そのひとりである。

今はもう使用されていない、カンボジアの一〇〇リエル紙幣には、その裏と表に、プリア・ヴィヒアが描かれていて、プリア・ヴィヒアがアンコール・ワットやバイヨンと並ぶ、カンボジア人にとっての大切な心のよりどころであったことが、わかる。

プリア・ヴィヒアは前述した通り、ダンレック山の山頂に、その中央祠堂が築かれた、山岳テラス型の寺院である。その山頂に向かって、西側の麓から急勾配な石段の参道が続いていて、様々な付属施設が、その中腹に配されている。

タイ側から登ると、料金場のすぐ近くから、その両サイドに石の獅子像と、七つの頭を持った蛇、ナーガの欄干を配した石段が、文字通り、一直線に延びている。石段は一段一段の高さがとても高く、しかも、勾配がきつく、登頂は困難を極める。途中で休憩しながら、あえぎあえぎ、登る。

参道の途中には、合計四つの十字型の塔門があり、最初の塔門は柱を残すのみだが、二番目の塔門には、その屋根飾りの破風に、アンコール・ワットの第一回廊の壁画で有名な、「乳海攪拌」のレリーフが残っている。また、三番目の塔門は、左右に「東翼室」「西翼室」と呼ばれる建物を伴っている。

四番目の塔門を過ぎると、前柱殿や経蔵などの付属施設を伴って、中央祠堂が建っているが、背後が崩れて、瓦礫の山となっている。

中央祠堂の背後は、文字通りの断崖絶壁で、眼下にはカンボジアの大平原が拡がっている。まさに、見渡す限りの、遮るもの何ひとつない、緑の樹海で、思わず息を飲むほどの、素晴らしさである。その緑の海の中を、人間が造った何本かの道が、実に頼りなげに、はるか彼方まで、続いてはいるものの、肉眼で見える人家などは、まったく、ない。遠くには霧が立ちこめ、その中で、平原と空とが、ひとつに解け合っているばかりである。

▲プリア・ヴィヒラの第１の塔門

▲プリア・ヴィヒアの中央祠堂

人間の営為など、この大自然の前ではむなしいばかりであるが、そんな中でも、長い内戦が終わった後も、形を変えて、人と人との争いは、続いている。

プリア・ヴィヒアと同様の、山岳テラス型の寺院としては、アンコール遺跡エリア内にあるプノン・バケンを始め、パノム・ルン（タイ）や、ワット・プー（ラオス）等、それこそいくつも、その名を列記することが出来るが、プリア・ヴィヒアほど、雄大な自然と遺跡とが、ものの見事に渾然一体となって存在している遺跡は、他にはない。だからこそ、多くの観光客がプリア・ヴィヒアを目指すのだろうが、それがまた、不毛な国と国の争いをも、産むのである。皮肉なものだ。

一九九九年に行ったプリア・ヴィヒアで、今も強く印象に残っているもののひとつは、夕日の残照で、キラキラと光る、骨格だけの塔門の下に佇む、揃いの黄色いの法衣を着た僧侶の一団の姿である。カンボジアの僧侶なのか、あるいは、タイから来た僧侶なのか、その姿は、長く続いた戦乱の終焉と、平和の訪れの象徴のように、当時の私には、そう思えたのだが、その平和は、束の間のものに、過ぎなかったのだろうか…。

## シェムリアプへ到達

話を、そろそろ、元に戻すことにしよう。

ポイペトを出発した車は快調に走り、そんなプリア・ヴィヒアの思い出に浸る間も、はたまた、居眠りをする間も、実のところ、ほとんどない内に、シソポンに着いた。雨季でないと、こんなにも早く着くものなのかと、少し、驚く。それでも移動中、上下への小刻みな振動が絶え間なく続き、ひどい道だと、感想をもらした人もいたが、前に来た時の泥沼の悪路を経験している私には、全然、楽勝としか、思えない。

前回の旅では、バンテアイ・チュマールへ行くため、ここで一泊したが、今回は通過するのみである。でも、そろそろ、昼時なので、「プカーイ・プルック」へ寄って、昼食を取ることにした。昼食後、シソポンの街には特に見どころなどはないので、先を急ぐ。シェムリアプまでは、二時間半ほどの距離である。

定宿のタ・プロームホテルは、相変わらず、宿泊客がほとんどおらず、閑散としている。いつも来るたびに、次に来る時、果たして、開業しているだろうかと、心配になるが、何とか、しぶとく、生き残っている。

部屋で、少し休憩してから、参加者のKさんの要望もあったので、ホテルから数分の距離の「クメール伝統織物研究所」へ行く。同研究所は、手描き京友禅の職人であった森本喜久男さんが、長い内戦によって、まさに途絶えようとしていた、カンボジア伝統の絹絣を復活させようと始めた。その詳細は、森本さんご自身の著書『カンボジア絹絣の世界　アンコールの森によみがえる村』（日本放送出版協会）に、詳しい。

多くのカンボジアの女性がそこで働き、伝統の技術を学ぶと共に、生活の糧としている。

夕刻だったため、作業は終わっていたが、それでも日本人のスタッフに工房内を案内をしていただき、その後、売店に案内された。

販売されている絹製品は、確かに品質がいいことは一目でわかるが、その分、値段も張り、とてもではないが、パックツアーで来て、高級ホテルに泊まっているような、日本人観光客くらいしか買わないような、お値段である。確かに、若い女性だって、ブランド物のたかが財布に、十数万円も出す人（ウチの娘だッ!!）もいるのだから、二万円のスカーフを買う人だって、当然いるだろうが、あらかじめ、購買層を限定してしまいかねないような商いには、私は今ひとつ、懐疑的だ。

そうはいうものの、わざわざ工房を案内していただいたので、見たものの中では比較的安い部類に入る絹のハンカチを、三枚買って、その内の一枚は娘へのお土産にしたが、残念ながら、使っているのを一度も、見たことがない。

その翌日と翌々日は、シェムリアプに滞在した。参加者が五人なので、トゥクトゥクは一台に、詰めれば三人は乗れるので、トゥクトゥク二台でもよかったが、もう少し、ゆったりと回ろうと、五人乗れる車とドライバーを、チャーターした。トゥクトゥクなら、二〜三人乗る場合、一台で一三〜一五ドルくらいが、まずは相場だが、車でも、もちろん、交渉次第だが、一台三〇ドルくらいからなので、そんなに大きな差はないのである（アンコール遺跡エリア内を回る場合の、一日の料金）。

もっとも、カンボジアでは、プノンペンやシェムリアプなどの大きな街でも、バイクタクシーやトゥクトゥクは町中で、ごく簡単に拾うことが出来るが、流しのタクシーは走っていないので、旅行社やホテル・ゲストハウス等を通して、あらかじめ、事前にチャーターするしかないのが、実情だ。

翌日は、シハヌーク・イーオン博物館と、その関連でバンテアイ・クディ、それに、タ・プローム、アンコール・トム、アンコール・ワットと近場を、翌々日は、郊外に足を延ばして、バンテアイ・スレイとプノン・クーレン、ベンメリアを、それぞれ、回った。

シハヌーク・イーオン博物館は、上智大学のアンコール遺跡国際調査団が、二〇〇一年にバンテアイ・クディ遺跡で発掘した膨大な数の廃仏像を収蔵し、一般公開するための博物館として建設され、完成後、カンボジア政府に寄贈された。同じ年（二〇〇七年）に開館したアンコール国立博物館とは、その来歴も、展示品も異なっているが、遺跡エリアから少し離れていることもあって、いつ行っても、広い館内はガランとしているし、日本人以外の入館者は、極めて、少ない。

しかし、若い職員たちは皆、熱心で、たどたどしい日本語で、一生懸命、説明してくれる。その自らの仕事に対する誇りが、ダイレクトにこちらに伝わってきて、非常に、気持ちがいい。

その女性職員のひとりは、私にではなく、同行者のKさんにだが、近々、レストランも併設される予定ですと、そういって、胸を張ったそうである。私は、そのレストラン云々というのは、もしかしたら、ここではなく、アンコール国立博物館のことなのでは…と、内心、そう思ったが、彼女があまりにも自信たっぷりに、そういったというので、それ以上、何もいわなかった。

しかし、少なくとも、二〇〇九年末の時点で、レストランは併設されていないし、今後、仮に

▲バンテアイ・スレイ遺跡

併設されたとしても、その経営は極めて険しいものになるに、違いない。何しろ、入館者がほとんどいないのだから…。

ちなみに、次に同館を訪れた際、その女性職員を探したが、その日はたまたま仕事が休みだったのか、あるいは、もうやめてしまったのか、見つけることは出来なかった。もちろん、レストランはどうしたの?と、一言、嫌みをいうためになどではなく、単純に、あの美少女にもう一度、会いたかっただけなのだけど、私の場合、こうしたささやかな望みが叶えられることは、まず、ほとんど、ない。

狭い境内に、大勢の観光客が殺到し、日本の通勤列車の、ラッシュアワー並みの状態になっているバンテアイ・スレイ遺跡では、偶然、他の日本人を案内中のサボットさんと、再会することが出来た。短い立ち話ではあったが、大プリア・カーン寺院への再チャレンジの意思を伝え、ガイドを依頼した。

あまりにも、頻繁にこの地を訪れているので、私を知っているという人は、意外に多く、今回の私たちのガイドも、私の姿をシェムリアプで、何回か、見かけたことがあるという。「金持ち」で、物好きな日本人め…と、きっと、そう思っているのだろう。確かに、道楽もここまでくると、まったくもって、困ったものだ。

タ・プロームホテルに三泊して、プノンペンに向かう。シェムリアプ最後の夜は、少し遠出して、国道六号線から少し入ったところにある「バイヨン・レストラン」に行った。私がカンボジアに通い始めたころは、ゲストハウスを併設した、ごく普通の小さなレストランだったが、その料理のうまさで、観光客の人気を集めて、店を豪華仕様に改装、今ではシェムリアプでも一、二を争う、人気店になってしまった。

夜には影絵芝居の「スバエク・トーイ」(1)を上演するのだが、これはあまりにもつまらないので、わざわざ、「スバエク・トーイ」がよく見える席を、あらかじめ予約しておく必要はないと、個人的にはそう思う。

ここの名物は、アモックで、雷魚のココナツミルク蒸し。椰子の実をくり抜いた器で、供される。その他、メニューの多さと、何を頼んでもまずハズレのない味の確かさで、決して安くはないが、一度は行かれることを、お勧めする。

食事をすませ、大分、距離はあるが、シェムリアプ川沿いの道を、ぶらぶらと散策しながら、ホテルに戻る。女性がひとりで、夜遅く歩くのは、もちろん、論外にしても、たとえ、深夜で

(1) カンボジアの影絵芝居には「スバエク・トム」と「スバエク・トーイ」の二種類がある。前者は大型の牛皮人形を使い、ヒンドゥー教の叙事詩「ラーマーヤナ」の物語のみを演じる、いってみれば宗教儀式。それに対し、後者は小型の人形を使い、庶民的な説話などをコミカルに演じる。楽しむためのものだ。

あっても、複数で連れ立って歩くのであれば、危険な感じは、まったく、しない。川沿いのベンチでは、カンボジア人の若いアベックたちが、肩と肩を寄せ合って、甘いひとときを過ごしている。

こうして、シェムリアプでの滞在を終え、喧噪の街、プノンペンへと、私たちは向かう。

## 喧噪の街、プノンペン

午前八時にタ・プロームホテルを出発、プノンペンに着いたのは午後三時ころ。途中、コンポン・トムで昼食休憩をしたので、それがなければ、正味六時間ほどの距離である。国道六号線は完全に舗装され、旅は快適そのものである。

とはいうものの、シェムリアプ〜プノンペン間は、飛行機が一日六便ほど飛んでいて、所有時間は四〇分ほど。わざわざ、移動に車を使う観光客は、ごく僅かだ。

そもそも、ソウルやバンコク、ホーチミン経由などで、直接、シェムリアプに入り、帰りもシェムリアプから各経由地へ向かう人が増え、プノンペンは素通りというケースが、最近、非常に多くなっているように、思われる。

というのも、プノンペンはカンボジアの首都であるが、ごく普通の、アジアの中規模都市で、また、クメール美術の至宝を集めた国立博物館以外には、これといった見どころもないからである。

経済的な発展と、それに伴う貧富の差の拡大がもたらす歪みが、街中の、そこかしこに露呈し、安全度という点でも、シェムリアプに比べれば、断然、低い、充満する排気ガスと、騒音に包まれた、喧噪の街である。

シェムリアプでは深夜まで、たとえば、バー・ストリートなどで騒いでから、千鳥足でホテルに戻ったとしても、危ない目に遭遇することは、まず、ほとんどないだろうが、ここではそうはいかない。以前は、深夜に街中を徘徊していれば、たとえ相手が警官であったとしても、危ない目に遭うことは、頻繁にあったし、今も、そうした状況に、さほどの違いがあるとは、思わない。深夜に、人通りのある表通りからそれて、路地に入るなどという行為は、絶対にしてはいけないことの、ひとつである。まぁ、そういう路地に、安い飲み屋とかはあるんだけれど…ね。

メイン・ストリートは、街をほぼ南北に縦断するモニボン通りで、それとほぼ平行に走るノドロム通り、そのふたつの通りを、東西に横切るシハヌーク通り、その三つの通りの沿線と、その周辺部が、プノンペンの、いわば中心街といっていいだろう。

それに対し、トンレサップ川沿いのシソワット・キーや、それと途中で枝分かれするソティアロス通り界隈は、かつて、「東洋のパリ」と呼ばれていたころのプノンペンの面影を、今もかろうじて残すエリアで、王宮や官公庁、国立博物館、高級ホテルや有名レストラン等々が集まっているが、正直いって、あまり、生活感が感じられないエリアでもある。

今回、我々が宿泊するのは、目抜き通りのモニボン通りにあるパシフィックホテルで、それまで定宿にしていたパイリンホテルがなくなった後、私が一番よく泊まるホテルである。とはいうものの、一泊三〇ドルほどの、ごく普通の中級ホテルで、設備もソコソコなら、従業員が特にフレンドリーだというわけでもない。それでも値段と、立地条件のよさから、満室のことも結構あって、前回、満室でしかたなく、外見だけはきれいな、やはり、モニボン通り沿いのアジアホテルに泊まったら、きれいなのは本当に外装だけで、設備は文字通り、安宿に毛が生えた程度。もう二度と泊まりたくないと思うほどの、ひどさだった。それから見れば、パシフィックホテルはまだましなので、今回もここに予約を入れた。

一国の首都だけあって、ラッフルズホテルやインターコンチネンタル、ホテル・カンボジアーナ等、高級ホテルにはことかかないプノンペンだが、とりあえず、私には関係がない。しかし、中級クラスのホテルに、残念ながら、なかなか、これぞというお勧め出来るようなところがない。

今回のパシフィックホテルも、人数の関係で、私は一人部屋になるため、あてがわれた部屋は、狭く、窓を開けると、ちょうどその真下が、ホテル従業員の水浴び場や洗濯場になっていて、全裸の男が水を浴びていたりする。まぁ、男の裸はどうでもいいが、深夜に部屋に戻って、窓を開けたら、若い女性の従業員が、剥き出しの肩で長い髪を洗っていて、さすがにあわてて、カーテンを閉めた。

おまけに、冷蔵庫も壊れていて、文句をいうと、「ノー・プロブレム」と、ニヤッと笑って、隣の空き部屋から冷蔵庫を運んできて、それをそっくりそのまま、入れ替えた。隣室は今は空室だが、いずれ人が入ってクレームが出れば、今度はどこか別の部屋から、動いている冷蔵庫を運んで来るのだろう。

まぁ、そんな程度のホテルである。

三時にはプノンペンに着いたので、夜までには少し、時間が出来たので、古いセントラル・マーケットと、そこからも見える七階建ての真新しい建物、ソリア・ショッピング・センターとに、同行者を案内する。

最近は王宮の近くに、パラゴン・カンボジアという新しいショッピング・センターも出来たし、私はまだ一度も行ったことがないが、郊外にも巨大な新しいショッピング・センターが出来、賑わっているというが、ソリア・ショッピングセンターはそのはしりで、二〇〇二年のオープン時には、初めて見るエスカレーターにどうやって乗ればいいかわからない人が続出、それがニュースにもなったが、もちろん、今はそんなことはない。目一杯、お洒落をした、カンボジアの若い女性やその連れ、あるいは家族連れで、連日、賑わっている。中には多くの専門店や、スーパーマーケット、レストラン、ファーストフード店、スケートリンクや映画館まであるので、一日中、遊ぶことが出来るのだ。

セントラル・マーケットが、カンボジアの、ごく普通の庶民の日常生活を垣間見ることの出来る絶好のスポットなら、ソリア・ショッピング・センターは、そんな都会で暮らすカンボジア人の上昇志向を、正直に映し出す、鏡でもある。しかも、携帯電話であれ、デジカメであれ、ゲーム機であれ、それは少し手を伸ばせば、すぐ届くところに、あるのである。

もちろん、それは都会で暮らす人々といっても、その全員が享受出来ることでは、当然、ないだろう。ましてや、電気も水道もなく、現金収入もほとんどない、地方で暮らすカンボジアの、大多数の農民にとっては、まったく無縁のことなのだが、兎にも角にも、休みの日に家族揃ってショッピング・センターに行き、あれこれ、欲しいものを買って、最後に、ハンバーガー・ショップで散財するくらいの余裕はある層が、カンボジアの都会では増えていることもまた、事実である。

翌日は、パシフィクホテル前の一五四ストリィートを歩いて、トンレサップ川方向に向かい、国立博物館と王宮を見学した後、トンレサップ川をクルーズした。国立博物館の前にあるトンレサップ川の河岸に沿って、王宮とは反対方向にしばらく歩いていると、観光船の船着き場があって、ここでクルーズ船をチャーターすることが出来るのである。料金は交渉制だが、今回は一時間一五ドルで、交渉が成立した。これはこちらが五人だったからで、ひとりだったら、一〇ドルくらいでも、OKかもしれない。

トンレサップ川クルーズは気持ちがいいが、対岸に近づくと、水上生活者の集落があって、その貧しい暮らしぶりに、現実に引き戻される。

国立博物館は、シェムリアプにアンコール国立博物館が出来たとはいえ、主にアンコール王朝時代の、クメール美術の第一級の至宝ばかりを集めた博物館で、プノンペンに来たら何度でも訪れたい場所である。広い中庭をグルリとロの字に囲む展示室は、入り口から時計回りに、プレ・アンコール時代、アンコール時代、そして、それ以降の宮廷美術品が展示され、疲れたら、どこからでも美しい中庭へ出て、随所に配されたベンチで休むことも出来る、大変、素晴らしい造りになっている。一九〇五年に、フランス極東学院によって設立されたもので、一九九二年に初め

◀対岸には水上生活の集落

て行った時は、長い内戦で荒れ果て、その糞の匂いで、展示室にはコウモリが巣をつくり、その糞の匂いで、長時間の鑑賞が難しいほどの惨状だったが、今はもちろん、そんなことはない。

中庭のテラスには、アンコール・トムのらい王のテラスで発見された、らい王像が鎮座しているが、らい王のテラスにある方がレプリカで、こちらが本物である。もっとも、最近の研究では、この像はらい王（一説では、ヤショヴァルマン一世）像ではなく、地獄の神、ダルマラージャ・ヤマ天であることが、碑文から判明している。つまり、日本風にいえば、閻魔大王ということである。

王宮は、シハモニ現国王の住居&執務室でもあり、隣接のシルバー・パゴダ等、その一部のみが、一般公開されている。個人的な感想をいえば、六ドルもの入場料（国立博物館は三ドル）を払って、わざわざ入るほどの、見どころはない。

プノンペンには、他に、特にこれといった見どころはない。あえていえば、ポル・ポト政権時代の虐殺の痕跡を今に残すトゥールスレン監獄跡や、キリング・フィールドがあるが、とても一般向けとは、いえないだろう。プノンペンの名前の由来にもなっているワット・プノンは、小高い丘の上に立つごく普通の仏教寺院で、苦労して、長い石の階段を登っても、いかにもありがたみの薄い、極彩色の仏像とご対面すれば、それでおしまいである。

街自体が小さいので、二時間もあれば、ぐるっと一周できるが、もの凄く暑くて、バテることは請け合い。私は平気だが、以前、友人を案内して、街を一周したら、あとで、まるで「死の行軍」だとの、お叱りを受けた。メーター・タクシーは、『地球の歩き方』によれば、最近、あることにはあるらしいが、街中を歩いていて、まず見掛けたことはない。バイクの後ろに座席をつけたトゥクトゥクか、バイクタクシーを拾うのが、一般的だ。

バイクタクシーとはいっても、バイクの後ろに乗るだけだが、郊外に行くのでなければ、〇・五ドル（二〇〇〇リエル）～一ドルくらい。トゥクトゥクなら、その倍が目安というが、もちろん、すべては交渉次第。外国人観光客なら、ふっかけてくるのは当たり前の世界。いったん、合意して乗っても、いざ降りる時になって、あれこれ文句をつけて、上乗せを要求するドライバーもいるので、特に、夜や、知らない場所で乗るのは、要注意だ。

プノンペンでの最後の夜となる日は、食事をすませたあと、シンガポールホテルはす向かいの、カンプチアクロム通り沿いにある屋台街に行って、名物のフルーツ・シェークを飲んだ。この屋台街はいつも、午後の六時ごろから店を開き、深夜まで営業している。写真家の大島俊一さん馴染みの店で、普通に食事も出来るが、ここのフルーツ・シェークは、一度飲んだらやみつきになる。一杯二五〇〇リエルだから、五〇円とちょっと。安くて、うまいが、水道水でつくった氷を、これでもか、これでもかと、使うので、もちろん、お腹を壊す可能性は、十分、ある。私は、何回か飲んで、幸い、一度もお腹を壊したことはないが、今回の同行者のひとりは、しっかり、お腹を壊しましたので、嫌な言葉だが、各自「自己責任」で、飲んで下さいねッ。

## ホーチミンへ向かう

カンボジアからベトナムに陸路で入る、もっとも、ポピュラーなルートは、プノンペンから国道一号線で、バベットまで行き、そこからベトナムのモックバイへ抜けるルートである。国道一号線は舗装された大変よい道なので、プノンペンからバベットまでは、三時間半から四時間で、着く。ベトナム側のモックバイからホーチミンまでは、こちらも舗装されたよい道で、約二時間の距離。つまり、通しで五時間半から六時間で、ホーチミンへ着く。

私が初めて、この道を通って、プノンペンからホーチミンへ行ったのは、一九九二年のことで、実に一一時間もかかった。特にカンボジアの国境までの悪路は凄まじく、しかも、生憎、私はその時、ひどい下痢で、途中の休憩所に着くと同時に、いつも猛ダッシュして、トイレに駆け込んだ。そのトイレのひとつは、何と、川の上に突き出した二枚の板をまたいで、用を足すというもので、しゃがんだ足の震えが止まらなかった。我慢出来るのであれば、絶対に利用することはなかっただろう、ひどいトイレだった。

おまけに、ベトナムとの国境では、激しいスコールに遭遇した。カンボジア側の出国手続きが、そのスコールで一時中止になり、二時間近くも、車の中に閉じこめられた。そんなこんなで、夜の八時にようやく到着したホーチミンは、ほぼ恒例行事の停電の真っ最中で、その暗闇の中を、大量のバイクと自転車が、縦横無尽に、走り回っていた。

あれから二〇年近くが経過して、プノンペンからホーチミンまでの所要時間は、ほぼ半減した。道路事情が好転し、全身を突き上げるような揺れと無縁になってくると、今度はたちまち、眠くなってくる。バベットに着くまでの記憶が、ずいぶん、途中で途絶えている。そういえば途中で、フェリーで一度、メコン河を渡った。

バベットでの出国手続きも、モックバイでの入国手続きも、非常にスムーズに、終わった。最近は、ベトナムは短期間の滞在であれば、ビザは不要になっている。ベトナムの係官の仏頂面は相変わらずだが、少なくとも、その対応は、非効率的ではない。長々と続く行列と、待つ人の苛立ちをものともしない、厳格というよりは、単に超スローなだけの審査、そして、袖の下を渡した人を最前列に横入りさせるというあからさまな、かつてのやり方は、さすがに、スッカリ、陰を潜めている。

ベトナム側のイミグレーションを出ると、エイペックスのガイドが待っていて、その車でホーチミンへと向かう。窓からの光景は、カンボジアと同様の田園風景だが、その豊かさはカンボジアに比べ、断然、際立っている。所詮、国力の違いということも、確かにあるだろうが、日中の暑さをものともせず、一日中、せっせと働き続ける、個々の勤勉なベトナムの農民たちの、もちろん、努力のたまものである。

誤解されると嫌なので、いっておくが、比較的涼しい朝と夕方に、主に働き、暑い昼間はハンモックに揺られて、ゆっくり昼寝でもするという、自然体。そして、状況がいかに厳しくとも、まぁ、何とかなるだろうと、根拠もないのに、何となく、そう考えて、必要以上にあくせくしない。そんなカンボジアの大多数の農民の生き方が、私は嫌いなわけではない。むしろ、内心、そうあるべきだと、思っているのである。

とはいうものの、私もいわば仕事中毒で、しばらく仕事をしていないと、何だか、落ち着かない。ベトナム人と日本人との皮膚感覚は、多分、非常に近い。それが好ましくもあり、嫌でもある。

日本での若い人たち（主に女性）の、ベトナム人気は、群を抜いている。旅行会社であるエイペックスも当然、ベトナム観光は、特に力を入れている分野なのだろう。ホーチミンの目抜き通りといえる、ドンコイ通りのすぐ近くに、「アオザイデスク」という日本語ＯＫのツアーデスクを開設しており、各種半日＆一日ツアーや、グルメ・スポットやスパへの案内、料理やアオザイ等のカルチャー体験などに、力を入れている。男が喜びそうなコースは、ゴルフくらいしかないことを見ても、いかに昨今のベトナム人気を支えているのが、女性であることが、よくわかる。

しかし、そんなものには無縁というか、サッパリ興味を示しそうにもない、うさんくさいおっさんたちと、昔は若かった女性（失礼ッ!!）のグループが、しかも、カンボジアから陸路でやって来たので、エイペックスのベトナム人女性ガイドも、少し、とまどっている。それでも、我々が、協議の末というか、Kさんの趣味というか、「ホーチミン夜景散策」と「マングローブの森を行く」というツアーを申し込み、女性のひとりもスパに興味を示すと、ホッとした表情になった。

そうこうしている内に、ホーチミンに着いた。広々とした車線と、タイやカンボジアに比べればだが、高層ビルを含む、あか抜けた街並み。街を行く人々の歩くペースも、東京に近く、ああ、東南アジアはもう、カンボジアで終わったんだなぁと、そんな感想さえ、抱く街。それが、かつての南ベトナムの首都、旧サイゴン、現在のホーチミンだ。

我々の宿泊先は、「ボンセン2」。ドンコイ通りにある老舗の中級ホテル、ボンセンホテルの別館で、本館からは少し離れた、比較的静かな、ハイバーチュン通りにある。少し離れたといっても、歩けば、たかが、五、六分程度の距離である。

小さなシティ・ホテルといった造りで、一泊五〇ドル前後。施設は新しく清潔で、機能的。特に、何の文句もいうところのないホテルだったが、客の大半は日本人だった。ボンセンの本体も、そういえば、日本人の宿泊客がやたら多いホテルだった。

## ホーチミンから台北経由で日本へ

昼過ぎに着いたので、すぐに昼食。私の趣味で、半ば強引に、日本料理店の「ドラエモン・カカ」に行った。

「ドラエモン・カカ」は、ボンセン本館のあるドンコイ通りと、「ボンセン2」のあるハイバーチュン通りとを結ぶ、ドンユー通りにあって、両者のほぼ中間にある、日本人オーナーの細井康久さんの経営する店で、さしみや天ぷら、焼き魚に寿司、麺類、その他、各種定食から天丼、カツ丼に至るまで、たいていの日本食が揃っている。料金もほぼ、日本並みなので、日本人以外に入る人は少ない。

すぐ近くに、ホーチミンきっての最高級ホテル、「シェラトン・サイゴン・ホテル&タワーズ」があるが、ここは最低でも、一泊二〇〇~三〇〇ドル台というお値段である。そんなホテルにも、当然のことのごとく、日本人は泊まっていて、ここは肩肘張らなくていいと、「ドラエモン・カカ」に通って来る。店内には大量の漫画本や日本の新聞も置いてあって、NHKの衛星放送を観ることも、出来る。ここがホーチミン在住の日本人や、長期旅行者の息抜きと、情報交換の場となっていることが、よくわかる。

私は海外に出て、日本食が食べたいなどとは、まったく思わないが、日本のニュースが見たくて、以前、この店に入り、たまたま、暇だったオーナーの細井さんとおしゃべりをして以来、ホーチミンに来た時は、必ずここに寄るようになった。そのへんのいきさつについては、拙著

『北のベトナム、南のチャンパ』の中で、書いた。

この日は、店内は満員御礼状態。ホーチミンにいる日本人の多さが、よくわかる。細井さんは商売熱心で、店では日本のＤＶＤのレンタルから、車やゴルフの手配、ビザの代行まで、幅広く手掛けている。さらには、近くに、「サンライズ」というカラオケスナックも、開店させたようだ。

店を出る時、チョー忙しそうで、とても話が出来る雰囲気ではない細井さんに、一言、挨拶だけすると、「これ、持って行ってよ」と、ドラえもん（によく似た？）のイラスト入りの「ドラエモン・カカ」の野球帽を、くれた。今も、時々、かぶっている。

ホーチミンは、その中心部であれば、どこへでも歩いて行ける距離である。もちろん、疲れたら、メーター制のタクシーも走っているし、こちらは料金は交渉制だが、バイクタクシーもある。ベトナム名物のシクロ（人力タクシー）は、街の中心部からは閉め出され、めっきり、台数も減った。また、苦しい商売からか、ぼったくりドライバーも多く、街角で見つけたからといって、郷愁にかられて、安易に乗るのは禁物だ。

ドンコイ通りを散策しながら北上、サイゴン大教会前を通り過ぎて、グエンティミンカイ通りを左折、統一会堂（旧大統領官邸）前を右折して、戦争証跡博物館まで、歩いた。

これだけで、ホーチミンの主な名所の大半を観てしまったことになる。サイゴン教会は、一九世紀に建てられた、ふたつの尖塔を持つ大変美しいレンガ造りの建物で、その横にある重厚な中央郵便局の建物と共に、フランス統治時代を代表する、歴史的な建造物である。統一会堂は、南ベトナム政府の大統領官邸として建てられ、一九七五年四月に解放軍がここを占領、ベトナム戦争は終結、南北の統一が実現した。それを記念するため、統一会堂と名づけられ、国際会議等に使用されている。

戦争証跡博物館は、ベトナム戦争の歴史と米軍の戦争犯罪を告発する目的で造られた博物館だが、以前の学校の校舎のような古い建物は取り壊され、スッカリ、近代的な博物館に生まれ変わっていた。また、それに伴い、ベトナム戦争で使われた実物兵器の展示は従来通りながら、たとえば、枯れ葉剤による被害を強調するための、ホルマリン漬けの奇形胎児の展示などは、最小限に押さえられ、米軍の戦争犯罪告発のトーンは、だいぶ薄められたように、思われる。

国内的にもベトナム戦争を知らない世代が増え、アメリカ（合州国）とも友好関係を結んでいかねばならない今日のベトナムとしては、あまり露骨な米軍批判はやりたくないんだろうなぁと、少し、複雑な気持ちもした。

以上のコースから外れる、主な観光名所としては、あとは主に、ベトナムとチャンパ等の文化遺産を展示する歴史博物館と、生鮮食料品から衣料・雑貨まで、何でも揃っているベンタイン市場、それに中華街のチョロンくらいか。ベンタイン市場はドンコイ通りと並ぶ目抜き通りのレロイ通りにあり、歩いて行くことが出来るが、歴史博物館とチョロンへは、かなりの距離があるので、タクシーやバイクタクシー等を使わねばならないだろう。

もっとも、日本からの観光客が主に向かうのは、おいしいレストランやスパ、お洒落な雑貨店、アオザイの店などであって、これらはすべて、歩いて行ける範囲内にある。街には至るところに、名物のベトナム・コーヒーやアイスクリームを出すカフェもあり、ベンチのある、きれいな公園もあるので、町歩きには最適な環境が揃っている。それがズバ抜けたホーチミン人気の、秘密でもある。

その日は、戦争証跡博物館で、打ち止めにして、統一会堂前の広大な文化公園を横切って、街の中心部に戻り、ドンコイ通りにあるベトナム料理店「ベトナム・ハウス」で夕食にした。この店は、店の内装からして、もろ高級店だが、お値段は日本のベトナム料理店並みなので、さほど高いという感じもしない（まぁ、ベトナムの物価水準からみれば、十分に高いのですが…）。

窓の外は、途切れることの、まったくない人通りと、点滅する原色のネオン。

ベトナムの若者は、東京にいる若者と、何ら変わることがない服装で闊歩し、その手には携帯電話が必需品。とにかく、前へ前へと、歩き続ける。その歩幅も、スピードも、東京並み。否、その先に輝かしい未来があるとは、段々、思わなくなってきている日本の若者たちより、よほど、幸せなのかも、しれない。

こちらも年を取ったが、ベトナムも、ずいぶんと、変わった。そう思いつつ、食卓を囲む誰にも知られないように、そっと、ため息をつく。

その翌日は、朝からもの凄い、豪雨になった。雨がやんでから、ベンタイン市場と、その近くにある美術博物館に出掛けるが、あらゆる食べ物が醸し出す匂いがごっちゃになったような、ベンタイン市場の強烈な匂いのせいか、途中で二人の参加者の体調が悪くなって、途中で切り上げる。前々日のカンボジアでのフルーツ・シェークが、やっぱり悪かったのだ…という、説もある。

午後は思い思いに過ごし、しかし、夜は頼んであった「ホーチミン夜景散策」なので、これには全員で参加する。夜景散策といっても、前日行ったサイゴン大教会と中央郵便局のライトアップを見て、サイゴン川の近くにある夜景のきれいなバーで一杯やったあと、クルーズ船で食事をするというだけのこと。クルーズ船から見た、サイゴン川の対岸は、高層ビルの建築ラッシュで、ホーチミンという街は益々膨張し、発展していくのだろう。

その翌日は、早朝から七時間かけて、マングローブの森を観光。森といっても、国立公園内のあらかじめ決められたコースを、ボートでクルーズするだけで、その森の中には、ベトナム戦争中のベトコン兵士の日常生活を再現したテーマパークもどきがあったり、餌付けされた猿が大量にいたりと、いってみれば、ごくありきたりな観光地で、拍子抜け。

ホーチミンに着いてからは、私には何となく、それ以降は旅の「余生」だな、みたいなところがあったので、それまでの緊張がスッカリ解けて、気の抜けたサイダーのように、ボーッとしていたら、昼食のシーフードを食べたあと、にわかに腹の具合が悪くなり、その日の夜と翌朝は、ついに、まったく、食事が取れなくなってしまった。こんなに、体調が大崩れしたのは、久しぶりである。

こうして、バンコクを起点に、カンボジアを縦断し、ベトナムまで、延々、陸路でやって来た旅も、これで終わりである。

東南アジアの先進国、タイは別にして、カンボジアも長い内戦が終わり、その復興が始まり、ベトナムはベトナムで、その経済的急成長ぶりは目覚ましく、それぞれの国と国の間で、国境を超えて、物と人が益々、頻繁に行き交うようになり、また、それに伴い、道路も格段に整備された。

そうした中での、陸路での旅は、決して苦難の連続なんかではなく、容易で、快適なものに、急速になりつつあるといえる。国境での緊張感もまったくではないにしろ、ほとんどないので、国境を超えるという実感も、限りなく、稀薄である。そのことを改めて実感する旅に、今回の旅はなった。やはり、「深夜特急」には、なかなか乗れない時代に、もう、なりつつあるのだ。

ホーチミンのタンソンニャット国際空港の、やけに清潔で、現代的なロビーで、大きなガラス窓越しに、離発着する飛行機を眺めながら、ぼんやりと、そんなことを考えた。

ここにはあの、ホーチミンの、ねっとりと肌にまといつく空気は、もう忍び込んでは来ない。

ホーチミン発一〇時五〇分発のチャイナ・エアラインで台北へ飛び、そこで成田への便に乗り継いで、夜の九時近くに、日本に戻った。

第5章

# 王たちの見た「夢」

~ベトナム墓紀行~

## 一九九二年のベトナム

ベトナムへ初めて行ったのは、一九九二年のことである。巷のベトナム好きの方々の、神経を逆なでするようなことをあえていえば、その時、私は、ベトナムに行きたくて、行ったわけではない。たまたま、カンボジアへ行く際の経由地に、ベトナムのホーチミン市がなっていたので、行ったまでである。

現在では、カンボジアへ行く人の多くは、便数が多く、当然、フライト料金も安い、タイのバンコクを経由する。また、東京や大阪だけでなく、各地の地方空港からも乗り継ぎの便利な、韓国のソウルを経由する人も、年々、増えている。

それはともあれ、ベトナムとカンボジアの二カ国を訪問する予定のある人以外に、わざわざ、ホーチミン経由でカンボジアに行く人は、まず、ほとんどいないだろう。

しかし、私が初めてカンボジアに行った一九九二年当時は、カンボジアのヘン・サムリン政権が、ベトナムのカンボジアへの侵攻の結果、成立した親ベトナム政権であったこともあって、国際社会の多くは、ほとんど実態がない亡命政権に過ぎない、しかも、最悪の虐殺者集団＝ポル・ポト派を含む「三派連合政府」への支持を、表明していた。そうしたこともあって、ヘン・サムリン政権下のカンボジアへ入るには、ベトナムを経由するのが、もっともポピュラーな方法だったのである。

しかも、その当時、日本からベトナムへの直行便はまだなく、まずマレーシアのクアラルンプールへ行き、そこからホーチミン行きのフライトに、乗り継いだ。つまり、カンボジアに入国出来るまでに、乗り継ぎ次第では、実に三日も、かかったのである。

クアラルンプールから二時間ほどのフライトで着いたホーチミンのタンソンニャット国際空港は、国際空港とは名ばかりの、田舎のバスターミナルを思わせる造りだった。

その時のカンボジア旅行は、西遊旅行のパックツアーだったため、添乗員のYさんより、非常に厳しい税関チェックがありますと、事前に聞かされていたが、実際には、厳しいというよりは、単に段取りが悪いだけで、たとえば入国者の中に、ビデオ・カメラと予備のビデオ・テープ数本を持っている人がいると、係員がテープの中身を調べるために、それを持って別室に行き、戻ってくるまでは、どんなに長い列が出来ていようと、検査は完全にストップしてしまうのである。

その客だけを待たせておいて、その間に次の客の荷物検査をすればいいのではないかと思うのだが、そうはいかないところが、いわゆる社会主義国家の「お役所仕事」たる所以である。

荷物といえば、小さいリックサックひとつの私は、それこそ、あっという間に、検査が終了してしまったが、

▲一九九二年当時のホーチミン市

総勢一五名足らずのパックツアー客全員の検査が終了するまでに、実に一時間近く、待たされた。

空港から送迎車に乗って、宿泊先のドックラップホテル（現在のカラベルホテル）へ向かう車窓越しに見るホーチミンの街は、大きなレストランやホテル等は別にして、明かりがまったくなく、その暗闇の中を、信じられないほど大量のバイクと自転車が、押し合いへし合い、縦横無尽に走り回っていた。

息苦しいほどの排気ガスと、騒音。若い女性に大人気という、現在のおしゃれなホーチミンの街は、その当時、まだ、どこにも存在していなかった。

「街の急速な発展に電力の供給が追いつかず、停電はいわば、年中行事です。ホテルやレストランに明かりがついているのは、自家発電だからです」と、サイゴン・ツーリストの日本語ガイドが、驚くほど、流ちょうな日本語で、そう説明した。

そう、かつて、「サイゴン」と呼ばれていたホーチミン市は、南北統一後、この国の偉大な指導者の名前を与えられる栄誉を得たものの、その新しい名前は、まったくのところ、定着していなかった。

私がそのツアーで会ったほとんどのベトナム人は、この街を、ホーチミンではなく、以前のように、サイゴンと呼んでいたし、町中の至る所に、「サイゴン何々」という看板が、氾濫していた。第一、私たちのツアーの手配をしている国営旅行社自体、その社名が、「ホーチミン・ツーリスト」ではなく、「サイゴン・ツーリスト」なのである。

この時、宿泊したドックラップホテルは、フランス植民地時代に建てられた、薄暗い廊下と高い天井、素っ気ない白壁の、古くて重厚な建物で、まるで古い小説から抜け出してきたような、白い上着を着た年配のボーイが、荷物を部屋まで運んでくれ、社会主義政権下でも、チップの習慣は残っているのかなぁと、ためらいつつ渡したチップを、当然のことのように、しごく自然に受け取って、部屋を出ていった。

テーブルの上に置かれた部屋のキーには、「カラベルホテル」の名が刻まれていて、このホテルがドッククラップホテルと改名されたのが、南北統一後のことであることが、よくわかった。

現在、そのドッククラップホテルはその名を、元のカラベルホテルに戻し、しかも、近代的な超高層ホテルにその姿を変え、目抜き通りのドンコイ通りに、文字通り、そびえ立っている。パークハイアット・サイゴンやシェラトン・サイゴン・ホテル＆タワーズなどと並ぶ、最低でも一泊二〇〇ドル以上はする、最高級ホテルのひとつに生まれ変わって、当時の面影は、まったく、ない。

夕食は、記憶が定かでないが、確かホテルの最上階にあった、ナイトクラブにような造りの、レストランで食べた。全員が老人に近い年齢のバンドマンたちは、客が日本人観光客だと知ると、「桜」など日本の曲を、立て続けに演奏した。あっ、ここはまるで上海だなぁと、突然、思った。何という名だったたか、忘れてしまったが、上海の老舗ホテルで聞いた老齢のメンバーばかりのジャズの演奏を、それは何となく、思い起こさせるものだったのである。そう、それは観光客を「古きよき時代（＝植民地時代）」への郷愁に浸らせるための演出に、ほかならない。

翌日、早朝に出発し、ベトナム航空の小型プロペラ機で、カンボジアの首都、プノンペンに向かった。見事なまでの、絵に描いたような、オンボロ飛行機。私の席には、シートベルトすら、ついていなかった。わずか三〇分近くのフライトで、プノンペンに着き、帰りは実に約一一時間かけて、陸路、ホーチミンに戻った。もっとも、現在では、プノンペン～ホーチミン間の道路が整備されたため、所要時間は六時間ほどに、劇的に短縮されている。

国境では、激しいスコールのため、出入国手続きが二時間近くストップ、夜の八時過ぎに、ようやくホーチミンに着いた。例によって、ホーチミンは停電の真っただ中で、外国人観光客むきのホテルやレストラン、ナイトクラブなどから漏れてくる明かりが、それだけに一層まぶしく、まるで魔法か何かのように、輝いていた。

再び、ドックラップホテルにチェックイン、シャワーを浴びてから、夜の街にくり出した。エアコンのギンギンに効いたレストランで揃って遅い夕食をとっていると、素足にサンダル、ほころびの目立つTシャツ姿の子供たちが、物乞いをしに、店員たちに追われても追われても、店内に入ってくる。ついに店の主人が業を煮やして店の入り口に鍵をかけてしまったが、ガラス越しにこちらをじっと見つめている子供たちの視線が、背中に突き刺さって、到底、楽しい食事にはならなかった。

翌朝、街中を自由に散策しようとしたが、結局のところ、物乞いの子供たちの大群を引き連れての、散策になってしまった。市場の近くで、いきなり袖をつかまれ、ふり向くと、老婆が「マネー」と、ハッキリ、英語でそういった。

五十代後半の年齢になった今も、「ガキ」だという説もあるが、当時はもっと、正真正銘の

「ガキ」だった私は、大きなショックを受けた。差別的ないい方をあえてするが、これが他の東南アジアの国々でのことであったなら、あるいは、それほどのショックは、受けなかったかもしれない。

一九六〇年代後半から一九七〇年代前半に学生時代を送り、ベトナム反戦運動にも関わった世代である私の意識の中では、やはりベトナムは、あの「憎むべき強大なアメリカ帝国主義」に唯一勝利した、「輝ける存在」だったからである。

行く先行く先で、「マネー」だの、「ワンダラー」だのと連呼する、子供や年寄りの物乞いに、遭遇した。道路で寝泊まりしているとハッキリわかる、ホームレスの人々も、大勢、いた。これがアメリカ帝国主義に勝った国の、わずか二十数年後の姿なのかと思うと、何だか、居たたまれなかった。

そんなことがあったので、私はその後、ほぼ毎年のように、取り憑かれたようにカンボジア通いを始めるが、もちろん、わざわざホーチミンを経由しなくても、バンコク経由でカンボジアに行けるようになったこともあるが、二度とホーチミン経由で行こうとは、思わなかった。

## ベトナム再訪

もちろん、以上は十数年前の、ベトナムの話である。その後の市場経済の導入と、その、とりあえずの成功は、ベトナムを以前とはまったく別の国に、した。ホーチミンを例にとってみても、そのことはあまりにも顕著である。

建ち並ぶ高層ビルと、一際目立つ欧米や日本企業等の大看板、そこが社会主義国家であることを忘れてしまうような、みなぎる活気と一見、自由な雰囲気。一年中、くそ熱いというのに、それをものともせず、ビジネス・スーツをバリッと着こなした男女の群れ。若いベトナム女性の服装も、東京の街で見かけても、何の違和感もない、ファッショナブルなものになりつつある。至るところで、鳴り響く携帯電話の着信音。文字通り、バリバリ、仕事をこなし、自信に満ちた表情の人々。

街にもおしゃれなブティクやカフェが、軒を並べて、そうした冷房の効いた、着心地のよいカフェで飲むコーヒーは、日本の「ドトール」並みの料金である（本当はスタバ並みと書きたいところだが、さすがにそれよりは少し安い）。

しかし、それはホーチミンという街の、あくまで、ひとつの側面に過ぎない。もうひとつのホーチミンの顔は、そうした街の発展に完全に取り残されてしまった、人々の存在である。流行の服装に身を包んで、街を闊歩するお嬢さんがいる一方で、汚い服装で、観光客相手に、一日中、絵葉書や土産物の扇子などを売り歩く少女たちがいる。

いきなり、手を握られ、「お兄さん、絵葉書を買って」と、こちらが日本人と見れば、日本語で話しかける少女たち。断っても、ずっと手を握ったままついてきて、「私、かわいそうね。とても惨めね。絵葉書、買って」と、甘ったるい声で、ささやき続ける。時々、チラチラ、遠くを眺めるので、よく見ると、おそらく、彼女の母親とおぼしき女性が、そこにいる。訪米人の観光客の中には、まとわりつく物売りの子供たちを突き飛ばして歩く人もいるが、さすがに日本人はそれは出来ないとみて、どこまでもあきらめず、食らいつくよう、きっと、母親が指示を出しているのだろう。これもまた、ホーチミンという街の、紛れもない、もうひとつの顔である。

社会主義の美しい理想とは、まったく裏腹に、この街の人々の貧富の差は、十数年たって、むしろ、より一層、拡大しているように思える。しかし、こうした「勝ち組」「負け組」の二極化は、あくまでもホーチミンやダナン、首都・ハノイなどの、大都市部の現実。地方の、特に農村地帯や、山間部に行けば、ほとんどが「負け組」の現実も、そこにある。

二度と行くこともあるまいと思っていたベトナムへは、実際には、その後、何度も足繁く通うことになった。そのきっかけは、やはり、カンボジアである。

カンボジアのかつてのアンコール王都にあるバイヨン寺院は、林立する観世音菩薩の四面像であまりにも有名であるが、その第一回廊に残るレリーフに、ある壮絶な戦いを描いたものがある。陸と水上で、ふたつの集団の白兵戦がくり拡げられている。その一方は、いうまでもなく、クメール（カンボジア）軍で、もう一方はチャンパの遠征軍である。

このバイヨン寺院の壁画に描かれたクメール軍とチャンパ軍の大会戦が実際に行われたのは、一二世紀後半のことである。一一七七年、当時、ベトナムの中部に拠点を置いていた海洋貿易国家チャンパが、大遠征軍を率いて、メコン河からトンレサップ川、そして、トンレサップ湖を横断して、アンコール王都に奇襲をかけ、それまでただの一度も外部からの攻撃を受けたことのなかった王都を、あっけなく、占領してしまったのである。

◀バイヨン寺院のレリーフに描かれたチャンパ遠征軍

本国カンボジアはもとより、タイやラオスの南部、そして、ベトナムの一部をも、その支配下に置き、東南アジア随一の大帝国を築いていたアンコール王朝の、しかも、その首都が武力で制圧されるという、前代未聞の屈辱。

しかし、四年後の一一八一年、新たにカンボジアの王位に就いたジャヤヴァルマン七世は、満を持してチャンパ占領軍との戦いに挑み、これを撃破すると共に、一二〇三年には逆にチャンパの王都ビジャヤ（現在のベトナム中部、クイニョンの周辺）にまで攻め込んで、チャンパの王を捕虜として、カンボジアに連行した。

こうして、カンボジアがチャンパに完全勝利したことを記念して、このバイヨン寺院の壁画を始め、ジャヤヴァルマン七世が建立したいくつかの寺院の壁画に、チャンパ軍との大会戦のレリーフが、刻まれたのである。

私はこのレリーフを何度も見て、次第にチャンパという国と、そこに暮らす人々に対して、強い興味を抱くようになっていった。

▲クイニョンに残るチャンパ遺跡ユンロン

もちろん、今、東南アジアの地図を拡げてみても、チャンパという国は存在しない。チャンパは、カンボジアのヴィジャヤ攻略後も、しぶとく生き残るが、北のベトナムの南進政策の前に、次第に勢力の弱体化と、南への後退を強いられ、一九世紀の前半にまでには、ベトナムのグエン朝の支配下に、完全に組み込まれてしまった。

しかし、チャンパの人々は今も、少数民族の「チャム人」として、主にベトナムとカンボジアで、生き続けている。そんなチャンパの歴史と、末裔たちの現在を知りたいと、ベトナムへ出かけるようになり、その貧しい「成果」を、二〇〇一年に、『北のベトナム、南のチャンパ〜ベトナム・遠い過去への旅〜』（新評論）という本に、幸い、まとめることも出来た。

チャンパの歴史と現在を知りたくて、出かけた旅ではあるが、そこは今は、ベトナムという国である。旅は当然、ベトナムの過去と現在を巡る旅にもなった。

ベトナムという国をつくり上げ、今もその人口の九割を占める、圧倒的多数派の「キン人」とは、「一〇世紀にベトナムが中国からの独立を達成して以降、独立国家ベトナムの担い手は、しだいに自らを中華文明という『高文明』に連なる存在とみるようになり、周辺の異質な文化をもつ人々を『野蛮人』とさげすむようになった。このような過程で、文明の光輝く都に規定された『京人』という観念が生まれ、そうでない『土人』などと対比されるに至った。これが、後の『キン（京）族』という族称の起源である」（同朋舎『ベトナムの事典』）。

九三九年の独立＝ゴ朝[1]の成立までのベトナムの歴史は、約一〇〇〇年におよぶ中国の支配に対する抵抗の歴史であったと、いっていい。しかし、同時に、そうした長年にわたる中国の支配下で、ベトナムは中国の文化に、強い影響を受けていくことになった。あまりにも強大かつ圧倒的な、中国という「敵」の存在。その「敵」との果てしない抗争の歴史の中で、ベトナムは次第に、自らの姿を、その「敵」と実によく似た姿へと、変貌させていくことになるのである。

独立を果たした後も、ベトナムの国家的発展は、その北方は中国との国境に接しているが故に、南進政策以外にはなかった。事実、ベトナムの歴代王朝は、朝貢などで中国との抗争は極力回避しつつ、南方への勢力拡大を目指していくことになる。その前に立ちはだかったのが、ベトナム中部から南部にかけての、主に海岸地方を支配するチャンパという存在だったのである。全面衝突は、ベトナムが南進政策を続ける以上、不可避だった。ベトナムの歴代王朝は、自らの新たな支配地においては、かつての「敵」とまったく同様に、ミニ「中華帝国」として、専制的に、振る舞うようになっていった。

ベトナム最後の王朝となったグエン朝は、一八〇二年、グエン・フック・アインが故郷のフエ

（1）935年にゴ・クエンが樹立した、ベトナム最初の王朝。ハロン湾において、中国（南漢）の大軍を破り、悲願の独立を勝ち取るが、わずか数年で死去し、ゴ朝は短命に終わった。

で「ザロン帝」として即位し、誕生した。ザロン帝は同年、タンロン（現在のハノイ）に入城して、念願の全土統一を果たし、清に朝貢して、「越南（ベトナム）」という国号を与えられた。

グエン一族の故郷フエが、ハノイに代わって王都となり、一八二〇年、ザロン帝の後を継いだ実子・ミンマン帝の時代に、チャンパは完全に息の根を止められた。ミンマン帝は、チャンパの遺跡の上に「虎園」という競技施設をつくり、そこで象と虎を争わせて、大いに楽しんだという言い伝えが、残っている。

ミンマン帝はその強大な権力の下、鎖国政策とキリスト教の布教禁止を、強行した。ミンマン帝が実権を手中にしたころ、東南アジア各地にはフランスや英国等の進出が始まっており、ミンマン帝は列強の影響がベトナムにもおよぶことを、心底、恐れたのである。

こうして、対外的な孤立化と、それに伴う自給自足体制の整備という、グエン朝は文字通り、「閉ざされた帝国」の道を歩むことになる。

しかし、フランスは一八八五年、八代皇帝ハムギ帝の時代に、開国を迫り、それが拒否されると、圧倒的な武力で、たった半日でフエの王宮を占領した。王宮を脱出したハムギ帝は、その後も抵抗運動を続けるが、やがて逮捕され、アルジェリアに送られて、幽閉された。フランスは、その一方で、九代皇帝としてドンカイン帝を即位させ、グエン朝そのものの存続は認めるが、もはや皇帝は何の権力もない、フランスの単なる傀儡でしかなかった。

# 皇帝たちの見果てぬ夢の跡

フエは前述の通り、グエン朝の王都が置かれたベトナム中部の古都で、ハノイとホーチミンのちょうど中間に位置し、その双方から一日三便ほどの、フライトがある。いずれも、一時間〜一時間半ほどのフライトである。

また、ベトナムはハノイ〜ホーチミンを結ぶ鉄道や、比較的よく整備された国道も、鉄道とほぼ平行して、走っており、旅は快適にして、容易である。

フエの街は、ユネスコの「世界遺産」にも登録され、連日、多くの観光客で賑わっている。街は蛇行するフォン川を挟んで、旧市街と新市街とに、分けられている。旧市街にはザロン帝によって建設され、ミンマン帝の時代に大幅な増改築が施された「王宮」があり、また、対岸の新市街には、ホテルやレストラン等の密集地帯を除けば、のどかな田園風景が拡がっている。

その田園風景の合間に、点在しているのが、グエン朝歴代皇帝の帝廟だ。

その帝廟の内、もっとも有名で、多くの観光客が訪れるのは、トゥドック帝廟、ミンマン帝廟、カイディン帝廟の三つであるが、トウドック帝廟の近くには、ドンカイン帝廟やティエウティ帝廟があり、さらに、ミンマン帝廟やカイディン帝廟から、かなり遠く離れて、相当、荒れ果てているものの、初代皇帝ザロンの帝廟もある（ここは道路事情によっては、行けないこともある）。

帝廟とは、その名の通り、皇帝の墓であり、ほぼフォン川の沿岸に沿って、築かれている。現在、残っているものは、前述の六つに加えて、新市街に最も近いズックドゥック帝廟の計七つ。

西洋建築の様式を大幅に取り入れたカイディン帝廟を除けば、基本的に広大な敷地内に美しい庭が造られ、様々な木造建造物が、ゆったりと配置された、一種の「離宮」である。

歴代の皇帝たちの内、幼くして死亡して自らの帝廟を造る時間的余裕のなかった皇帝は別にして、即位と同時に帝廟の建設に着手し、完成後は生前、たびたび、自らの帝廟を訪れ、蓮池に張り出した東屋などで、釣りをしたり、詩を詠んだりして、一日中、のんびりと過ごしたのだという。まさに、皇帝たちの現実逃避の場所、それが帝廟である。

とりわけ、フランスの完全な傀儡に成り下がったドンカイン帝以降の皇帝にとっては、息抜きが出来るのは、そこ以外にはどこにもなかったのではないか。

トゥドック帝は、初代ザロン帝、二代ミンマン帝、三代ティエウティ帝に続く、グエン朝第四代目の皇帝である。トゥドック帝の時代、ナポレオン三世統治下のフランスは、一八五八年、その前年にスペインの宣教師がベトナムで処刑されたことを口実に、スペインとの連合軍を形成し、ベトナムに侵攻。たちまち、ダナンを占領、翌六〇年にはサイゴンも占領し、皇帝に圧力をかけた。そのため、トゥドック帝は一八六二年に、キリスト教の布教を認めると共に、国土の一部をフランスに割譲した。

そんな時代に生きたトゥドック帝ではあるが、トゥドック帝廟は、グエン朝全盛期のミンマン帝廟と比べても、ほとんど、遜色がない規模と偉容を、誇っている。

それが本来の機能である皇帝の墓の前には、皇帝の事績を刻んだ石碑を納めた建物があり、その正面には、左右対称に、皇帝を守る武官や馬、象などの石像が、あたかも皇帝の墓を守護する

▲トゥドック帝廟

▲ドンカイン帝廟

かのように建ち並んでいる。

石碑を納めた建物の背後には、高い塔がこれも左右対称に建てられており、さらに半月型の池には橋が架けられて、それを渡るとようやく、皇帝の墓に達する。

普通はそれより中には観光客は入れないが、トゥドック帝廟ではその内部にも、入ることが出来る。のたうつ龍の彫刻で囲まれた壁が四方に築かれ、その内部にポツンと寂しく、皇帝の遺体が納められた石棺が、置かれている。

帝廟は、権力の頂点にいた筈の皇帝の「孤独」を、つくづくと噛みしめることの出来る、施設である。

守護する家来といったって、それは動くことも、話しかけても答えることもない、石の彫刻である。しかも、トゥドック帝の治世は、前述のように、まさに激動の時代だというのに、否、そうであればこそというべきか、そんなことにはかたくなに目を閉ざすかのように造られた、死後、自らの墓になる帝廟という「閉ざされた空間」で、鬱々（これはもちろん、私の単なる想像だが）と日々を過ごした皇帝のことを思うと、心底、そう思う。

トゥドック帝廟の近くにあるドンカイン帝廟に葬られているドンカイン帝は、前述のように、すでに実権のないフランスの傀儡皇帝に過ぎない。

その帝廟は、トゥドック帝廟の前に軒を並べている露店の間を抜けて、未舗装の道をしばらく歩いていったところに、ひっそりと、ある。周囲には人の背丈ほどの草が覆い茂り、完全な観光地となっているトゥドック帝廟と違って、訪れる人もほとんどいない。

もちろん、いくら傀儡とはいえ、れっきとした帝廟であるから、トゥドック帝廟を一回り小さくしたような施設を有している。しかし、訪れる人がいないため、その修復にあまり力を入れていないのだろう、建物の荒廃が著しく進んでいる。

ティエウティ帝廟は、息子である四代皇帝トゥドック帝によって、造営されたという。ここもまた、訪れる人はほとんどおらず、崩壊が進み、現存する建造物は、ごくわずかである。平地に石の塀で囲まれた小さな森のようなものがあって、そこが皇帝の墓であるという。

ティエウティ帝は生前、帝廟を造らなかった皇帝のひとりである。もちろん、造らなかったのではなく、おそらく、様々な理由があって、造れなかったのであろう。グエン朝はわずか三代にして、すでに落日の気配が濃厚に漂っている。

カイディン帝廟は、ミンマン帝廟と、フォン川を挟んで、向かい合っている。カイディン帝は一二代の皇帝で、その長男がグエン朝最後の皇帝となるバオダイ帝である。もちろん、カイディン帝には何の権力もなく、単なる「お飾り」として、その生涯を過ごすことを強いられた。

それまでの皇帝は純中国様式の帝廟を造り続けたが、カイディン帝はフランスのバロック建築の様式を大胆に取り入れた、石造の帝廟を造営した。

それは、屋根飾りや柱にのたうち巻きつく龍の姿を彫り込んだ、荘厳な白亜の建物で、その内部は中国製の陶器の破片をモザイク状にちりばめた、色鮮やかな装飾文様で埋め尽くされ、その中央の王座には黄金のカイディン帝像が安置されている。その像の下に、実際にカイディン帝の遺体が納められた、棺がある。

▲フエの王宮への入口「午門」

カイディン帝がその完成に執念を燃やした帝廟は、しかし、その生前には完成せず、死後六年目にようやく、完成したという。

　歴代皇帝の中には、自らの帝廟を造れなかった皇帝もいると書いたが、たとえば一八八三年には、実に三人もの皇帝が、相次いで即位している。即位したばかりの皇帝が、そんなにすぐに病死したとは考えにくいので、おそらく、激しい後継者争いと皇帝の暗殺が横行していたのではないかと、考えられる。グエン朝の息の根を完全に止めたのはフランスだが、実際にはそれ以前に、ベトナム最後の王朝は、その内部から崩壊し始めてもいたのである。

　ミンマン帝廟は、約二五ヘクタールもの敷地を有し、歴代皇帝の帝廟中、最大の規模を誇っている。カイディン帝廟の対岸にあり、広大な敷地の中心にある帝廟それ自体も、その周囲を石塀で囲まれた、まるで自然の小山で、その規模は、日本の巨大な天皇陵と比べても、まったく、遜色がない。お飾りではない皇帝の、その強大な権力を、文字通り、実感出来る帝廟である。

▲何もない原野が広がる王宮跡

フエの王宮は、前述のようにミンマン帝の時代に、ほぼ現在の姿になった。ミンマン帝は初代皇帝ザロン帝の四男で、儒学を学び、中国の清朝の制度を積極的に取り入れた。王宮もまた、中国の「故宮」をそっくり模して、そのほぼ四分の一のスケールで、再現している。長い年月に耐えたその姿は荘厳ではあるが、所詮、「故宮」のレプリカに過ぎないともいえる。

一九四五年、グエン朝最後の皇帝となる一三代バオダイ帝は、日本のベトナムへの侵攻に乗じて、フランスからの独立を宣言する。しかし、それは所詮、宗主国がフランスから日本に代わっただけに過ぎず、しかも、日本の敗戦によって、完全に後ろ盾を失ってしまう。バオダイ帝は八月三〇日、王宮前で退位を正式に宣言する。その後、一時、フランスによって、「ベトナム国」の元首に担ぎ上げられるが、国民の支持を得られることなく、失脚。晩年はフランスで、ひっそりと隠遁生活を続け、ほんの十年ばかり前、一九九七年に、この世を去った。

一方、主を失ったフエの王宮に最後が訪れたのは、一九六八年の一月から二月にかけてのことである。

ほぼフエ全域を解放したベトナム解放戦線に対し、アメリカ軍は空爆のより一層の激化で対抗し、フエ市内の実に八〇%が焼け野が原になった。

もちろん、王宮のみが無傷である訳もなく、午門と太和殿等を除くほとんどの建物が焼失し、現存する太和殿の背後にあったと考えられている王宮＝「紫禁城」跡には、皇帝たちの紡いだ見果てぬ夢のかけらが、覆い茂る雑草の下で、静かに眠っている。

## ハノイの「憂鬱」

ベトナムの首都、ハノイは漢字で「河内」と書く。その名の通り、紅河とその支流に囲まれた中州にある街で、一〇一〇年、リ・コン・ウアン[2]が皇帝に即位、この街をリ朝の王都、「タンロン（昇龍）」と定めたのである。何もない農村地帯の真っ只中に突然出現した政治都市としての性格を、この街はその最初から持っていた訳である。その当時、東南アジアの多くの都市は、近くに良港を有した国際的な貿易都市として、いわば自然発展的に形成されてきたが、タンロン＝ハノイは、そうした無国籍で、ある意味で無秩序な、開かれた都市とは、そもそも、一線を画していた。

ベトナムの首都でありながら、南の玄関口であるホーチミンとはまったく異なる、ハノイの商業的な活気のなさ、無秩序なところのあまりない、整然とした街並みは、ハノイのそうした街の成り立ちに、あるいは起因するのかもしれない。



（2）ゴ朝滅亡後、ディン朝、前レ朝と続いたベトナムの王朝は、いずれも短命に終わったが、前レ朝の近衛隊長であったとされるリ・コン・ウアンが王位を奪還して、樹立したリ朝は、ベトナムにとって初めての、長期政権となり、中央集権体制が確立された。

▲ハノイの旧市街

しかし、もちろん、ハノイにも当然、時間の流れはあり、徐々に変貌を遂げつつあるとはいえ、ハノイは街中に湖が多く、それを取り巻く緑に満ち溢れた、美しい街である。

特に、市民の憩いの場所（若者のデートの定番）になっているホアンキム湖の湖畔には旧市街が拡がり、フランス植民地時代の面影を残す老朽化した西洋建築が建ち並び、素朴な庶民の日常生活を垣間見ることが出来る、格好の観光地である。

もちろん、ハノイはベトナム社会主義共和国の首都であり、政治的な巨大建造物も、たくさん、ある。その中のひとつに、ホーチミン廟がある。

ホーチミンは、いうまでもなく、ベトナム共産党の創立者であり、ベトナム民主共和国の初代国家主席である。フランスで共産党に入党、国際共産主義運動の有力なリーダーのひとりとして頭角を現し、一九四一年に帰国後は、ベトナム独立運動の指導者として、一九六九年に祖国の統一をその目で見ることなくこの世を去るまで、常に運動の第一線に立ち続けた。

その不屈の精神と共に、飾らない性格と質素な生活ぶりは、多くのベトナム人の心をとらえ、「ホーおじさん」の愛称で親しまれた。本当に尊敬するに値する、数少ない革命家のひとりである。

グエン朝最後の皇帝であるバオダイ帝の官房長官であったファム・カク・ホエは、その著書『ベトナムのラストエンペラー』（平凡社）の中で、ホーチミンとの出会いについて、次のように書いている。

「一人の背の高い痩せた老人が立ち上がって、笑いながら私と握手した。（中略）『あなたはどこかに勤め先を持っていらっしゃいますか』／私がまごついて、返事ができないでいるのを見ると、ホー主席は言葉を続けた。／『きっと法律や行政について、非常にお詳しいのでしょう』／それから部屋の出口まで私を見送り、握手しながら優しい口調で言った。／『国事を共にする中で、今後久しくお目にかかれることを、期待していますよ』」

次に会った時、ホーチミンは会談を終え、退席しようとするホエを呼び止め、「先ほど、シーズン始めのオレンジを貰ったところです。幾つか子供さんのために持ち帰って下さい」といって、その手にオレンジを二つ、握らせた。敵対するグエン朝の高官をして、たった二度の出会いで、この人の下で働きたいと、心底思わせてしまう、ホーチミンという人の謙虚で、暖かい人柄やその魅力がよくわかる、エピソードである。

ホーチミン廟では、そのホーチミンの遺体に完全な防腐処置を施し、ガラスケースに納めて、安置している。それをさらに収納する廟は、思わず、ギリシャのパルテノン大神殿を彷彿させる、周囲を威圧するかのような巨大建造物として、バーディン広場の前にそびえ立っている。

▲ホーチミン廟

自分の死後、その神格化を固く禁じたというホーチミン。しかし、彼の意志はその後継者たちによって踏みにじられ、まさに今もなお、昔のままの肉体を持った「神」として、多くの参詣者の崇拝の対象となっている。人間とは、まったくもって、愚かな生き物である。偉大なホーチミンもまた、グエン朝の歴代皇帝同様、その廟の中では、孤独そのものである。

実際にホーチミンが住んだ家が、ホーチミン廟の裏手、現在は迎賓館として使われている建物の、広大な敷地の一角に、保存されている。質素で、必要最低限の家具や生活用品しか揃っていない、高床式の小さな木造家屋。ホーチミンという人の人柄を知るのには、ここに来る方がいい。

ベトナムは、日々、変わりつつある。それも、たった一年行かなかっただけで、まったく「別の国」になってしまうような、急激な変化である。今後、一体、この国がどうなっていくのか、私にはわからない。しかし、そんな中にあっても、変わらないものもあると、私は信じたい。

## トンレサップ湖の湖畔で

カンボジアのシェムリアプの市街から、トンレサップ湖までは、バイクタクシーかトゥクトゥクに乗れば、せいぜい、二〇～三〇分ほどの距離である。

この雨季には乾季の三倍近くまで膨張する、カンボジアの巨大な水瓶には、水上生活をしながら、漁業や水産加工業に従事している人々がいる。家や学校、商店から警察署まで、そのすべてが湖の上にある。

そうした人々の多くが、実はカンボジア人ではなく、ベトナム人やチャム人である。ベトナム人は他にも、プノンペンなどの都会で、建築業や自動車・バイクの修理工、縫製業等に従事している人が多いが、チャム人はそのほとんどが、漁業か水産加工業従事者である。当然、その居住区も、トンレサップ湖の湖畔か、トンレサップ川、メコン河などの河畔地域に限られている。

カンボジアで暮らすチャム人は二〇万人程度といわれ、これはベトナムで暮らすチャム人の数より、はるかに多い。チャンパ王国の滅亡によって国外に脱出し、カンボジアにその安住の地を求めたチャム人ではあったが、ポル・ポト政権下で、その人口の実に三分の二近くが虐殺されたと、いわれている。イスラム教徒が多く、クメール人とは明らかに異なる生活習慣を持っていたチャム人が、ポル・ポト政権によって、文字通り、狙い撃ちにされたからである。

そう、元来、インドと中国を中継する海洋貿易を、その生業にしていたチャム人の間には、マレー半島やインドネシア同様、イスラム商人との交易を通して、イスラム教が伝播し、瞬く間に、

▲プノン・クロムの山頂から見たトンレサップ湖

浸透していったのである。

カンボジアに住むチャム人も、その多くはイスラム教徒で、同国に一〇〇以上あったといわれているモスクも、ポル・ポト政権時代に、そのすべてが、破壊された。長い内戦が終了し、各地で、その再建が進んでいるという。

もちろん、いくら平和が戻ったからといって、カンボジアの人々の心の奥底から、他民族への差別意識が完全に払拭されたなどとは、もちろん、思わない。しかし、少なくとも、平和な時代には、それは、剥き出しの排外主義や、少数民族への敵視と暴力という形をとっては、なかなか、外へ現れにくいこともまた、事実である。それが、たとえ、見せかけの平和であれ何であれ、そうした穏やかな日々が、出来るだけ長く続くことを、所詮、旅人としては、心から、祈るばかりである。

トンレサップ湖の湖畔にバイクタクシーやトゥクトゥクを止めてもらい、堤のように土を盛り上げて造った車道を散策し始めると、すぐにあちこちから、「ボート？」という声が掛けられる。以前は無秩序であったが、最近は立派な船着き場も出来、一、二時間ほど、ボートでトンレサップ湖の遊覧を楽しもうと考えている客を、そこへ誘導する。

遊覧を終え、船着き場に戻ると、子供たちが走り寄って来て、サッと何かを差し出すので、見ると、それは船に乗る時に撮影したのか、私のカラー写真を焼きつけた記念のプレートで、売れなければ捨てるしかないのに、よくこんなものを造るなぁと、びっくりした。もちろん、一日に何人か買う人がいれば、商売になるのだろうから、やっているのだろうけれど…。

観光船以外にも、エンジンを搭載した船や手漕ぎの小型船が、頻繁に湖畔を行き交い、そうした船に様々な物資などを積み込んでいる人もいる。湖の上にある商店などで、それは売られているのだろう。

そうした人々の、誰がチャム人やベトナム人で、誰がカンボジア人か、私にはまったくわからないし、そんなことをいちいち、知りたいとも思わない。様々な人々が混じり合って、平和に生きていける世の中であって欲しいと、そう思う。

チャンパは国としては滅びてしまったが、そこで暮らす人々が滅びてしまったわけでは、もちろん、ない。彼らは今も、カンボジアで、そして、ベトナムで、あるいは、その他のどこかの地で、生き続けている。

第6章

# 13年ぶりのワット・プー&ラオス再訪

## 一九九六年のラオス

二〇〇九年一一月二七日に、再び、成田からソウル経由でカンボジアのシェムリアプに向かう。今回も一人旅ではなく、四人の友人と一緒の旅である。その内の三人は、その前年、バンコクからホーチミンまでの陸路の旅を共にした、仲間でもある。

その日の深夜にシェムリアプに着き、翌日は同行の四人と共に、国立博物館やアンコール・ワット、アンコール・トムのバイヨン、プノン・バケン等を回り、翌々日の三〇日の朝、シェムリアプにそのまま残る二人と別れて、一〇時五分発のラオス航空便に乗って、パクセーに向かった。

ラオスを訪れるのは、これで二度目だが、前回は一九九六年のこと。実に一三年ぶりの再訪である。

一三年前のラオスへの旅については、拙著『アンコールへの長い道』（新評論）の中で、「クメールの故郷・チャンパサックの地へ～ワット・プーへの旅～」というひとつの章を設け、詳細に記した。その後、カンボジアには、ほぼ毎年、通い続けたが、ラオスにまで足を延ばすことはなかった。

私は前書の中で、次のように書いた。「ラオスは今、確かに大きな変わり目に差しかかっているように思われる。国境が開かれ、大量の物資がタイ側から流れ込み、それがやがて人の心をも変えていくのかもしれない。一〇年後、いや五年後のラオスに来るのが、何だかとても怖い気がした」。

そう記してから、五年・一〇年どころか、もう一三年もたってしまったのだ。ラオスがあの頃と、全然、変わっていない筈がなかった。

ラオスに初めて行こうと思ったのは、一九九四年のことである。

ラオス南部のチャンパサック地方は、アンコール朝を興したクメール人の「揺籃の地」である。しかも、その地名の示す通り、ベトナム中部の海洋貿易国家チャンパもまた、元々はこの地を根拠地にしていたと、いわれている。のちに好敵手として、何度も対峙することになるクメールとチャンパ双方の、共通の始まりの地としてのチャンパサック地方に、何としても行きたいと、そう考えて、あるメコンの国を専門とする旅行社に、旅の手配を依頼した。

しかしながら、半年以上も棚晒しにされた挙げ句に、じれて何度も催促を入れると、ようやく、現地の旅行社からOKが出ない、ヴィエンチャンとルアンパバーン[1]だけなら…という、誠意の欠片もない回答が、それも渋々という感じで、返ってきた。しかし、私が行きたいのはヴィエンチャンやルアンパバーンではなく、チャンパサック地方だったので、結局、その年のラオス行きは、断念した。

それから、二年後の一九九六年に、それまでに何度も、旅の手配を依頼していた西遊旅行という旅行社に、ラオスのチャンパサック地方に行きたいんだが…と、改めて相談すると、すぐに、現地の旅行社からOKの回答があったという、連絡があった。

その二年という年月の間に、ラオスの「開放政策」が飛躍的に進んだ結果なのか、はたまた、



（1）「ルアンプラバーン」とも、呼ばれる。ラオス初めての王国となったラーンサーン王国の王都として栄えた、古都。街全体が世界遺産に登録されている。

単に手配を依頼した旅行社の手配能力の違いなのかは定かではないが（多分、後者）、ともあれ、ラオスに行きたいという夢は、実にあっけなく、あっさりと、現実のものになった。

もちろん、その当時、ラオスに行く観光客は少なくとも、ラオスに関する情報がまったくないというわけではなく、『地球の歩き方』からも、今のような充実した内容ではなかったが、兎にも角にも、フロンティアシリーズの一冊として、薄っぺらいラオス編が刊行されていたし、また、アジア関連書籍の専門店である神保町の「アジア文庫」などに行けば、ラオス各地の詳細な地図を手に入れることも、出来た。

加えて、雑誌『旅行人』には、その一九九四年九月号に、同誌編集長の蔵前仁一さんによる、「ラオスの休日」という旅行記が、載っていた。蔵前さんは、その中で、「うわさには聞いていたが、本当に田舎町としか言い様がないところだ、ここは。」云々と書かれ、その思わず拍子抜けするほど、お気楽な旅の顛末を、書かれていた。そんなこともあって、ラオスは秘境などではなく、単なる田舎町であるというイメージが、何となく頭の中にあったので、初めてのラオスへの旅は、まったく、身構えることもなかった。

実際に、ラオスの旅は、トラブルになるようなことも皆無で、実に楽チンだった。街は本当に、文化的にもタイの田舎町としかいいようのないところで、あまりにものんびりとした時間が、そこには流れていた。旅行者を見ればふっかけるという、周辺の国々ではごく当たり前のことが、ここではまったくなく、どこへ行っても、人々はおおむね、親切だった。

たとえば、ある店で、竹筒の中にココナツミルク味のするもち米を入れて蒸した食べ物を売っていて、それを店頭で興味深く眺めていたら、店の主人がいきなり、その場でベリベリと竹皮をむき、食べてみろよと、勧めてくれる。いくら?と聞いても、いいから、いいから…といって、お金を取ろうとしなかった。

礼をいって、そのまま立ち去ることも出来たが、私はコーラを一本買って、店内のテーブルで休むことにした。店内では子供がふざけて、鶏や犬を追い回し、やがて、その姉と思われる少女が、奥から赤ん坊を抱いて現れ、大声で少年を叱りとばすと、少年はすごすご退場し、犬と鶏だけがあとに残った。少女はこちらを見て、少し、はにかんだように笑い、自分も奥に戻っていった。

しばらく、店内で休んで、席を立つと、私のことは全然関心ないよというように、おもてを眺めながら、黙ってタバコをふかしていた店主が、こちらを向いて、にこりと笑った。

そんなしごく自然なやり取りが、あちこちであって、いくら身構えていないとはいっても、少なくとも日本語の通じない環境下にあって、多少の緊張感くらいは持っていた私は、スッカリ、武装解除されてしまった。めちゃくちゃ、いい国だ、この国は…。その印象は、帰国の日まで、まったく、変わることがなかった。

だからこそ、ラオスに行くのが怖かったとも、いえる。一三年の月日が、ラオスの人々をもし、大きく変えていたとしたら、どうしよう…。否、一三年もたって、何ひとつ変わっていないことなど、絶対に、あり得ない。

## ワット・プーとパクセー

まず、第一に、飛行機そのものが、変わっていた。一三年前に乗ったラオス航空の飛行機は、機内の表示がすべて、中国語と英語で書かれていて、明らかに、中国から購入した中古とわかる、オンボロな小型のプロペラ機だった。

飛び立つや否や、天井から一斉に白い霧のようなものが、ドワッと吹き出し、仰天したが、それは旧式なエアコンだと、後でわかった。

今となっては記憶が定かではないが、客もまばらで、完全な自由席だったと、記憶している。あるいは、座席はちゃんと決まっていたのかもしれないが、乗客が少なく、それぞれ勝手に、自分の好きな席に座ることが出来た。

今はもちろん、機体は小型ながら、真新しく、航空券の発券も、昔のような手書きではなく、当たり前のことかもしれないが、ちゃんと、コンピュータで行われていた。

大観光地であるシェムリアプからの便であったためかもしれないが、乗客の大半は、欧米人の観光客だ。日本人の乗客は、私たち三人のみ。ラオス滞在中も、日本人とはたった一組としか、すれ違わなかった。

私たちの乗った便は、パクセー経由のヴィエンチャン行きで、パクセーにはわずか、一時間で着いた。離陸し、機体が安定してから、簡単な食事が出て、それを食べている内に、すでに飛行機はパクセーへの着陸に向け、高度を下げ始めていた。

ハッキリいって、入国カードや税関申告書を書いている間もないほどの、慌ただしさである。パクセーはラオス最南部、チャンパサック県の、県庁所在地である。メコン河にかかる橋を渡れば、そこはもうタイで、タイ側の国境の街、ウボン・ラーチャタニーへも近い。国境といっても、地元の人の行き来はまったく自由なので、ラオスの市場に溢れている安価な中国製品やベトナム製品を求めて、タイ側から買い出しに来る人々で、パクセーの街は賑わっていた。

一三年の前の訪問時は、ごくごく普通の田舎町だったが、今では首都・ヴィエンチャン以上に、立派な高層建築なども建っていて、完全にタイの経済圏に、組み込まれている。実際、ドルはほとんど通用しないが、タイのバーツであれば、街の安食堂に至るまで、どこでも使うことが出来た。

パクセーの空港で、入国手続きをすませた後、日本の旅行社を通じて、頼んであったガイドの出迎えを受け、直ちに、ワット・プーへと、車で向かった。ワット・プーまでは車で、片道一時間半ほどの距離である。途中で、メコン河をフェリーで渡るので、その接続が悪ければ、あるいは、もう少し、時間がかかるかもしれない。

ワット・プーに関しては、前書に詳しく記したが、ここでも必要最低限のことは、基礎知識として、記しておこう。

ワット・プーのあるチャンパサック地方は、もともと、カンボジアのアンコール王朝を築いたクメール人の、揺籃の地であったと、いわれている。クメール人のつくった国家「真臘」は、当初は、カンボジア南部の海洋貿易国家「扶南」の支配下にあったが、六世紀の半ばに独立を勝ち取り、やがて、勢力を拡大しつつ、南下を開始、七世紀の半ばまでには、扶南をも完全に併合して、ほぼカンボジア全土におよぶ広大な地域における、覇権を確立した。その「真臘」建国の地が、チャンパサック地方であったと、考えられているのである。

フランス極東学院の重鎮、ジョルジュ・セデスは、『東南アジア文化史』（大蔵出版）の中で、次のように述べている。

「中国人はきまって真臘という名でカムボジャを指すのだが、この名は説明がつかない。その古い発音であるツィエン・ラープに相当するサンスクリット語も、クメール語もわからない。しかし、この国の中心をメコン河中流のバサク地方のヴァト・プの地の近くとすることが出来る。／実に随書は五八九年以前、だから扶南の全面的征服と真臘の南遷より以前の情報をのべていう。『首都に近くリンキアポポという山があり、その頂には常に千人の兵士に守られ、ポトリという神にささげられた堂が立つ。それに人間を犠牲にささげる。毎年、王はこの堂に行き、夜中に人身御供を捧げる。』／ヴァト・プの地を見下ろす山の頂に大きな石塊がある。それは古代の中国名でリン（リンガ山）といわれ、ポトリはといえば、バドレーシュヴァラのはじめの二文字と認めることができる。それは正しくヴァト・プで拝まれる神の名であった」

ワット・プーは、真臘の王都の南遷後も、クメール人にとっての「聖地」に建立された、聖なる寺院として、ジャヤヴァルマン六世やスールヤヴァルマン二世など、アンコール王朝の歴代の王によって、その増改築が行われ、現存する建造物の多くは、一一世紀以降のものと、考えられている。

（2）1353年に建国されたラーオ人の国家。16世紀の半ば、ビルマの攻撃により、王都をルアンパバーンからヴィエンチャンに遷都した。18世紀の半ばに、三つの王国に分裂し、弱体化した。

しかし、ワット・プーの境内には、同時に、チャンパ様式の建物といわれる、古いレンガ造りの祠堂も残っており、これは、おそらく、クメール人がこの地に進出する以前の、五世紀くらいに、この地を支配していたチャンパの遺跡ではないかという、説もある。それが事実であれば、ワット・プーは長い年月の中で、チャンパや、その後、この地を支配したクメール人によって、何度も築き直されてきた、希有なヒンドゥー教寺院ということになる。

その後、一四世紀になって、ラーオ人による初めての国家「ラーンサーン王国」(2)が建国された後は、ワット・プーは、破壊されることもなく、それまでのヒンドゥー教の寺院から、ラーンサーン王国がその国教とした、上座部仏教(3)の寺院へとリニューアルされ、今日まで、ラオスの人々の信仰の対象と、なってきた。

二〇〇一年に、ワット・プーはユネスコの世界遺産にも登録され、多くの人々に、その存在を知られるようになってきたが、私が同地を訪れた一九九六年当時は、まだ、訪れる観光客はほとんどおらず、遺跡の保存・修復もまた、ほとんど手つかずのままという、状態だった。

クメール様式の寺院建築には、いくつかのタイプがあるが、ワット・プーはいわゆる「山岳テラス型」と呼ばれるタイプである。すなわち、自然の山や丘の地形をそのまま利用して、その山頂に中央祠堂を建立し、山頂へと向かう山の斜面に、参道や様々な付属施設を配するスタイルで、シェムリアプのアンコール遺跡エリアでは、プノン・バケンなどが、それに当たる。

タイ・カンボジア国境にあり、その帰属を巡って、両国間での激しい争いが、今も断続的に続いているプリア・ヴィヒアなども、同じタイプの遺跡である。

(3) インドからチベットや中国に広まった、北伝の大乗仏教に対し、セイロンを経て、主に東南アジアに拡がった南伝の上座部仏教は、仏陀の教えのみを唯一絶対とする、保守的な教義が特徴。日本では「小乗仏教」ともいわれるが、それは「大乗仏教」サイドから見た蔑称。

ヒンドゥー教の世界観では、世界の中心は神々の住む山、須弥山であるとされている。特に、国土の大半が平原のカンボジアでは、たとえ小山に過ぎぬものであっても、山は大変、貴重で、尊い存在である。

アンコール・ワットなどのピラミッド寺院は、そうした平地にあって、大変な労力を投じて、石の基壇を何重にも積み上げ、人工的に須弥山＝中央祠堂を造り出す試みであると、いえるだろう。

その点、ワット・プーのように、もともと、山のある場所では、当然、その山を須弥山に見立てて、寺院を造ればいいのである。事実、カンボジアでは山の上にはたいてい、寺院遺跡が残っている。

ワット・プーは、今では私が訪れた一三年前とは、比べることが出来ないほど、よく整備された遺跡公園となっている。

巨大な人口貯水池（バライ）の池畔にあるチケットセンターで入場料（三万キープ、約三五〇〇円）を払ったら、もちろん、そのまま、池畔を歩いてもいいが、再び、車に乗って、参道の近くまで行くことも出来る。しかし、そこからは、山頂の中央祠堂に向かって、山の斜面を、ひたすら歩く、ことになる。

参道の長さは、約一キロメートル。両サイドにシヴァ神の象徴であるリンガ（男根）の立ち並ぶ参道を進むと、やがて、左右に二つの建造物が見えて来る。向かって右側を「北の宮殿」、左側を「南の宮殿」と呼び、南の宮殿の先にはもうひとつの、小ぶりな神殿があり、「ナンディン

▲ワット・プーへと続くリンガ参道

▲北の宮殿

（聖牛）の宮殿」と呼ばれている。

　いずれも、崩壊が進み、木の添え木を噛ませて、ようやく、その崩壊を食い止めているという、状態である。

　先に遺跡公園としての整備が進んでいると書いたが、それはチケットセンターの脇に、小さな展示室を設けたり、トイレやレストランを設けたりといった、主に訪れた観光客向けのもので、遺跡そのものの保存・修復という点では、一三年前とほとんど変わっていないように、思われる。

　赤い袈裟をかけられ、たくさんのお供え物に囲まれた神像（もともとは、ヒンドゥー教の神の像だが、ラオスの人々には仏像として、拝まれている）を過ぎたあたりから、参道は崩壊の著しい石段に変わり、特に、最後の石段は、心臓破りの急勾配である。

　一三年前とは比べることが出来ないくらい、くたびれ、ボロボロになった身体で、あえぎあえぎ、一段、また、一段と、登る。

　しかし、そうまでして登った中央祠堂の有様は、これもまた、一三年前にもそう感じたように、まことにひどいものだ。それは石造りの祠堂に、それ以前のレンガ造りの祠堂が継ぎ足されたものので、特に背後のレンガ造りの建物は、半壊し、さらに、草と苔に覆われ、黒々とした廃墟のような惨状を呈している。

　前面にある石造りの祠堂も、屋根がなく、トタン葺きの屋根が無造作に、かぶされている。内部には金の袈裟をまとった、チープな上座部仏教の仏像が安置され、地元の人の信仰の対象になっているのは、いわば趣味の問題なので、しかたがないにしても、崩壊寸前の建物を支える添

▲ワットプーの中央祠堂

▲その中部には…

え木や鉄パイプも、剥き出しのままで、美しくもなく、世界遺産にふさわしい風格も、何も、ない。

以前、同遺跡の保存・修復に初期の段階から関わってこられた、上野邦一(4)さんに、お話を伺ったことがある。上野さんは、「キチンとした調査なしには、保存・修復を行うことが出来ません。しかし、調査を進めたくとも、スタッフがいない、機材がないという状況です」と、語られていた。そうした状況は、残念ながら、今もあまり変わっていないのだろう。

しかも、ワット・プーから五キロほど離れたメコン河の畔には、かなりの規模の、おそらくはクメールの古代都市の遺構が眠っていることも、確認されている。上野さんは、「クメールの古代都市の遺構と明確にわかるのは、ここだけではないか。ここを掘れば、クメールの歴史がわかるといって、決して過言ではないでしょう」とも、いわれていた。

調査すべき課題は多く、しかし、そのための態勢は、極めて脆弱である。

ワット・プーの中央祠堂は前述のような有様だが、一方、祠堂のある山頂からの眺めは、最高だ。

眼下には一本の参道が真っ直ぐに続き、陽光を受けて、キラキラ光る巨大なバライと、遮るもののまったくない、雄大な地平線が拡がる。緑の木々と、のどかな田園風景。それが、ラオスという国の、いわば基本中の基本である。

パクセーはラーンサーン王国の分裂後、そのひとつ、チャンパサック王国の中心地となり、その王宮が今は改装されて、「チャンパサック・パレスホテル」という、タイ資本の高級ホテルに

(4) 奈良女子大学教授で、工学博士。もともとは日本建築史・東南アジア建築史が専門。

▲中央祠堂からの眺望

なっている。そこが私たちの、その日の宿だ。

その王宮の最後の主となったのは、ヴァン・ウムで、彼はラオス独立を目指す、ラオス人民党主体のパテト・ラオ（ラオス愛国戦線）と対立する、右派勢力の中心人物のひとりであったと、いわれている。右派のバックにいたのが米軍で、その軍事資金援助を流用して、建て直されたのが、この王宮だったようである。

今のラオスからはまったく想像が出来ないが、ラオスには長く、険しい内戦の歴史がある。一九六〇年代、アメリカ軍の支援を受けた右派勢力と、パテト・ラオの間で勃発した内戦に、米軍は軍事介入し、第二次世界大戦で自らが投下した爆弾の総量をはるかに上回るといわれる一五〇万トンもの爆弾を、ラオス国内に投下した。当然、正確な数がつかめないほどの死傷者が出て、しかも、その大半は非戦闘員であったといわれている。しかし、パテト・ラオに率いられた民衆の抵抗は激しく、ベトナム戦争の終結によって、インドシナから米軍が手を引いたことによって、右派勢力は瓦解し、一九七五年にはヴィエンチャンが陥落、ラオス人民民主共和国が誕生する。

右派勢力の中心であったヴァン・ウムの王宮もまた、放棄され、それをタイの企業が、ホテルとして使用するため、買い取ったのである。

チャンパサック・パレスホテルは高級ホテルといっても、スタンダードの部屋なら、一泊シングルで三〇ドル程度で、ツインに二人で泊まれば、一人二〇〇〇円以下というお値段である。

しかし、実際、泊まってみると、最高なのは外観と雰囲気だけで、古いホテルなので、水回りなどに難があり、見かけ通りに快適、というわけではない。

さらに、街の中心部からはかなり離れていて、周囲にはレストランなども、ほとんどない。そのため、夕食を外でとろうとした私たちは、照明も何もない、暗い夜道を延々と、歩く羽目になった。

まぁ、このような高級ホテルに泊まる人は、きっと、そのホテルのレストランでしか、食事をとることもないのだろうが…。

## ヴィエンチャンの変わったところ、変わらないところ

ダニに身体のあちこちを刺され、残念ながらあまり快適とはいえなかったパクセーでの一夜の後、パクセーの巨大市場を、一時間ほど、散策してから、空路、ヴィエンチャンへ。

フライト時間は一時間とちょっと。今度は国内便なので、入国書類などを書く必要もなく、楽チンである。

ヴィエンチャンは、今も昔も、小さな街なので、街歩きは非常に、簡単だ。

空港から真っ直ぐ市内に向かうルアンパバーン通りが、市内に入ると名前が変わって、セーターティラート通りになる。この通りと、それと途中で枝分かれし、平行して走る、もうひとつの通り、サームセンタイ通りの周辺に、ほとんどのホテルや飲食店、観光名所等が、集まっている。また、この二つの通りほどではないが、メコン河沿いのファーグム通りもまた、観光客向けのお店が集まっているエリアである。

あとは、官庁街へと向かうラーンサーンという大通りがあり、セーターティラート通りやサームセンタイ通りとも、途中で、交差している。この四つの通りの位置だけ押さえておけば、まず、どこへでも行くことが出来る。

もっとも、観光名所といったが、名所らしい名所は、ヴィエンチャンにはない。

サームセンタイ通りにある「ラオス国立博物館」は、ラオス人民革命党の指導者や「革命英雄」の写真や絵画、それに、稚拙な出来の革命戦争のジオラマ、あとは大量の武器等が展示されているだけなので、いつ行っても人気がまったくないし、セーターティラー通りには、今は共に博物館になっている、ワット・シーサケットとワット・ホーパケオという上座部仏教の寺院が、通りを挟んで、向かい合って、あるくらいである。

このふたつの寺院は、さすがに立派だが、前者は一九世紀の、また、後者は二〇世紀になって全面改築された、建造物である。つまり、歴史の重みというものには、どうしても、欠ける。

あとは、やや郊外にある黄金寺院のタート・ルアンと、パリの凱旋門を模したという、未完成のままのパトゥーサイ（戦没者慰霊塔）を観れば、もうこれといった、観るべきものは、ない。せいぜい、二、三時間もあれば、そのすべてを、グルッと観て回ることが、出来るだろう。

そう書くと、ヴィエンチャンに行ったことのある人は、セントラル・マーケットの「タラート・サオ」があるじゃないかといわれるかもしれないが、生憎、タラート・サオの中心部は、現在、全面改装中なのである。ブルドーザーが入り、整地作業が進んでいる。完成は数年先のことだという。

ヴィエンチャンでの私たちの宿は、ファーグム通りから少し横道に入ったところにある、中級ホテルのタイパンホテルである。

ヴィエンチャンはラオスの首都なので、さすがに高級ホテルもたくさんあるが、いずれもシングルで、一泊一〇〇ドル以上のお値段となる。その点、タイパンホテルは一泊五八ドルなので、日本のビジネス・ホテル並みの値段だ。外見も、何だか、日本のビジネス・ホテル然としていて、味も素っ気もないが、しかし、部屋は広く、応接セットもあり、大型液晶テレビも、冷蔵庫も、エアコンも、必要なものはすべて完備しており、インターネットへの接続も可能と、その快適さでは、前日泊まったチャンパサック・パレスホテルを、はるかに、凌駕している。

ヴィエンチャンといえば、本当に、蔵前仁一さんのいわれる通り、タイの田舎町としかいいようのないところだなぁというのが、一三年前の感想だったが、今も確かに、高層ビルなどほとんどない街並みや、わざわざ、トゥクトゥク（バイクを改造し、客席をつけた乗り物）など使わなくとも、郊外へでも行く場合以外は、どこへでも二〇～三〇分で、歩いて行けてしまう街の狭さなどは、文字通り、タイの田舎町並み…といえるかもしれない。

しかし、一三年もたったのだから、当然のことといえば当然のことかも知れないが、車の数が爆発的に増えたのも事実で、そのため、至るところで、しばしば、かなりの交通渋滞が起こっている。このまま、車が増え続ければ、いずれ、タイのバンコクのようなひどい有り様になるだろうことは、まず、確実である。

タラート・サオが改装中であったため、通りを挟んで反対側に、二〇〇七年に新しく出来たという、「タラート・サオモール」に行ってみた。ここは三階建ての、外見はお洒落なショッピング・モールで、ラオスでは珍しいエスカレーターが設置されたことでも、話題になった。

結論からいうと、このビル内には、同じような日用品雑貨や電化製品、携帯電話などを扱う店が、我先にと、無秩序に商品を積み上げ、足の踏み場もないほどの雑然たる様相を、呈していた。何のことはない。隣の改装中の旧市場と、まったくの地続きである。

とにかく、任天堂DSやソニーのPSPなどの小型ゲーム機や、携帯電話等の品揃えが多く、また、ショーケース越しに、それを食い入るように見つめて、品定めをしている若者の姿が、やたら、目についた。ゲーム機や、携帯電話は、おそらく若者にでも、頑張れば手の届く程度の、贅沢品であるのだろう。

ＣＤやＤＶＤも、店頭に山積みされて売られていたが、そのほとんどが、欧米やタイのそれの、海賊盤である。その中には、日本の浜崎あゆみの、ライブDVDの海賊盤まで、あった。その反面、ラオスのポップスなどは、探しても探しても、見つけることが出来ず、少し、ガッカリである。

実際には、ラオスのポップスは、アレクサンドラやノイ・セーンスリヤー(5)など、日本に入ってきているものを聴く限り、かなりの高レベルなのだが…。

ここにあるものは、そのほとんどが、おそらく、タイ経由で入ってくるのだろう。経済的にも、文化的にも、タイへの依存が益々拡大し、しかも、それにつれて、若者の、携帯が欲しい、ゲーム機が欲しい、デジカメが欲しいといった欲望もまた、拡大の一途を辿っているように、思われた。

まぁ、それが時代の流れといってしまえば、確かに、その通りである。いくら何でも、一三年前のラオスと、今日のラオスが、同じであるわけはないし、また、ラオスにのみ、いつまでも「桃源郷」であり続けることを求め続けるのは、所詮、旅人の身勝手というものであろう。

しかし、そうはわかっていても、変わりつつある街と、それにつれて、街を歩く人々の表情から、気のせいか、ずいぶんと笑みが消えたように思われるのは、残念なことだ。

もっとも、これはヴィエンチャンなどの、ごく限られた都市部に、あるいは、過ぎぬことなのかも、しれないが…。

高さ四五メートルの黄金の仏塔がそびえ立つタート・ルアンでは、アンコールの大王、ジャヤヴァルマン七世そっくりの表情をした、石像に再会した。もちろん、この地がアンコール朝の支

(5) アレクサンドラは、ラオスで絶大な人気を誇る女性ポップス歌手で、アイドル的な存在。バイオリンを弾きながら歌うというスタイルを、確立。現在、日本の大学院に留学中。ノイは民族音楽出身のシンガーソングライターで、民族音楽とポップスとの、クロスオーバーミュージックを目指している。

配下にあった時代の遺物である。

以前は、全身に金箔を貼られ、興ざめな金ぴかの座像になっていたが、一三年もの年月の間に、金箔もだいぶ剥がれ、黄色い袈裟をつけられ、ごく普通の、仏像然とした姿に、変わっていた。

黄金パゴダの外壁にもたれかかるように、ひっそりと静かに瞑想する様は、もう、ジャヤヴァルマン七世というよりは、仏陀そのものの姿である。

チャンパサックの地から始まった、クメール人の長い旅の始まりの地は、しかし、もう完全にラーオ人の世界である。異文化を破壊するのではなく、同化させていくことを選んだ、このラーオ人の国の、よりよき未来を、心から願いつつ、その元ジャヤヴァルマン七世座像の前で、柄にもなく、しばらく、祈った。

確かに一三年の歳月はこの国をそれなりに変えていたが、それでもなお、ラオスへの好印象は、いささかも揺るぐことはない。この国を旅していて、嫌なことに会ったことなど、ただの一度もない。何年か後に、また、来よう。そう思った。

## 再び、シェムリアプへ

ラオスでの最後の日、チェンジしたラオスの紙幣、キープを使い切ってしまおうと、少し、高級なラオス料理店に行った。サームセンタイ通りにある「クアラーオ」という店である。

フランス植民地時代の、一軒家風の家屋を改装したお店で、見るからに高そうな外観と内装だが、驚くほど高いという訳ではない。主食である蒸したもち米、カオ・ニャオは、ラオスでのこれが食べおさめ。その店の、カォ・ニャオは赤米を混ぜて、赤飯のような、鮮やかな色合いを出していた。それを手でちぎって、丸め、やや辛いラオス料理につけて、食べる。うまいが、結構、ズシリと、腹にたまる。

ラオスの料理は、タイ料理の亜流という人もいるが、何を食べても文句なく、うまい。ラープと呼ばれている牛・豚・鶏などの肉もしくは魚と、香草等を炒めた料理は、これさえあれば、どんどん、ご飯がすすむし、ケーン・ノーマイと呼ばれている竹の子のスープなどは、あっさりとしていて、辛いスープがダメという人にも、大丈夫。ネームは日本の焼きおにぎりそっくりだし、米粉の麺もうまい。加えて、フランス統治時代の置き土産で、フランスパンも絶品なのだ。

そういえば、うまいとか、そういう次元の話ではないが、パークセーの市場では、日本のものとそっくりな魚肉ソーセージを見つけて、びっくりした。日本のものとの違いは塊で売っていて、必要な分だけ、小分けして、売ってくれるのだ。魚肉ソーセージ好きの私には、是非是非、試食したい一品だったが、気を急いでいたので、残念。次に行った時は、是非、食べてみよう。閑話休題。

短期間の駆け足でのラオス再訪で、心残りだったが、昼食後、空港に向かう。

ヴィエンチャンのワッタイ国際空港からカンボジアのシェムリアプまでは、ノンストップ便であれば、約一時間半ほどの距離である。機内は、やはり、欧米人の観光客で、ほぼ埋まっている。

到着後、車で、定宿にしている、オールド・マーケット付近の、タ・プロームホテルへ。ずっと、シェムリアプにいた二人と合流、さらにここからは、何故か、カンボジアにいる、写真家の大島俊一さんも加わって、再会を祝して、夜の街にくり出した。

シェムリアプ随一の目抜き通りであるシヴォタ通りやその周辺、特に通称「バー・ストリート」と呼ばれている、オールド・マーケットの隣接エリアは、深夜の一二時を過ぎても、人通りが絶えることもない。

酔って右往左往する、大勢の観光客に混じって、おそらくは、飲食店の従業員たちの子供なのであろう、日本ではとても、そんな時間に起きていること自体、考えられない、まだ、小学校にも行っていないような小さな子供たちが、歓声をあげつつ、路地から路地を、走り回っている。

店を出た酔客をつかまえようと、トゥクトゥクのドライバーや、見るからに怪しい店構えのマッサージ店の女たちが、声を張り上げる。

やはり、シェムリアプは、もはや、尋常なカンボジアの街では、なくなってしまっている。ラオスから戻って来たばかりだからか、余計、そう感じる。

しかし、私たちもまた、そうした街の必須アイテムとして、オープンテラスのレストランに陣取って、賑やかに、鍋を囲み、酒を飲む。

こうして、カンボジアの夜は更けていく。束の間の、真夏の夜の夢。でも、生憎、カンボジアは一年中、ほぼ真夏なので、夢から醒めることもない。少なくとも、帰国のその日までは…。

# アンコール遺跡の歩き方

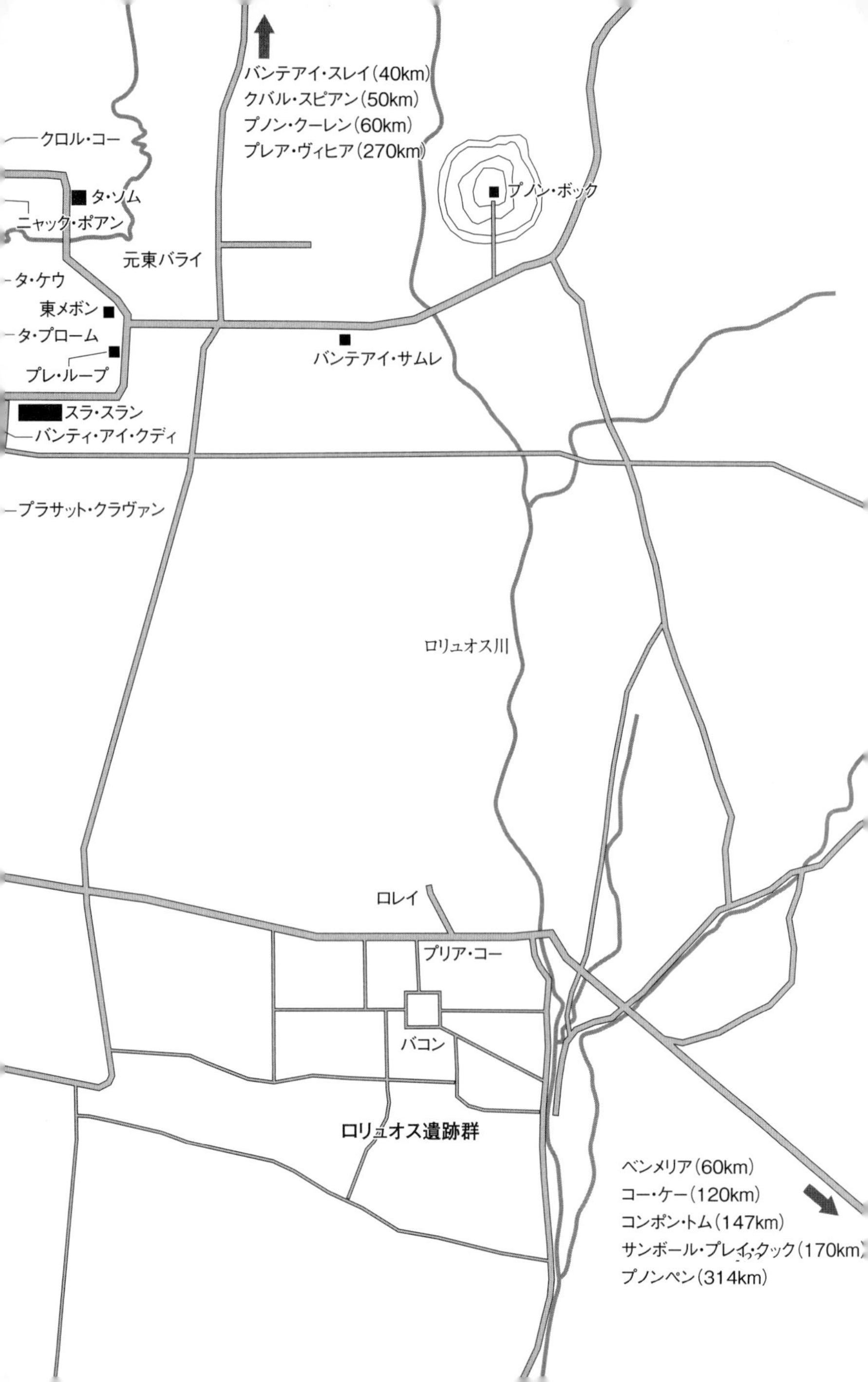
バンテアイ・スレイ（40km）
クバル・スピアン（50km）
プノン・クーレン（60km）
プレア・ヴィヒア（270km）
クロル・コー
タ・ソム
ニャック・ポアン
元東バライ
タ・ケウ
東メボン
タ・プローム
プレ・ループ
スラ・スラン
バンティ・アイ・クディ
プラサット・クラヴァン
プノン・ボック
バンテアイ・サムレ
ロリュオス川
ロレイ
プリア・コー
バコン
ロリュオス遺跡群
ベンメリア（60km）
コー・ケー（120km）
コンポン・トム（147km）
サンボール・プレイ・クック（170km）
プノンペン（314km）

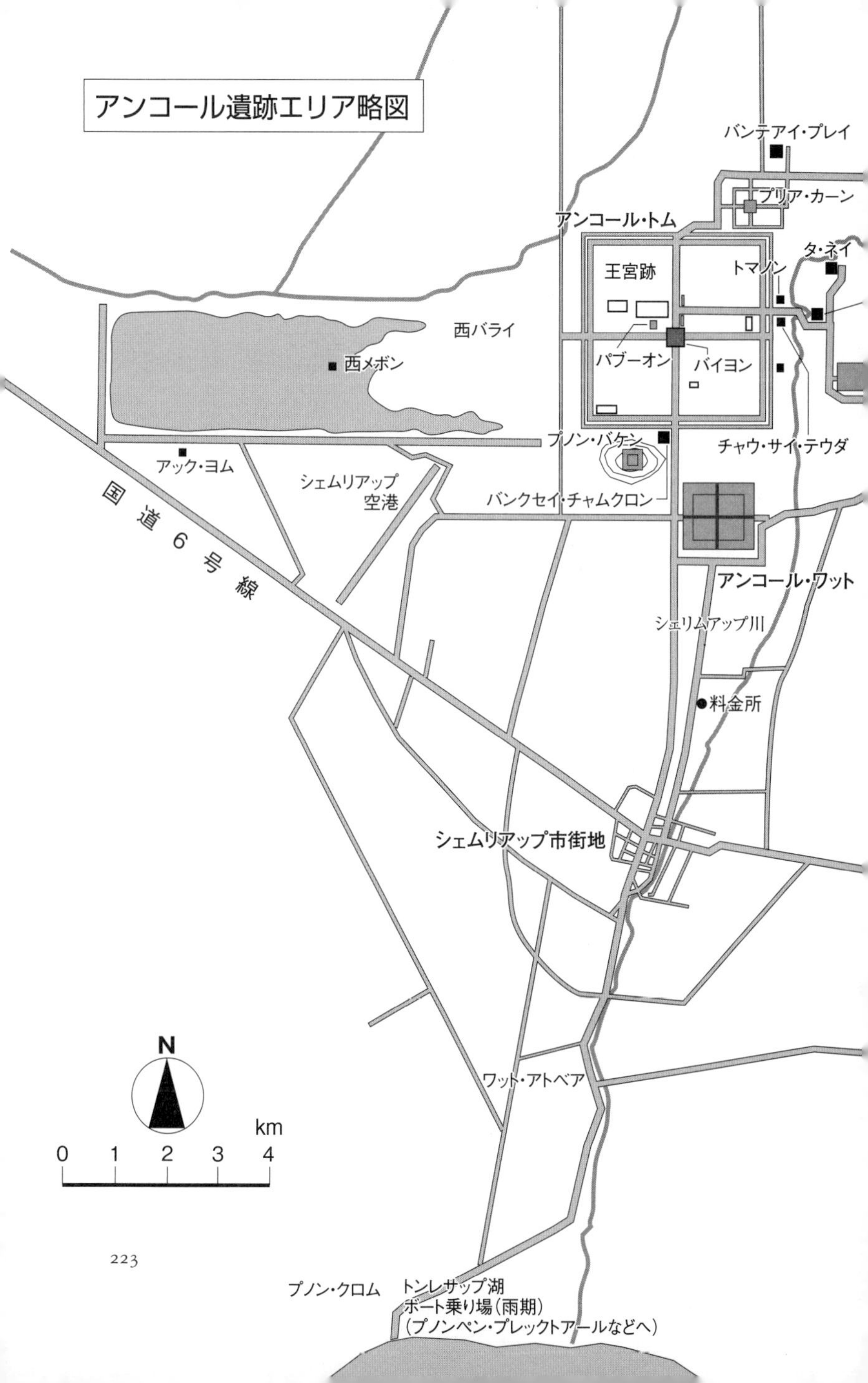
アンコール遺跡エリア略図
バンテアイ・プレイ
プリア・カーン
アンコール・トム
タ・ネイ
王宮跡
トマノン
西バライ
西メボン
パプーオン
バイヨン
プノン・バケン
チャウ・サイ・テウダ
アック・ヨム
シェムリアップ
空港
バンクセイ・チャムクロン
国道6号線
アンコール・ワット
シェリムアップ川
料金所
シェムリアップ市街地
N
km
0 1 2 3 4
ワット・アトベア
プノン・クロム
トンレサップ湖
ボート乗り場(雨期)
(プノンペン・プレックトアールなどへ)

以下は、アンコール遺跡を実際に歩くためのガイドとしても使えるように、まとめたものです。本文と多少の重複もありますので、ご容赦下さい。また、あくまで二〇一〇年初頭の情報を元にしていますので、行かれる際は、必ず、最新版のガイドブックや、あるいは、インターネットなどの現地情報を、参照下さい。現地事情は日々刻々、変化しています。

アンコール・トム詳細図

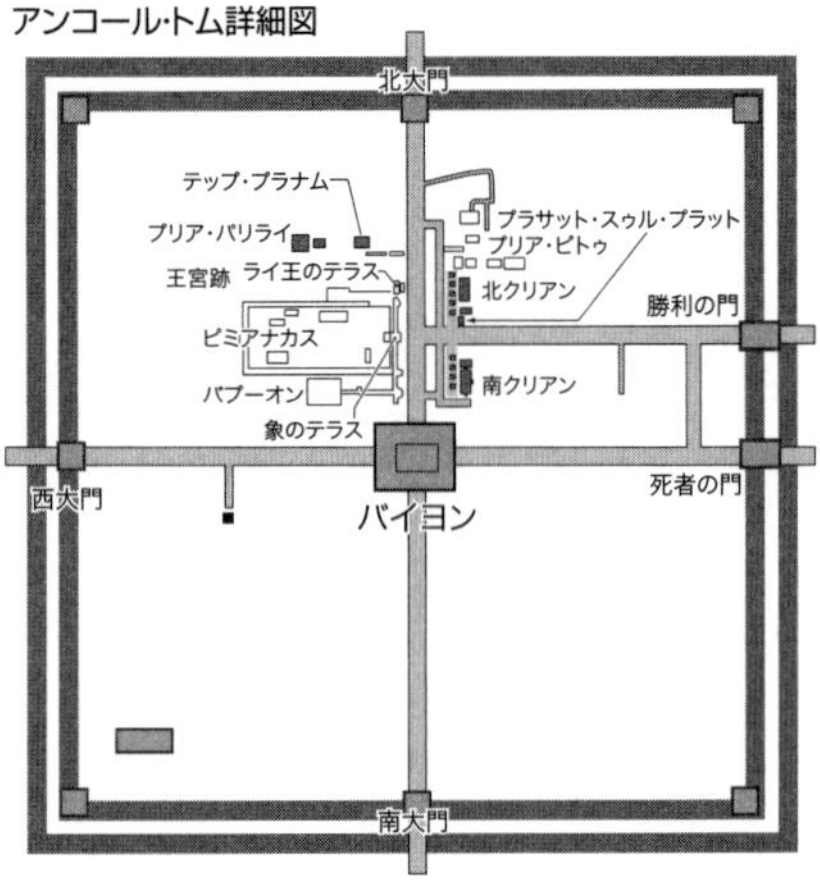


## はじめに

一口にアンコール遺跡といっても、アンコール王都の周辺（いわゆる、アンコール遺跡エリア内）だけでも、東京二三区とほぼ同じ面積の中に、少なくとも六二の遺跡の存在が、確認されている。とてもではないが、実際に歩いて回ることなど、不可能だ。

　したがって、日本、もしくは現地で、旅行社かホテル等を通して、車&ガイドをチャーターして回るか、現地で直に、トゥクトゥク（バイクの後ろに座席をつけた乗り物、二～三人乗ることが可能）、あるいは、バイク・タクシー（タクシーとはいっても、ドライバーの後ろに乗るだけ）を雇って、遺跡巡りをすることになる。

　車&ガイドを、旅行社かホテル等を通してチャーターする場合の料金は、依頼する旅行社やホテル等によって、異なるので、直接、尋ねていただくしかないのが、現状だ。車だけ（もちろん、ドライバー付き）をチャーターする場合の、一応の目安は、一日三〇USドルくらいからといわれているが、旅行社に依頼した場合、車とガイドはセットになっているので、実際には、車のみのチャーターは、難しいだろう。

ホテルの前や街角で待機しているバイク・タクシーや、トゥクトゥクを一日単位でチャーターする場合は、前者が一〇ドルくらいから、後者は一二、三ドルくらいからというのが、一応の相場であるが、すべては交渉次第の世界。背中に個人番号の入ったジャケットを着用しているのが、正規のドライバーだが、そうした正規のドライバーであっても、もちろん、トラブルが起きる可能性が、皆無というわけではない。

なお、前述の料金は、あくまでアンコール遺跡エリア内の料金で、郊外の遺跡に行く場合は、別途、交渉が必要である。

遺跡の見学料金は一日券が二〇ドル、三日券が四〇ドル、七日券が六〇ドルで、シェムリアプの街から遺跡エリアに向かう道の途中にある料金所で、そのいずれかを、購入する。三日券は、最近、一週間以内であれば、その内の任意の三日を、自由に選んで使えるようになり、グッと便利になった。遺跡エリア内にある遺跡は、すべてこの券で入ることが出来るが、ベンメリアやプノン・クーレン、コー・ケー等、郊外の遺跡に行く場合は、別途、入場料が必要となる。

遺跡巡りの必需品としては、強い日差しを避けるための帽子と、流れ落ちる汗をぬぐうための、やや大きめのタオル、ボトル入りの水、それにコンパス…を、あげておこう。コンパスというのは、ガイドを雇って一緒に回る場合などは、特に必要ないが、一人で遺跡巡りをする場合は、たとえば遺跡の東門でトゥクトゥク等を降りたとして、遺跡内を歩き回っている内に、再び、いざ東門に戻ろうとしても、どちらに行けばいいのか、わからなくなってしまうことが、結構、多いからである。とりわけ、平面展開で比較的規模の大きい遺跡、たとえばタ・プロームや、バンテアイ・クデイ、プリア・カーンなどでは、非常に迷いやすいので、コンパスは必需品となる。

## アンコール・ワット

一二世紀前半、アンコール王朝の「第一の黄金期」を築いたスールヤヴァルマン二世によって建立されたアンコール・ワットは、アンコール祠堂建築の精華であり、その名実共に、最高傑作である。

クメールの宗教建築は、それがヒンドゥー教の遺跡であれ、大乗仏教の遺跡であれ、「祠堂」と呼ばれる独自のクメール様式の尖塔を中心に、経文などを納めた経蔵等の付属施設、それを取り囲む回廊…といった伽藍建築が、その特徴である。

祠堂は初め、ひとつの伽藍に対し一堂が基本であったが、時代と共にその数が増え、中央祠堂の左右に副祠堂を配した三堂型、これを二列に並べた六堂型、中央祠堂を中心に、四方に副祠堂を配した五堂型などの様々なパターンが、見られるようになった。また、祠堂には「モンドップ」と呼ばれる拝殿を、前堂として付け加えるケースも多い。

アンコール・ワットの祠堂はこの内、いわゆる五堂型に属し、その中央祠堂の回りを取り囲む第三回廊の四隅が、副祠堂となっている。

その高さにして約六五メートルの中央祠堂と、四つの副祠堂を含む第三回廊は、さらに第二回廊と第一回廊の二つの大回廊によって、その周囲をグルリと、取り囲まれている。これらの壮大な意匠の大伽藍はさらに、南北約一三〇〇メートル、東西約一五〇〇メートルの外堀によって、外界と隔てられている。

中央祠堂の正面にある西大門前の、その左右にライオンの石像を配し、ナーガ（七つの頭を持った蛇神）の欄干がある石のテラスからは、中央祠堂に向かって一直線に、全長約五四〇メートル、幅約一二メートルの石畳の参道が続いている。

アンコール・ワットは巨大な、しかしながら、閉じられた空間である。その高さだけを競うのであれば、アンコール・ワットよりはるかに高い古代の石造建造物は、それこそ他にいくらでもある。また、アンコール・ワットをはるかに凌駕する広大な敷地を有する建造物が、他にまったくないというわけでもない。しかしながら、アンコール・ワットをおそらく世界でもっとも美しい遺跡にしているものは、中央祠堂とそれを三重に取り巻く大回廊という縦と横への拡がりの絶妙なコントラストと、それ自体で自己完結した、閉ざされた空間の醸し出す、独特の神秘性であるといえるだろう。

遺跡を写真集などで見た後、実際にその遺跡に足を運んでみると、何だこんなものかと、ガッカリするということが、よくある。しかしながら、アンコール・ワットはそれとはまったく逆に、写真集などで見ているだけでは、この寺院にこめられたスールヤヴァルマン二世の意匠と、その壮大さとを実感することは、絶対に不可能である。

たとえば、あなたが西大門の前の石のテラスに、実際に立ったとしよう。西大門までの石畳の参道の長さは、実際にはたった一九〇メートルに過ぎないが、もっと遥か彼方まで続いているかのように見える長い参道と、その彼方に水平に拡がった石の大伽藍。それは抜けるような青い空に映えて、パノラマ写真でなければ、とてもフレームに収めることが出来ないほどの、息を飲むスケールで、私たちに迫って来る。

しかし、この時、実は写真集などでお馴染みのアンコール・ワット中央祠堂の尖塔は、西大門の塔門の陰に隠れて、その尖端をわずかにのぞかせているのみなのである。何か物足りなさを感じつつ、参道を進み塔門に近づいていくと、その塔門の開口部の中に、まるで絵に描いた光景のように、中央祠堂をはじめ三つの尖塔（実際には尖塔は五つあるが、正面からは三つにしか見えない）が、その姿を現わす。そうだ、これがアンコール・ワットだと、思わず叫んでしまうほどの、感動。たまらず、小走りに塔門を走り抜けると、一気に視界が開けて、アンコール・ワットの神々しいばかりの全体像が、そこにはじめて、鮮やかに出現する。

しかしながら、さらに彼方の第一回廊に向かって、経蔵や左右に聖池を配した参道の上を歩く内に、途中に効果的に配されたテラスや階段の陰に隠れて、再び尖塔は、その姿を消してしまうのである。

こうした出現と消失のくり返しによる「見せるための工夫と、見せないための工夫」を日大理工学部の重枝豊氏は、「視覚芸術の魔術」と呼んでいる。それは文字通り、壮大な伽藍をより壮大に見せるために、アンコール・ワットの設計者たちが仕掛けた空間の魔術なのである。

こうした設計者たちによる空間の魔術は、実は他にも、様々なところに巧みに仕掛けられている。こうした仕掛けについては、先の重枝豊氏の名著『アンコール・ワットの魅力　クメール建築の味わい方』（彰国社刊）に、詳しい。しかしながら、こうした仕掛けは実際に境内を自分の足で歩いてみないと、その効果を、なかなか身をもって実感しにくいことも、また、事実である。

だから、アンコール・ワットを写真などで見て、素晴らしいと思った人は、何をおいても現地に実際に、足を運ぶべきである。アンコール・ワットは必ず、あなたの想像以上に、素晴らしい。

アンコール・ワットは、スールヤヴァルマン二世が、その信仰するヒンドゥー教の神「ヴィシュヌ」に捧げた寺院であると、いわれている。一方、『真臘風土記』を描いた周達観はアンコール・ワットを「魯般の墓」と、記している。アンコール・ワットを単なるヒンドゥー教の寺院であるだけではなく、実際にスールヤヴァルマン二世が死後弔われた墳墓寺院だったのでは…と考える専門家は、多い。

アンコール・ワットの境内から実際にスールヤヴァルマン二世の墓が見つかったわけではないが、アンコール地区にあるほとんどの遺跡が、陽の昇る方角である東向きに建てられているのに対し、アンコール・ワットは、陽の沈む方向である西向きに建てられていることなど、それを暗示する証拠は多い。

また、それとは別に、遺跡の第一回廊にはヴィシュヌ神と一体化した姿で、スールヤヴァルマン二世の姿が描かれている。アンコール時代の世界観では、王は神とイコールであったが、時は流れ、人は人である以上、必ず死ななければならない。王すなわち神であるスールヤヴァルマン二世は、当時のクメール人の信じる宇宙の中心＝須弥山を、永遠に残る石の建造物で再現、そのいわば小宇宙の中で、未来永劫生き続けることを願ったのであろう。

空間という空間を恐れるがごとく、大回廊の壁という壁、柱という柱を、二千体を超えるデヴァター（女神）やアプサラス（天女）、あるいはヒンドゥー教の神話世界を再現した見事な浮き彫りで、文字通り、埋め尽くさせた王は、その閉じられた小宇宙の中で不死と自らの権力の永続という見果てぬ夢を、きっと見たかったのに、違いない。

しかしながら、時は、そんな人間の愚かな想いなど無慈悲に踏みつぶして、忘却の彼方へと押しやって行く。そして、石の建物だけがそこに残ったのだ。アンコール・ワットはそうした人間の営みの、はかなさを映し出す、鏡でもある。

石畳の西参道を通って外堀と西大門を越えさらに内部に進むと、やがて、石段のつけられた広いテラスに達する。このテラスの階段を上ると、そこがアンコール・ワットの第一回廊である。

そこまでの間で、是非、見ておいてもらいたいのは、西大門の右サイド数十メートルのところに安置されている高さ四メートルほどの、巨大なヴィシュヌ神立像である。また、塔門のある回廊の外壁や柱にはデヴァターやアプサラスのレリーフが随所にあり、表情やポーズ、髪飾りなどがそれぞれ、微妙に異なっているのも、その見どころのひとつである。

**第一回廊**　第一回廊は南北に約一八〇メートル、東西に約二〇〇メートルあり、回廊内側の内壁全面にビッシリ彫り込まれた壁面彫刻を見ながら、その内部をグルリ一周出来るようになっている。壁面彫刻は、その大半がヒンドゥー教の神話世界や、スールヤヴァルマン二世の軍の勇猛果敢さ等を精緻な浮き彫りによって再現したもので、西面南側から左回りに一周するのが、正しい見学方法である。

以下、その壁面彫刻の主題等を左回りに順次、ごく簡単に解説する。

西面南側＝「マハーバーラタ」より、決戦の図

「マハーバーラタ」は、「ラーマーヤナ」と並ぶヒンドゥー教の一大叙事詩として、インドや、東南アジア各地で、広く親しまれている。古代インドのバーラタ族の王位継承をめぐって、肉親同士が、五人の王子と百人の王子の二派に別れて繰り広げた、凄惨な争いの顚末を描いたものであるが、主題には直接関わりのない、ヴィシュヌ神の化身であるクリシュナの英雄譚などのエピソードも、盛り込まれている。

西面南側の壁面レリーフには、それぞれ、一〇万と七万の両派の大軍が、正面からぶつかりあう決戦の模様が、その壁面全面を使って、細部まで詳細に、描かれている。

南面西側＝軍の行進とスールヤヴァルマン二世の姿

一一一三年に即位したスールヤヴァルマン二世は、三〇年間におよんだ国内の混乱を治めると共に、その四〇年ほどの治世に、隣国のチャンパ（中部ベトナムにあったヒンドゥー王国）やベトナムと戦い、一一四五年にはついにチャンパの首都ヴィジャヤを占領するなど、精力的に領土を拡張し、アンコール朝の「第一の黄金時代」を築いた。

その王の軍隊の威風堂々さを、このレリーフは誇らしげに描いている。レリーフの中には、ヴィシュヌ神の生ける姿であるスールヤヴァルマン二世の姿も描かれており、王に従う従者や王女たち、また、軍に同行する軍楽隊や道化、バラモン僧等の姿なども、キチンと彫り込まれている。

南面東側＝天国と地獄の図

壁面を三分割し、その上段に極楽浄土の様子、下段に凄惨な地獄絵図を対照的に描くという、斬新な手法を駆使している。中段は、極楽浄土に行けるか、地獄に落ちるか、その裁きを待つ人間の世界であるという。日本人にとっては、大変、親しみやすい主題であろう。

東面南側＝乳海撹拌の図（現在、全面修復中）

第一回廊の壁画の中で、おそらくもっとも有名なものが、この「乳海攪拌の図」である。「乳海攪拌」はヒンドゥー教の創世神話で、その昔、神々と阿修羅たちが相談して、不老不死の妙薬「甘露」を手に入れるため、大亀の背中に大マンダラ山を乗せて、その中腹に大蛇を絡ませて、その一方を神々が、もう一方を阿修羅たちが持って、山を回転させることで大洋をかき混ぜた。その激しい攪拌によって、海中に住む魚や怪物などはズダズダにされたが、一方、攪拌された海からは、天女アプサラスたちなどが次々と生まれ、やがて「甘露」そのものをも首尾よく手に入れることが出来たが、今度はその所有権をめぐって神々と阿修羅との間の争いになるというのが、そのあらすじである。

その「乳海攪拌」のエピソードを、見事なまでにダイナミックなレリーフで再現したのが、この東面南側の壁画である。ちなみに、大亀の上の山頂でこの神々と阿修羅の綱引きを指揮しているのが、ヴィシユヌ神である。

東面北側＝神々と悪魔軍の戦い

神鳥ガルーダに乗って指揮を取る、ヴィシュヌ神率いる神々の軍隊と、悪魔軍が正面からぶつかりあい、激しい戦闘が繰り広げられている。このあたりから、レリーフの出来映えが、かなり雑なものになり、おそらく、後世の修復時に、新たに彫られたものであろうと、いわれている。

北面東側＝クリシュナと阿修羅の戦い

クリシュナは前述のように、ヴィシュヌ神の化身である。クリシュナの数ある英雄譚の内、ここでは妻を阿修羅バーナにさらわれたクリシュナが、神鳥ガルーダに乗ってバーナの本拠地に向かい激しい戦闘の末、これを打ち負かし断首しようとするが、シヴァ神の取り成しもあってバーナは命を助けられたというエピソードが、レリーフに刻まれている。

この面も、緻密さに欠け、後世の修復時に彫られたものと思われる。

北面西側＝神々と阿修羅の戦い

ここでは「乳海攪拌」の後日談である、不老不死の妙薬「甘露」をめぐっての神々と阿修羅たちの戦いが描かれている。

西面北側＝「ラーマーヤナ」より、ラーマ王子と猿の軍団対悪魔軍の戦い

「ラーマーヤナ」のクライマックス・シーンである、ラーマ王子軍と悪魔ラーヴァナ軍の決戦の模様が、ダイナミックに、描かれている。ラーマ王子側の猿の軍団を率いているのは、猿王のハヌマーンで、ラーマ王子はそのハヌマーンの肩の上に乗って、戦いを指揮している。

また、壁画はその他、回廊の四方の角の部分などにも、刻まれている。いずれも「ラーマーヤナ」や「マハーバーラタ」などのヒンドゥー神話に題材を求めたものであるが、壁面上部のレリーフは、昼間でも薄暗く見えにくく、また、壁の亀裂などから入った雨水による侵食が進んでいる個所も、かなりある。

**十字中回廊**　寺院の西面には、第一回廊と第二回廊を結ぶものとして、三本の廊下と、それを十文字に横切るもう一本の廊下によって形成された、中庭がある。それを上から見ると十字型に見えるため、十字中回廊と呼んでいる。

十字型の廊下によって区切られた、それぞれ約一二メートル四方の空間は、参拝者の沐浴用として使われたと考えられている、四つの聖池となっている。

クメールの石造建築は、石材を少しずつせり出すように積み上げて屋根をつくる、擬似アーチ工法によって、施工されている。この東南アジアや、中米等の古代遺跡に多用される擬似アーチ工法は、西欧では主流の、キーストーンを用いた、半球状ドーム型の本格的なアーチとは異なり、実は建物の内部に大きな空間をつくることが、工法上、不可能であった。したがって、クメール建築の大半は、その外見上の偉容とは裏腹に、極めて貧弱な内部空間しか有していないものが、ほとんどである。

アンコール・ワットの設計者たちは、こうしたクメール建築の限界を、祠堂とそれを何重にも取り巻く回廊や、それをつなぐこの十字中回廊等の、

様々な仕掛けによって、カバーすることで、寺院があたかも、巨大な内部空間を有しているかのような錯覚を、参拝者に与えることに成功しているといえる。この独自の十字中回廊もまた、その上に屋根をかけることが出来ないがための、苦肉の策であるという側面をも同時に、合わせ持っているのである。

十字中回廊の一角には、西大門方向から進んできた場合には向かって右側に、様々な大きさの仏像が集めて安置されていて「プリヤ・ポアン」と呼ばれている。ちなみに、プリヤ・ポアンとはクメール語で、千体の仏像という意味であるという。

アンコール・ワットはもともと、ヒンドゥー教の寺院として建設されたものであるが、ポスト・アンコール時代になって、アンコール朝を支えたヒンドゥー教や大乗仏教が衰退し、それに変わって上座部仏教が広まると、それに伴い、アンコール・ワットもまた、上座部仏教の寺院に転用されることになった。そのため、多くの仏像が寄進され、混乱期に盗難にあったものも多いが、その一部が今も残っているのである。

中回廊のプリヤ・ポアンの前には、今もいつも線香を売る人がいて、多くの地元の人々が買った線香をあげ、仏像に向かって手を合わせ熱心に祈りを捧げている姿を、日常的に見ることが出来る。アンコール・ワットはカンボジア人にとっては決して過去の遺跡ではなく、今も生きている仏教寺院なのである。

また、これらの千体仏がある中回廊の柱には、あの有名な日本人「森本右近太夫一房」の墨書（落書き）が残っていることでも、知られている。江戸時代の初期にあたる一六三二年に、亡父の菩提を弔うためこの地を訪れ、仏像四体を奉納したというのが、その内容であるが、現在では判読はほとんど、困難である。

**第二回廊**　第二回廊は、東西に約一一五メートル、南北に約一〇〇メートルあり、第一回廊同様、回廊の内部を一周することが可能である。しかしながら、この第二回廊には、その外壁には多くのデヴァターやアプサラスの見事な浮き彫りが刻まれているものの、その内部の壁面には何の装飾も、施されていない。

回廊のところどころには、様々な仏像がかなり破壊された状態で安置というより、放置されており、回廊の薄暗さとあいまって、何やら不気味な雰囲気があたりを支配している。これらの放置された仏像もまた、後世に持ち込まれたものである。

第一回廊のような壁面彫刻が、第二回廊には刻まれなかったことに、どのような意味があるのかは、よくわかっていないが、あるいは、寺院が完成する前に、スールヤヴァルマン二世が亡くなり、その時点で建設がストップしたのかもしれない。

**第三回廊と中央祠堂**　第二回廊を通過すると石畳の中庭があり、その中央に第三回廊がそびえ立っている。第三回廊に至るには各所に設けられた、中庭から約一三メートルもある、急勾配の石の階段を登らねばならないようになっており、どの階段も勾配がきつく、簡単には登頂出来ないように出来ているが、これはその上にある中央祠堂が、神々が住むヒンドゥー教の聖山＝須弥山であるからである。

第三回廊は、一辺が約六〇メートルあり、回廊の四隅が、四基の副祠堂になっている。また、中央の祠堂は高さが約四二メートルあり、地上からの高さは実に六五メートルにも達する。その内部には、これも後世に持ち込まれた仏像が安置されている。現在、第三回廊と中央祠堂への登頂は、一カ所のみに制限されている。

アンコール・ワットの中央祠堂が、ヒンドゥー教の宇宙の中心、神々の住む聖なる山＝須弥山であるとすれば、それを取り巻く三重の回廊や外堀は、その須弥山を取り巻く山々や大洋を表していると見ることが出来る。また、中央祠堂を取り巻く回廊の屋根を、聖山の回りでグルリととぐろを巻く聖なる蛇＝ナーガであると考える研究者もいる。

アンコール・ワットの見学は可能であれば午後が、好ましい。じっくりと時間をかけて、境内を散策した後、第三回廊の石積みに腰を下ろして、あるいは第二回廊と第三回廊の間の中庭において、夕刻、沈みゆく夕日が遺跡を黄金色に染め上げていくのを、じっくりと観察したい。

光のうつろぎの中、刻一刻とその表情を変えていく石の寺院。それは時に世界を包み込む黒々とした山並みであり、また、のたうつ巨大な光のナーガともなり、中央祠堂は夕日の残照を受けて、燃え上がる火炎樹に変わる。無数の石のデヴァターが微笑み、夕暮れと共に死が忍び寄る。夕刻のアンコール・ワットは、それ自体が自然のつくりだす巨大な演劇空間ともなるのである。

アンコール・ワットへは、グランドホテルのあるシェムリアプ川沿いの道を北上し、料金所を越えるとすぐ、アンコール・ワットの南側の外堀に突き当たる。それを左折し、右回りに進むとすぐに、西大門前のテラスに到着する。そこが、トゥクトゥクやバイク・タクシーの待機場所になっており、休憩するのにもってこいの「アンコール・カフェ」や、レストラン数軒がある。

## バンクセイ・チャムクロン

一〇世紀の初頭、ラージェンドラヴァルマン王によって建立されたとされる、比較的古い時代の、レンガ造りの祠堂である。

アンコール・ワットの前を右回りにう回して、アンコール・トムに向かうと、その南大門のすぐそばにある。三層のラテライトの基壇の上に、レンガ造りの祠堂が一基のみ、築かれていて、小振りだが、極めて形のよいピラミッド型の祠堂である。シヴア神をまつったヒンドゥー教寺院と、考えられている。

創建者のラージェンドラヴァルマン王は、九四四年に即位すると、ジャヤヴァルマン四世によってコー・ケーに移された王都を、再びアンコールの地に戻し、東メボンやプレ・ループなどの寺院を相次いで建立、王都の整備に力を注いだ王として、知られている。

なお、バンクセイ・チャムクロンとは、クメール語で、「都の小鳥」との意味である。

## アンコール・トム

アンコール・トムの「トム」とは大きいという意味であり、一二世紀の末から一三世紀の初頭にかけて、「アンコールの第二の黄金時代」を築いたジャヤヴァルマン七世の壮大な王都、すなわち、第四次アンコール王都内に残る遺跡の、総称である。

もっとも、アンコール・トム内には、ジャヤヴァルマン七世以前の遺跡もたくさん残っているが、これも便宜上、アンコール・トムに含めている。

アンコール・トムは、一辺が約三キロのラテライトの城壁で囲まれ、九万平方キロメートル余りもの、広大な敷地を有している。東西南北の四つの大門と、東側にはもう一つ、王宮正面に達する「勝利の門」の合計五つの門によって、外界とつながっている（東大門は「勝利の門」と区別するために、「死者の門」とも呼ばれている）。各大門の上にはバイヨン寺院のものと同じ、観世音菩薩の巨大な四面像が刻まれており、また、大門にかかる橋の左右には、それぞれのサイドに、神々と阿修羅の石像が建ち並び、巨大なナーガを引き合う姿を立体的に再現し、それがちょうど、橋の欄干の役割を果たしている。

この神々と阿修羅の綱引きは、いうまでもなく、アンコール・ワット第一回廊東面南側にある、ヒンドゥー教の創世神話である「乳海撹拌」を三次元的に再現したものであり、五つの大門は、神々の世界への入り口であるのである。

アンコール・トムの見学に際しては、通常、アンコール・ワットの周囲を右回りにう回して、南大門から中に入る。門は大型車両が通り抜けられるほど高く、見事である。以下、〈　〉内はアンコール・トム内にある遺跡。

### 〈バイヨン寺院〉

南大門を抜け直進すると、やがてアンコール・トムの中心寺院である、バイヨン寺院に達する。

バイヨン寺院は位置的にも、ちょうど、アンコール・トムの中心に、位置している。一二世紀の末に、ジャヤヴァルマン七世によって建立された、大乗仏教の寺院である。

アンコール朝の時代には王権強化・正当化の原理として、ヒンドゥー教と共に大乗仏教が広まっていたことはよく知られているが、それまでの歴代の王によって建てられた寺院の多くはヒンドゥー教のものであった。これに対し、ジャヤヴァルマン七世は熱心な仏教徒の王であったため、このバイヨン寺院をはじめ、多くの大乗仏教の寺院を、アンコール王都のみならず、広く各地に、建立している。

バイヨン寺院は、基本的には二重の回廊を配したピラミッド寺院であるが、全部で一九六面もあるという、巨大な観世音菩薩の四面像が、境内の至る所に林立し、そのため異様な迫力と共に、非常に混乱した印象をも、見る者に与える寺院である。

この「クメールの微笑」といわれる、何とも不可思議で、静かな微笑をたたえた観世音菩薩の四面像は、ジャヤヴァルマン七世の時代の建築に共通するモチーフであり、プリア・カーン、タ・プローム、バンテアイ・クディ等々、同王の建立した、すべての建築物に、実に効果的に使われている。

もっとも、現在は観世音菩薩であることが知られているこの四面像も、かつてはヒンドゥー教の三大主神のひとりであるブラフマー神もしくはシヴァ神であると、考えられていた時代もあった。また、この四面像の表情が各地で発見されているジャヤヴァルマン七世像のそれと酷似していることから、四面像は観世音菩薩像であると同時に、建立者であるジャヤヴァルマン七世を神格化したものであるとの説も、ある。

バイヨン寺院は遠くから見ると、高さ約四五メートルの円形の中央祠堂を中心に、四面像が重なり合って、あたかも山脈のような姿を形づくっている。バイヨン寺院もまたアンコール・ワット同様、世界（この場合はアンコール・トム）の中心＝須弥山として構想されたものであることが、このことからもよくわかる。

遺跡が非常に混乱した印象を与えると書いたが、これは何も林立する四面像のためばかりではない。実際に遺跡内を歩いてみればすぐにわかることだが、伽藍の内部はあたかも迷宮のごとく、複雑でわかりにくく、しかも、途中で行き止まりになってしまっているところなども、随所にある。

これは、おそらく、建設中ないし建設後に、何らかの理由で、大幅な設計の変更があったためであろう。

バイヨン寺院は、アンコール・ワット以外のほとんどの寺院がそうであるように、東面を正面に建てられており、正面の参道は王都の「死者の門」に直結している。

**第一回廊**　第一回廊は、東西に約一六〇メートル、南北に約一四〇メートルあり、アンコール・ワットの第一回廊同様、壁面を覆い尽くす見事なレリーフが見どころである。ただ、神話世界の再現が大半の前者に対し、バイヨン寺院のレリーフは、宿敵＝チャンパとの熾烈な戦いや、当時の庶民の日常生活などをモチーフにしたものが多く、好対照である。

また、これもアンコール・ワット同様、柱などには随所にデヴァターや踊るアプサラスの彫刻が施されていて、それも見どころのひとつである。

ここでは、アンコール・ワットの第一回廊とは反対に、右回りで一周する。

東面南側＝軍隊の行進等
象に乗って行進するジャヤヴァルマン七世の軍隊、その後には歩兵の列も…。同時に、頭に荷物を乗せて運ぶ女性や、荷物を天秤棒で担いでいる人々など、ごく普通の庶民の姿も、描かれている。

南面東側＝クメール軍とチャンパ軍の戦い、庶民の日常生活等
一一七七年、アンコール王都はメコン河からトンレサップ湖を経由して、水路でやって来たチャンパの大軍の奇襲攻撃の前に、あっけなく陥落してしまう。以降数年間、王都はチャンパの支配下に置かれることになるのである。ジャヤヴァルマン七世は、このチャンパの支配を打ち破って王都

を再び奪還すると共に、逆に一二〇三年までにチャンパの王都ヴィジャヤを攻略、チャンパをアンコール朝の支配下に置いた。

王はこれと平行して、荒廃した王都の再建にも着手、新たに建立したバイヨン寺院を中心に、第四次アンコール王都＝アンコール・トムを建築するのである。

ジャヤヴァルマン七世率いるクメール軍とチャンパ軍の、アンコールの地での最後の決戦が行われたのは、陸上では王都北側のプリア・カーン付近、海上ではトンレサップ湖上といわれており、その模様が、主にこの南面東側と西側の壁面に、見事な躍動感あふれる浮き彫りで、再現されている。

戦いは森林の中では、象軍を先頭とした白兵戦として、また、湖上では完全武装の両軍の兵士が乗った何艘もの小型の戦闘船同士が真っ正面から激突、やはり両軍入り乱れての白兵戦となっている。

いずれも蓮花装飾の頭巾のようなものを頭にかぶっているのがチャンパ兵、丸刈り頭の方が、クメール兵である。

一般的に様式美を特徴とするクメール美術の中では、抜きん出てリアルで、力強く、見る者に強い印象を残す傑作である。

これとは別に、市場の賑わいや、そこでの庶民の暮らしぶりを示すレリーフも、この南面東側の壁面には刻まれており、特に庶民のささやかな娯楽であっただろう、闘鶏の図などは、よく知られている。

南面西側＝クメール軍とチャンパ軍の戦い

南面東側と同様、クメール軍とチャンパ軍の陸上での戦いの模様が、描かれている。

西面南側＝戦闘シーン等

戦闘シーンなどが、一見、何の脈絡もなく、描かれている。物語性のあるアンコール・ワットの壁画とは異なり、今一つ統一性に欠けているのが、バイヨン寺院の壁画の特徴だ。

西面北側＝退却する軍隊

軍隊の行進する姿が描かれているが、これは碑文研究によって、戦いに敗れた軍隊の退却する様であることが、わかっている。

北面西側＝戦闘シーン、曲芸師と見物人等

戦争のシーンも描かれているが、それ以上によく知られているのが、曲芸師とそれを見物する庶民の姿を描いた図である。

北面東側＝退却する軍隊

壁面の崩落が著しく、壁画もほとんど残っていないが、一部残っている個所からは西面北側同様、退却する軍隊の図がこの面にも描かれていたらしいことが、かろうじて、わかる。

東面北側＝戦闘シーン

これもおそらく、クメール軍とチャンパ軍の、激しい戦いを描いたものであろう。神聖な王都をチャンパによって蹂躙された屈辱と、それを見事打ち破ったジャヤヴァルマン七世の偉大な功績とを、繰り返し、強調している。

**第二回廊**　第二回廊は、南北に約七〇メートル、東西に約八〇メートルあり、やはり壁面には浮き彫り彫刻が、施されている。そのメイン・テーマは、神話世界の再現だが、全体的に見て、一貫性がないというか、はなはだ、脈絡に欠ける内容である。その一部をあげると、西面北側には「乳海攪拌」の図が、また、東面北側には「らい王伝説」の物語が、それぞれ、描かれている。

後者については、森の中で蛇を殺した王が、その返り血を浴びて、らい病にかかったという伝説を、視覚化したものであるが、「らい王」が実在の人物であったかどうかは、不明である。

**上部テラスと中央祠堂**　第二回廊を抜け、急勾配な石の階段を上がると、そこが中央祠堂のある上部テラスである。巨大な観世音菩薩の四面像が林立し、その中心には、他にあまり例のない、円形基壇の中央祠堂が一基、建っている。

上部テラスにいると、どこにいても必ず、観世音菩薩の視線を感じずにはいられない仕組みになっている。それはあたかも、観世音菩薩、すなわち神である王＝ジャヤヴァルマン七世の威光が、世界の隅々まで照らし出し、アンコール朝の繁栄が未来永劫続くようにと、祈っているかのようである。

確かに、ジャヤヴァルマン七世の時代にアンコール朝は、過去最大の領土を獲得、王の威光はカンボジア国内のみならず、タイやラオスの南部、さらにはベトナムの一部にまで拡がったが、歴史は常に「黄金期」は滅亡ないし衰退への第一歩であることを、私たちに教えてくれる。ジャヤヴァルマン七世の死後、アンコール朝はゆるやかな衰退への道を辿ることになるのである。

## 〈パプーオン寺院〉

一一世紀の半ば、ウダヤーディティヤヴァルマン二世によって建てられたヒンドゥー教の寺院であり、第三次アンコール王都の中心寺院として、建設されたものである。

ウダヤーディティヤヴァルマン二世は、スールヤヴァルマン一世の息子で、一〇五〇年に即位すると、東バライに変わる新たな大貯水池＝西バライを掘り、その中央に西メボン寺院を建設するなど、王都の整備と、そのいわば繁栄を支える大規模治水事業とを、精力的に推進した。

パプーオン寺院は、バイヨン寺院の北側に隣接して建てられているが、もともとはここが、チャンパの奇襲によって陥落した、第三次アンコール王都の中心であったのである。同寺院の中央祠堂は、バイヨン寺院のそれよりもさらに高く、天に向かってそびえていたといわれているが、崩壊が進み、往時の偉容を想像することは、現在では難しい。

レストランやお土産物店等が建ち並び、トゥクトゥクやバイク・タクシーの駐車場になっている前に、パプーオン寺院に続く約二五〇メートルの参道がある。この参道は約一メートルほどの円柱で支えられた、とても美しい空中参道になっている。

パプーオン寺院の基壇は、東西に約一二〇メートル、南北に約一〇〇メートルあり、かつては二重の回廊が、中央祠堂を取り囲むように設けられていたと考えられているが、現在は第一回廊は全く残っておらず、第二回廊もまた、そのごく一部が、わずかに残っているのみである。

中央祠堂もまた、その上部構造が完全に崩壊していたが、フランス極東学院による修復作業が、一九五一年以来、継続して、行われている。

この基壇の裏手、すなわち、西面には、巨大な涅槃仏の壁面彫刻の痕跡が、かすかに残っているが、これはもちろん、後世に仏教徒によって、刻まれたものである。

遺跡は崩壊が著しいとはいえ、随所に「ラーマーヤナ」や「マハーバーラタ」等、ヒンドゥー神話を題材にした精緻な壁画なども、残っている。

なお、「パブーオン」とはクメール語で、隠し子という意味である。その名前の由来は、かつてシャム（タイ）王とカンボジアの王は兄弟であり、シャム王は自分の子供をカンボジアの王に預けたが、その子供をカンボジアの重臣が謀殺し、両国間の戦争が始まった。その報復として、今度は自分の子供が殺されるのではないかと恐れたカンボジアの王妃が、その子をこの寺院に密かに隠したという、伝説に基づくものである。

〈象のテラス〉

一二世紀の末に、大王ジャヤヴァルマン七世によって築かれた、王宮前の全長約三五〇メートル、高さにして約四メートルあまりの石のテラスを、象のテラスと呼んでいる。

テラスは「勝利の門」から直進して王宮に至る途中にあり、遠征に出発する、あるいは凱旋してきたクメール軍を、このテラスの上から王が閲兵するのに使用されたものと、考えられている。

その壁面に行進する象と、ヴィシュヌ神の乗り物でもあるガルーダのレリーフが刻まれているところから、「象のテラス」とネーミングされている。

〈らい王のテラス〉

象のテラスの北側にはさらに、「らい王のテラス」と呼ばれている、石のテラスがある。象のテラス同様、ジャヤヴァルマン七世によって築かれたものであり、王宮の一部をなすものである。

「らい王のテラス」というネーミングは、このテラスの上から、口髭をはやし、裸で男性器を有しない、高さ一メートルほどの人物像が発見されたためで、それが伝説の「らい王」像ではないかと、かつて研究者によって考えられたからである。現在では、この神像が碑文の解読によって、地獄の神、ダルマラージャ・ヤマ天神であることが、判明しているが、「らい王のテラス」という名前はスッカリ定着しているため、そのまま使われている。

「らい王」像は、現在、プノンペンの国立博物館の中庭に安置されており、その代わりに、テラス上には精巧なレプリカが、置かれている。

らい王のテラスは全長約二五メートル、高さにして約六メートルほどで、外壁の裏に、さらに内壁があるという、二重構造になっている。外壁・内壁共に、上から下までビッシリ、デヴァターなどの精緻で美しいレリーフが刻まれている。

特に、外壁によって保護された形になっていた内壁に残るレリーフの素晴らしさは有名で、そのため、その修復を担当したフランス極東学院によって、内壁のレリーフを見学者がよく見ることが出来るようにと、新たな人工の壁と見学路が設けら、その上にレリーフを切り取り、貼り付けるという修復が行われた。こうした修復法が果たして正しい修復といえるのか、どうか、疑問を投げかける研究者も多い。

### 〈王宮〉

ジャヤヴァルマン七世によって築かれた、華麗な王宮それ自体は、木造であったため、現在、何も残っていない。わずかに残っているのは、石造の象のテラス・らい王のテラスと、外壁の一部、別途紹介する、これまた石造のピミアナカス宮殿、それに、男池・女池と呼ばれる、小さなふたつの貯水池のみである。

王宮の規模は、東西約六〇〇メートル、南北約三〇〇メートルほどである。

〈ピミアナカス〉

現在のピミアナカスは、一〇世紀の末から一一世紀の初頭にかけての時期に、スールヤヴァルマン一世の手によって建てられたものと考えられているが、宮殿それ自体は、すでに九世紀の末に、初めてアンコールの地に王都を築いたヤショーヴァルマン一世の時代に、存在していたようである。

現存するピミヤナカスは、パプーオン寺院に隣接する広大な王宮の敷地内に建てられており、東西約三五メートル、南北約二八メートル、高さ約一二メートルほどの、ラテライトを三層に積み上げて築かれた、石の宮殿である。

その名の「ピミヤナカス」とは、天上の宮殿との意味で、この国では王が、毎晩、この宮殿に住む女性の蛇神と交わることで、国の安寧が保たれているという伝承の、その蛇神の住む宮殿が、このピミヤナカスである。

こうした宮殿を王宮内につくることで、王はイコール神であるという、アンコール朝特有の「神王思想」が形成されていったのだと、考えられている。

宮殿には石の回廊が設けられているが、その高さはわずか二メートル、幅一メートルほどで、腰をかがめて、ようやく通ることが出来る、いってみれば、見せかけだけの擬似回廊である。毎晩、神聖な儀式の行われるピミヤナカスには、王以外には、たとえ王族といえど、誰ひとり立ち入ることが出来なかったため、おそらく、こうした外からの視覚効果だけを考えた建造物がつくられたのであろう。

〈テップ・プラナム〉

らい王のテラスの北側、北大門に至る大通りから左折し、西へ延びる参道を約一六〇メートルほど進むと、左右に石の獅子像を配したテラスがある。テラスの上には黄色い袈裟を掛けられた高さ四メートルほどの石の大仏が安置され、その上にはさらに木造の屋根がかけられている。大仏の前には花や様々なお供え物が置かれ、ここが地元の人々にとっての信仰の場になっていることが、よくわかる。

もちろん、この大仏や木造の建物は、後世に造られたもので、ここにはかつて、一〇世紀の初頭に、イーシャーナヴァルマン二世によって造られたヒンドゥー教の寺院があったのである。

このイーシャーナヴァルマン二世の死後、アンコール朝の実権は、コー・ケーに新たな都を開き、イーシャーナヴァルマン二世と対立していたジャヤヴァルマン四世の手に、移ることになり、王都もまた、暫くの間、アンコールの地を離れることになった。

イーシャーナヴァルマン二世の造った寺院で、現在残っているのは、この大仏の台座になっている石のテラスのみである。

## 〈プリヤ・パリライ〉

テップ・プラナムのさらに背後には、プリヤ・パリライと呼ばれている、ヒンドゥー教の寺院が建っている。これもテップ・プラナム同様、ナーガの欄干の残る美しい石のテラスがあり、その上に後世に置かれた高さ三メートルほどの大仏が、安置されている。

大仏の背後には、上部に彫刻の残る門があり、それをくぐると、かつてのヒンドゥー教の寺院の中央祠堂が、まさに崩壊寸前といった状態で、かろうじてその原型をとどめている。この寺院が建設されたのは、一二世紀の初頭といわれているが、どの王が造営させたものなのかなど、ほとんど、何もわかっていない。

アンコール・トムを訪れる観光客も、ここまではあまりやって来ないので、あたりは静寂に包まれている。周囲には樹木も多く、その木陰でしばし休憩したり、あるいは物思いにふけったりするのには、絶好の遺跡である。

〈プラサット・スゥル・プラット〉

象のテラスの正面には、北大門へ続く大通りを挟んで、合計一二基の、ラテライトの小祠堂が一列に並んで、建っている。

これらの塔がどのような目的で使われたのかについては、真偽のほどはともかくとして、塔から塔へと綱を渡して、踊り子たちに綱渡りを演じさせて、それを王が象のテラスから見物して楽しんだのだとの伝承が残っており、そのため「綱渡りの踊り子の塔」などとも、呼ばれている。その他、宝物庫として使用されていたのではないかとの説や、あるいは、裁判用に使われていたなどの、諸説がある。

なお、後者の説については、周達観が『真臘風土記』において、次のように記している。

「両家が（王に）うったえ事をして、曲直を明らかにすることがないとき、王宮の対岸に、小さい石塔が十二座あり、二人を各々一塔の中に坐らせる。その外では、両家がみずから親族をひきいてたがいにいましめ備えあう。坐することは、一、二日のことがあり、三、四日のことがあるが、道理がない者は、必ず証拠になるきざしを獲て外に出る。身上にできものを生じることがあったり、せきをして発熱するような事があったりする。道理がある者はおおかたわずかの事もない。これによって、曲直を分別し、これを天の裁きという」（邦訳は平凡社版による）

このプラサット・スゥル・プラットは、バイヨン寺院や象のテラスなどと同様、一二世紀末に、ジャヤヴァルマン七世によって建てられたものである。

〈プリヤ・ピトゥ〉

象のテラスの前を通って北大門に向かう道の、ちょうどテップ・プラナムの反対側には、合計ふたつのテラスと、五つの小祠堂が残っており、プリヤ・ピトゥと総称されている。

五つの神殿の内三つまでは、祠堂内にシヴァ神の象徴とされる石のリンガ（男根）が安置されていたり、シヴァ神などのヒンドゥーの神々のレリーフが刻まれているので、そこがかつてヒンドゥー教の寺院であったとわかる。

ただし、最東端の一番規模の大きな神殿には、祠堂内に仏のレリーフが刻まれており、仏教寺院であった可能性もある。

また、ふたつのテラスの内ひとつには、プリヤ・パリライ同様、美しいナーガの欄干が残っている。

これらの遺跡群が造られたのは、おそらく、一二世紀前半のことといわれているが、果たして同時期に造られたものであるかどうかは、不明である。また、どの王が建設させたものなのかなども、一切、わかっていない。

遺跡は崩壊が進行し、一部は全くの瓦礫の山と化している。しかし、注意深く見ていくと瓦礫の山の中にも、見事なレリーフの一部が残っていたりする。もし、時間が許すならば、是非、ゆっくりと、遺跡内を散策されることをおすすめする。

## 〈北クリヤン・南クリヤン〉

プラサット・スゥル・プラットの後方、勝利の門にむかう道の両サイドに、同じ形の建物が、左右対称に建てられている。「クリヤン」とは倉庫との意味であるが、その名の通り、倉庫として使われていたのかどうかは、不明である。

一〇世紀末から一一世紀の初めに、ジャヤヴァルマン五世によって建てられたものといわれている。また、ジャヤヴァルマン五世によって建設が開始されたものの、それを完成させたのは、スールヤヴァルマン一世であるとの説もある。

ジャヤヴァルマン五世は、ジャヤヴァルマン四世によってコー・ケーに移された王都を、再びアンコールの地に戻したラージェンドラヴァルマン王の息子で、即位後、タ・ケウ寺院をその中心寺院とした新王都の建設に乗り出すが、王の死によって中断、タ・ケウ寺院自体も未完成のまま、放置されることになった。

## プノン・バケン

アンコール・ワットの西大門から、アンコール・トムの南大門へと、車やバイク・タクシーでむかう道の途中に、樹木に覆われた小高い山があり、その約六〇メートルほどの山頂へと続く、瓦礫と、はびこる木の根に覆われた険しい斜面の前には、いつも夕刻になると、観光客目当ての売り子たちがワイワイガヤガヤと賑やかに、たむろしている。ここが夕日の名所としても知られる山頂の寺院、プノン・バケンへの登頂路である。

山頂の中央祠堂へと続く登頂路は、登頂困難だが、その両サイドに、大きくう回しつつ、山頂へと、至るなだらかな山道がある。足の悪い人は、象に乗って登頂することも出来るが、結構なお値段である。

プノン・バケンは、九世紀の末に、この地に王都を初めて築いたヤショヴァルマン一世によって建てられた、第一次アンコール王都の中心寺院である。王はアンコール朝の事実上の創始者であるインドラヴァルマン一世の息子で、八八九年に即位すると、ジャヤヴァルマン二世によってその建設が開始され、父であるインドラヴァルマン一世によって完成された王都「ハリハラーヤ」(現在のロリュオス遺跡群)にかわる新たな王都「ヤショーダラプラ」を、ハリハラーヤから約二〇キロ離れたアンコールの地に建設することを決意、直ちにその中心寺院の造営に着手した。

ヤショヴァルマン一世による新王都は、このプノン・バケンを中心に、一辺約四キロという壮大なものであったといわれているが、その後の三回にもおよぶ王都の全面的な建て替えによって、その痕跡は、現在、このプノン・バケン以外にはまったく、残っていない。

また、王はこのプノン・バケン同様、アンコールの地にあるプノン・クロムとプノン・ボックの山頂にも、それぞれ祠堂を造り、もって王都の鎮守とした。

プノン・バケンの遺跡は、自然の地形を利用しつつ、都合六層の基壇を積み上げ、六段めの最上層は、五つの祠堂を配した構造になっている。また、最上層以外の各層と、その周辺にも、石造ないしレンガ造りの小祠堂が無数に配されている。もっとも、現在はそのほとんどが、完全に崩壊し、往時の偉容をしのぶことは、困難である。

プノン・パケンは、ヒンドゥー教の神々が住むとされた須弥山を模したものであり、王がまさに現人神として王都＝世界を支配するというアンコール朝独特の「神王思想」が、すでに早い段階で、確立されていたことがわかる。

遺跡は崩壊が進行し、山頂の中央祠堂も、上部構造を欠いている。当然、これといった見どころもないが、この遺跡のある山頂からは、まさにグルリ三六〇度の眺望を楽しむことが出来る。見渡す限りの広大な樹海と、その中に浮かぶ小島のごときアンコール・ワットの全景。また、目を転じれば、とても人工の貯水池とは思えない規模の、満面の水をたたえた西バライを遠望することも、出来る。

前述の通り、プノン・バケンは沈む夕日を見る「名所」となっており、天気のいい夕刻には、山頂はその日の観光を終え、三々五々集まった観光客で、文字通り、ごったがえすことになる。夕日が西の地平線に傾いていくにつれ、あたりには暗闇が忍び寄り、その残照の中、次第に姿を消していくアンコール・ワットの神々しさは、まさに筆舌に尽くしがたいほど、素晴らしい。仮に夕方に雨が降ることが多い雨期であっても、何日か滞在する内には、必ずチャンスがあるものである。是非、夕刻のプノン・パケンに行って、この光景の目撃者に、あなたもなっていただきたい。

## トマノン

アンコール・トムの「勝利の門」を出て、約五〇〇メートルほどの距離のところに、共に一二世紀前半に、アンコール・ワットを建設したスールヤヴァルマン二世が築いた小祠堂である、トマノンとチャウ・サイ・テウダがある。「勝利の門」からなら進行方向左側、すなわち北側にあるのが、トマノンである。また、道路を挟んでその反対側、すなわち、南側にはチャウ・サイ・テウダが建っている。

トマノンは、拝殿のついた主祠堂と、付属の経蔵とを、今はほぼ完全に崩壊してしまった周壁で囲み、その東と西に塔門をつけた実にコンパクトな造りになっており、その東西の塔門と、祠堂の壁面等には唐草文様を背景に、数々の見事な浮き彫り彫刻が施されている。

なかでも、ガルーダに乗ったヴィシュヌ神の彫刻や、遺跡の随所に刻まれた女神デバター像などは、必見。小規模ながら、アンコール・ワットとのつながりを強く感じさせる、美しい遺跡である。

## チャウ・サイ・テウダ

道の反対側にあるチャウ・サイ・テウダは、基本的にはトムマノンとほぼ同じ造りのヒンドゥー教の小祠堂である。

拝殿のついた主祠堂と付属の経蔵、それを取り囲む周壁といった造りには変わりはないが、ただ経蔵は北と南に二つあり、また、周壁には東西南北四つの塔門が設けられているなどの違いはある。また、東の塔門から続く円柱の列は、そこにかつて参拝者用の空中参道が架けられていたことを示している。

遺跡は比較的保存状態のいいトマノンに比べ、崩壊が著しく、美しさの上に荒涼とした凄みが加わっている。その名の通り、祠堂の外壁には多くのデバター像が刻まれており、中には赤い着色の痕跡の残った像もある。このことから、祠堂はかつて、鮮やかな色彩に彩られていたことが、想像出来る。

## タ・ケウ

タ・ケウ寺院は、一一世紀の初頭に、ジャヤヴァルマン五世が、自らの新王都の中心寺院として、その建設に着手したものであるが、王の死によって、未完成のまま、放置されることになった。

何重にも積み上げた石の基壇の上に、主祠堂と四つの副祠堂を配した、典型的な五塔型のピラミッド寺院で、アンコール・ワットの原点ともいえる雄大な意匠の、ヒンドゥー教寺院遺跡である。とにかく下から仰ぎ見た時の眺望が見事で、これは建設者が意図したことでは全くないが、未完のまま放置されたため、祠堂には壁面装飾が施されておらず、それが逆に、荒削りな魅力を、より一層引き立てるという、皮肉な結果にもなっている。

主祠堂に至る階段は、一段一段が高く、しかも幅が極端に狭く、実に登りにくい。これもまた、基壇上の祠堂が、神々の住む宇宙の中心＝須弥山に見立てられていたことを考え合わせれば、わざわざそのように、つまり、登りにくく造ったことが理解出来るだろう。

寺院は二重の周壁によって、その周囲を取り囲まれているが、これがやがて、アンコール・ワットの中央祠堂を取り囲む、何重もの大回廊へと、発展していったのであろう。

## タ・プローム

タ・プローム寺院は、一二世紀の後半に、ジャヤヴァルマン七世によって建てられた、平面展開の大伽藍を有した、壮大な規模の仏教寺院である。その敷地面積は、東西に約一〇〇〇メートル、南北に約六〇〇メートルもあり、碑文解読によれば、ジャヤヴァルマン七世即位後五年目の一一八六年に建てられ、最盛期には五〇〇〇人以上もの僧侶が住む大僧院であったといわれている。

寺院の正面は東門で、塔門から左右に聖池を配した参道を進むと、前柱殿があり、二重の周壁に囲まれた中央祠堂を含む大伽藍が見えてくる。伽藍の内部は実に複雑で、しかも崩壊個所が随所にあって、はなはだ、歩きにくい上に、迷いやすい、迷宮のような構造になっている。ただ、最近は、観光客の便を考えて、木の渡り廊下が、遺跡の随所に張り巡らされ、その道順に従って歩けば、遺跡内の散策はずいぶんと、楽になった。

タ・ロームの魅力は、何といっても、遺跡にもたらす自然の驚異を、目のあたりにすることが出来ることであろう。それはこの遺跡が、自然の驚異を明らかにする目的のため、遺跡の石組みに絡みついて成長し、やがて、遺跡を押しつぶすまでの大木となる、スポアンという樹を排除することをあえてしないで、文字通り、密林に埋もれたそのままの状態で、保存されているからである。

周囲を鬱蒼と茂った森林に取り囲まれ、そればかりか、その侵入を受けて、まさに崩壊寸前といった風情の遺跡。昼なお暗い迷宮のような通路をやっと抜けると、至る所に瓦礫の山が出来、そこから先に進めなくなっていたりする。特に雨期明けなどには、遺跡全体が緑の苔に覆われて、一種独特の神秘的な雰囲気を醸し出す。

その上、遺跡内を散策していると、ハッとするほど意外な場所で、静かに微笑む女神デバターのレリーフなどと出会うこともあり、それがその神秘的な雰囲気を、さらに加速させる役割を果たしている。

欧米人好みの、きれいに整備された遺跡公園の中で、遺跡を見るのでは絶対に味わえない感銘が味わえる、タ・プロームはそんな遺跡である。

## スラ・スラン

スラ・スランは、東西に約七〇〇メートル、南北に約三〇〇メートルほどの規模の貯水池であり、王の沐浴場であったといわれている。ジャヤヴァルマン七世が、一二世紀の末に、造営したものである。

貯水池の周囲には砂岩の壁があり、階段が水中まで、続いている。また、その中心には小島が造られ、今は崩壊しているが、祠堂が建てられていたことがわかっている。

多くの人が見学するのはバンテアイ・クディの東門前のテラスからだが、テラスから水中への階段にはナーガの欄干が設けられ、今はない池の中央の祠堂を遠望するかのように、石の獅子像が配されている。

この西のテラスからの眺望では、水面の彼方から上る朝日が、特に素晴らしいといわれている。

## バンテアイ・クデイ

ここもまた、ジャヤヴァルマン七世によって、一二世紀の末に造られた仏教寺院であり、タ・プローム同様、平面展開の大伽藍が四重の周壁に囲まれて存在している。スラ・スランの前の塔門が正面の東門で、塔上にはジャヤヴァルマン七世の造った建造物に共通するモチーフである、観世音菩薩の四面像がある。

東門からの参道を進むと、テラスや楼門などがあって、やがて前柱殿に至り、さらに進むと、中央祠堂のある大伽藍に達する。中央祠堂は、迷路のように十字型の回廊が張り巡らされ、また、タ・プローム同様、崩壊個所も多く、内部構造がわかりにくい。ただただ、直進すれば、やがて西の塔門に至る。

そこから出てもいいが、わかりやすさという点ではやはり、バンテアイ・クディの場合、オーソドックスに正面の東門から入って、その境内を一周して、再び東門に戻った方が、ベターである。車やバイク・タクシーは東門の前に止めておいて、スラ・スランとバンテアイ・クディを一緒に見学すればいいのである。

この遺跡の中を歩いていると、祠堂の崩れ落ちそうになったところを、単に何本かの木材でかろうじて支えている個所などが、随所にあって、倒壊の危機が刻一刻と迫っていることが、よくわかる。

現在、日本の上智大学を中心とするアンコール遺跡国際調査団による、遺跡の将来的な保存・修復のための調査活動と、教育研修の場として、活用されている。その過程で、発見された大量の廃仏は、現在、シハヌーク・イーオン博物館に収蔵・展示されている。

## プラサット・クラヴァン

プラサット・クラヴァンは、バンテアイ・クディとスラ・スランの前の道をアンコール・ワットの方向にむかう、その途中にある、一〇世紀の初頭という、比較的早い時期に造られたレンガ造りの小祠堂である。同寺院を建立したのは、ハルシャヴァルマン一世と、いわれている。

中央の祠堂の左右に、二つずつ、つまり計五つの祠堂を横一線に並べたもので、中央の祠堂以外はすべて、上部構造を欠いている。

アンコール遺跡では、初期の祠堂はこのように、レンガ造りのものが多かったが、やがて、より耐久性がある石材を使うようになって、レンガ造りの祠堂は次第に造られなくなっていった。

レンガ造りの祠堂は、石造のそれに比べて耐久性が低く、しかも、個々のパーツそのものが小さいため、いったん何らかの原因で倒壊してしまうと、その復元が極めて困難といわれている。このプラサット・クラヴァンも、一九六〇年代にフランスによって修復されたものだが、その際、遺跡全体をいったん解体し、コンクリートの壁の両側に、再びレンガを積み上げていくという工法をとったことで、知られている。もちろん、レンガの中には再使用不可能なものも多く、そのため、新たに焼いたレンガを、その旨を明記した刻印をつけて、使用しているのである。

そのため遺跡は見違えるほどの美しさで甦ったが、反面、あまり歴史を感じさせないものになってしまったこともまた、事実である。

この遺跡の魅力は何といっても、祠堂の内壁に、ヴィシュヌ神や、その妻であるラクシュミー女神などの浮き彫りが彫られ、それがかなり保存のよい状態で、残っていることであろう。祠堂の内部に、このようなレリーフを施すことはクメール建築にはあまり類例がなく、そうした意味でも大変貴重な、建造物であるといえる。

## プリア・カーン

アンコール・トムの北大門から出て、約一～二キロで、プリア・カーンの西参道に到着する。参道は鬱蒼とした森の中の、大変印象的な両サイドに石のリンガが並ぶ道になっている。この参道を進むと、やがて、あのおなじみの観世音菩薩の四面像を乗せた塔門が見えてくる。そう、この寺院もまた、ジャヤヴァルマン七世が、父の菩提を弔うために、一一九一年に造らせた、仏教寺院なのである。

プリア・カーンは、東西約八〇〇メートル、南北約七〇〇メートルの周壁に囲まれた、平面展開の大伽藍を有する、大規模な寺院遺跡である。

観光客は、通常、西門から入るが、実際には正面は東門で、タ・プロームやバンテアイ・クディ同様、東門と西門を結ぶ線上に、テラスや前柱殿、中央祠堂を含む大伽藍が、配されている。もちろん、大伽藍には十字型の回廊が随所に設けられ、内部はあたかも迷宮のようになっている。

経蔵や、クメール建築では珍しい二階建て構造の、用途のわからない建物など、付属施設も多く、境内は実際のところ、かなり混迷を深めている。縦と横への拡がりの絶妙なコントラストで、アンコール・ワットという究極の美の殿堂を造り出したクメール建築は、ジャヤヴァルマン七世の時代に入ると、それとはまったく別の混沌とした領域に、足を踏み入れてしまったかのようである。

また、ジャヤヴァルマン七世が、あまりにも多くの巨大建造物を、しかも、相次いで造営したためか、寺院の建設にはかなり荒が目立ち、それが深刻な遺跡の崩壊要因ともなっている。

もちろん、プリヤ・カーンには、一番外の周壁の塔門付近に残る、実にダイナミックなガルーダの浮き彫り彫刻や、祠堂の外壁やまぐさ（クメール建築では出入り口などの開口部を二本の側支柱とその上に置く横石で造る、この横石をまぐさという）に残る美しいレリーフの数々など、見どころも、それなりに、多い。

仏教寺院であるため仏教に素材をとったものが

大半と思われがちだが、実はそれに負けないくらい、ヒンドゥー教の神話世界に素材を求めた彫刻が多いのが実態だ。これはひとつにはアンコールの時代にはヒンドゥー教と大乗仏教は、比較的仲良く、平和共存していたということもあるのだが、仏教徒の王であったジャヤヴァルマン七世の死後、不満を募らせていたヒンドゥー教勢力の激しい巻き返しが行われた結果と見ることもまた、出来るのではないか。

プリヤ・カーンとは、「聖なる剣」の意味であり、同寺院は父の菩提寺として、建設されたものだが、同時に、アンコール王都を占領していたチャンパ軍をジャヤヴァルマン七世が激戦の末打ち破った、その戦勝を記念して、造営されたものでもあったようである。

碑文には、寺院には一〇万人もの僧侶が居住し、大いに繁栄していたとあるが、いくらなんでも、そのまま信じることが出来ない数である。これなどはジャヤヴァルマン七世の治世は、その見せかけというか、大言壮語とは裏腹に、かなりの無理も生じていたのではないかと考えることも出来る、記述である。

## ニャック・ポアン

アンコールの時代、歴代の王が王都の整備や巨大寺院の建設と共に、その力をもっとも注いだといえるのが、水利灌漑施設の建設とその維持に、ほかならない。雨季と乾季がハッキリ別れるカンボジアでは、乾季の農耕用に農業用水を蓄えておける巨大な貯水池と、その水を広く農耕地の隅々にまで行き渡させる水路網の整備が、必要不可欠であったからである。

現在のカンボジアでは、多くの農民がもっぱら、雨季の降水に頼った農耕を行っているのが実態であるが、アンコール時代の王が強大な権力をふるうことが可能であった背景には、こうした水利灌漑に支えられた豊かな経済基盤があったと、考えられている。

アンコールの地に初めて王都を築いたヤショ

ヴァルマン一世が、王都の建設と平行して着手したのは、現在は完全に干上がってしまった巨大な貯水池＝東バライを掘ることであったし、一時、コー・ケーに移されていた王都を再びアンコールの地に戻した、ラージェンドラヴァルマン王が最初に行ったのも、この東バライの中央に、東メボン寺院を建立することであった。第三次アンコール王都を建設したウダヤーディティヤヴァルマン二世もまた、その新たな王都の建設と平行して、新たな巨大貯水池＝西バライを掘り、その中央に西メボン寺院を建立している。

ところが、こうした巨大な人工貯水池と水路網は、長い年月の内には次第に、泥土などの沈殿物が堆積し、やがて、機能に支障を来すことになる。そうなると、その巨大な規模故に、改修は至難の業で、新たな貯水池を掘る以外に解決策が見出だせなかったのではないかと、考えられている。

しかしながら、それには相当の労力が入り、また、いったん、こうした水利灌漑網が麻痺してしまうと、乾季の灼熱の太陽に長期間さらされた農耕地は土壌の鉄質化が急速に進行し、やがて、取り返しのつかない状態になる。そうした水利灌漑網の破綻と、それによる経済の停滞、他方、次第に力をつけてきた隣国シャム（タイ）の度重なる侵攻が、ちょうど時期的に重なったことが、アンコール朝崩壊の要因のひとつであると、考える研究者もいる。

一二世紀の末に、ジャヤヴァルマン七世が即位した時には、東バライは完全に干上がっていたと考えられており、王は早急に新たなバライを掘る必要に迫られていた。ニャック・ポアンはそうした目的で、同王によって造られた新たな人工の貯水池のひとつで、七〇メートル四方の中央の池と、その東西南北に設けられた、おのおの二七メートル四方の四つの小池からなる遺跡である。

中央の池の真ん中には、めずらしい円型基壇の中央祠堂が一基、建っている。

実際には、そのニャック・ポアンを取り囲むようにして、さらに大きなバライが造られていたらしいのだが、それにしてもそのすべての貯水量を合わせても、かつての東バライの一〇分の一程度の水量でしかなかったようである。

つまり、アンコール地域の、少なくとも東側地域の水利灌漑網は、必ずしも十分に機能してはいなかったのではないかと、考えられるのである。

ニャック・ポアンの中央の池の中には、その首や足に、多くの人々が必死にしがみついた馬の石像が設けられており、ひときわ、目を引くものとなっている。この像は仏教の説話にある神馬ヴァラーハの像であると、考えられている。

かつてセイロン島には、人食い鬼＝羅刹女が住み、船が難破して島に流れついた旅人がいると、美しい乙女に化けて誘惑しては、食用にしていた。ところが、島に流れついた者の中に、観世音菩薩に対する信仰の篤いシンハラという善良な商人がいて、天の声によって乙女の正体を知らされ、人々を連れて無事、島を脱出する。この時、彼らを自らの身体に乗せて天高く舞い上がり、救ったのが、神馬ヴァラーハで、実はシンハラがあがめていた観世音菩薩の化身した姿だったというのが、その説話のあらましである。

また、島の中央にある祠堂の円型基壇の周囲を、グルリと取り巻いているのは二匹のナーガであり、それが「ニャック・ポアン（絡み合う蛇）」の由来となっている。中央祠堂は蓮華を型取り、その中には、とぐろを巻くナーガの上に座した菩薩像が安置されている。大乗仏教徒であった王の思想を、実に見事に具現化した、遺跡であるといえる。

もうひとつ見逃せないのは、中央の池から付属する四つの小池に水を流す注入口が、それぞれ、象、獅子、牛、人の頭部になっていることである。実際に、王都周辺の農民が日常的にそこを訪れることが出来たかどうかは不明であるが、すべての生けるものに観世音菩薩の慈悲としての聖水を分け与えようという意図が、そうした造形に表われているといわれている。

実際、遺跡にはその観世音菩薩に向かって、何事か熱心に祈る人々の姿を描いたレリーフなどもあり、そうした目的でここが使われていた可能性もある。

現在のニャック・ポアンは、乾季には水が完全に干上がってしまうが、雨季明けに行くと、遺跡は周囲に満面の水をたたえて、実に美しい。

## タ・ソム

タ・ソムもまた、一二世紀の末に、ジャヤヴァルマン七世が造った、比較的小規模な仏教寺院である。ニャック・ポアンからは東に二キロほどの距離。

塔門の上の観世音菩薩の四面像を覆い尽くさんがばかりの巨木と、石組みのゆがみが目立ち、今にも崩れ落ちんがばかりの中央祠堂。使われている石材の材質の違いを指摘する声もあり、相次ぐ寺院建立による石材の不足と、手抜き工法が、遺跡の崩壊を一層早めているのかもしれない。

寺院は実にコンパクトにまとめられており、意匠の壮大さを、そこに感じることは出来ない。

## 東メボン

東メボンは、一〇世紀の半ば、ラージェンドラヴァルマン王によって建立された、今は完全に干上がってしまった、東バライの中央に建つ、比較的古い時期のヒンドゥー教寺院である。

三層の基壇の上に建つ、中央祠堂の四方に四つの副祠堂を配した五堂型のピラミッド寺院であり、素材にはレンガと砂岩、ラテライトが、組み合わせて、使われている。

巨大な東バライの中央にある寺院であったため、かつては船以外の方法では行くことが出来なかったのであろうが、今は陸路で行くことが出来、また、遺跡自体も上部構造の風化が一段と進み、往時の偉容をしのぶことは難しい。

## プレ・ループ

東メボンから南に一キロほどのところに、東メボンと極めてよく似たラテライトとレンガで造られた五堂型のピラミッド寺院が建っており、これがプレ・ループである。

　東メボンの建立から一〇年ほど後に、同じくラージェンドラヴァルマン王によって、建てられたものと、考えられている。

　やはり、三層のラテライト製基壇があり、その上に四つの副祠堂が、また、中央にはさらに二段の基壇を重ねて、その上に、中央祠堂が建てられている。四方の副祠堂より、中央祠堂の高さを強調した造りや、伽藍内にいくつもの小祠堂や経蔵等の付属施設を、効果的に配するなどの工夫の跡もあり、そのため、東メボンと一見同じに見えても、より壮大さを感じさせる遺跡になっている。

　正面の東塔門から入ると、二層目の基壇の上に石造りの槽のようなものが置かれているが、ここで死者を荼毘にふしたとの言い伝えが残っており、それが「プレ・ループ（身体を変える）」という名前の由来にもなっている。

　祠堂の外壁には、レンガの上に漆喰を塗り、その上に見事なデヴァター像などの装飾を施すという手法が使われており、そのため現在、長い年月を経て漆喰の剥離が進んでいる。

## 西バライと西メボン寺院跡

　シェムリアップ空港の北側すぐのところに、ウダヤーディティヤヴァルマン二世によって造られた、東西約八キロ、南北約二キロにもおよぶ巨大な人工の貯水池「西バライ」が残っており、現在はその東半分がほぼ埋まってしまった状態とはいえ、その前に立つととても人間の手によって造られた人工湖とは思えない壮大なスケールに、文字通り、圧倒される。

　今はない東バライもまた、同様のスケールの大貯水池であったことが、航空写真によって、確認されている。

　西バライの南側中程の土手には、ボート乗り場があり、バライの中央にある島（今は乾季には陸続きになっている）の西メボン寺院跡まで行くボートが、出ている。料金は交渉次第であるが、ひとりで借り切れば、だいたい、往復で一〇ドル程度といわれている。

もっとも、せっかく行っても、西メボン寺院そのものは完全に倒壊し、今はその回廊のごく一部が残っているだけである。寺院跡には高床式の木造住宅が建てられており、上座部仏教の寺院になっている。

西バライの南側の土手には屋台も出て、夕刻になると、夕涼みをする人々で、賑わう。水浴びをする子供たちの、元気な姿もある。ボート乗り場から土手沿いにさらに西に向かうと、左手にほとんど崩壊した状態のレンガ造りの祠堂跡があり、アック・ヨムと呼ばれている。

この遺跡は、七世紀のプレ・アンコール時代のものであることがわかっており、アンコール遺跡エリアに現存する、最古の寺院遺跡であるともいわれているが、残念ながら、その姿形を現在確かめることは、望むべくもない状態である。

## バンテアイ・スレイ

バンテアイ・スレイは、一〇世紀の後半、ラージェンドラヴァルマン王の治世に、その建設が始まり、ジャヤヴァルマン五世の時代に完成した、ヒンドゥー教の小寺院遺跡で、幼くして王位についたジャヤヴァルマン五世の摂政に起用され、王都の実権を握ったバラモン僧のヤジュニャヴァラーハの菩提寺として、建設されたものである。

王族のための寺院ではないこともあって、周囲が約四〇〇メートルという、きわめてコンパクトな造りの遺跡であるが、この寺院に残る壁面彫刻等の数々はいずれも、クメール芸術の最高傑作と称されているものばかりである。

行き方は、東メボン寺院とプレ・ループ寺院のちょうど中間にある三叉路を、西に向かって直進、途中で北に折れて、約一九キロほどの距離で、シェムリアプの中心部からは、トゥクトゥクやバイク・タクシーで、約一時間ほどかかる。

治安上、長く行くことが禁止されていた遺跡で、筆者も一九九二年に、大枚一〇〇ドルをはたいて、自動小銃を構えた兵士二名を護衛に雇い、遺跡まで行った、あまり口にはしたくない過去がある。

もちろん、現在は遺跡へは、何の問題もなく行ける。また、バンテアイ・スレイへの片道一時間ほどのドライブは、ごく普通のカンボジア人の日常生活を垣間見ることの出来る、絶好の機会でもある。

高床式の民家と畑、ところどころに点在する小さな貯水池。放し飼いの牛がゆったりと草をはみ、子供たちが半裸で、元気一杯走り回る。おそらくは、早朝に一仕事終えた男たちが、高床式の家屋の真下につるしたハンモックでスッカリくつろぎ、民家の密集地には必ずある、飲み物やタバコ、バイク用に量り売りする瓶入りのガソリンなどを商う屋台では、女たちが子連れで、ちょっと立ち寄って、女店主相手に、世間話の花を咲かせている。南国カンボジアのごく自然な、日常がここでは息づいている。

そんなのどかな景色の中を進んで行くと、やがて空き地を車や、トゥクトゥク、バイク・タクシーが埋め尽くし、物売りの少年少女たちが大挙して待ち構えている場所にでっくわす。そこがいうまでもなく、バンテアイ・スレイへの入り口である。

バンテアイ・スレイは、他の多くの寺院同様、東側が正面になっている。東塔門のリンガの参道を進むと、まず二重の周壁があり、その間には環濠が掘られている。さらに進んで、一番内側の周壁の塔門をくぐると、そこが狭い境内になっていて、基壇上に拝殿つきの主祠堂と、その左右に副祠堂とが配されている。その前には左右に経蔵もあり、全体でひとつの伽藍を構成している。

バンテアイ・スレイの最大の見どころは、何といっても、美しい紅色砂岩で主に造られた祠堂や経蔵、塔門等の壁面やまぐさ、破風（屋根飾り）などを、文字通り、ビッシリ埋め尽くした、精緻な浮き彫り彫刻の数々である。

その大半は、もちろん、「ラーマーヤナ」や「マハーバーラタ」にその題材を求めたヒンドゥー神話の名場面の再現と、ヒンドゥーの神々や女神デヴァターの彫像である。

特に、北側の副祠堂の各面に刻まれた優雅なデヴァター像は、「東洋のモナリザ」などとも呼ばれ、フランスの著名な作家にして、政治家のアンドレ・マルローが、その美しさ故に盗掘し、本国に持ち帰ろうとして逮捕されたという、実に不名誉なエピソードが残っているほどである。

また、主祠堂の前につけられた拝殿の入り口の上の破風は、精緻な唐草文様を背景に、象に乗ったインドラ神の姿が描かれ、これなども特に、印象に残るレリーフであるといえる。

「ラーマヤーナ」の物語に題材を求めたレリーフとしては、主祠堂や南経蔵のものなどが、「マハーバーラタ」に題材をとったものとしては、北経蔵のものが、それぞれ、見事である。ただ、後者に関しては外側の周壁の塔門上の破風にも見事な浮き彫りがあったといわれており、これは現在、プノンペンの国立博物館に収蔵されている。

バンテアイ・スレイは長い間、行くことの出来なかった遺跡にしては、保存状態もよく、アンコール遺跡巡りの、間違いなく、ハイライトのひとつになっている。それ故に、訪問が解禁された後、ここを訪れる観光客の数は凄まじく、入場待ちの長い行列が出来るなど、ゆっくりと見学することが出来ない、遺跡になってしまった感がある。

## バンテアイ・サムレ

一二世紀の初頭に、アンコール・ワットの創建者であるスールヤヴァルマン二世によって建てられた、ヒンドゥー教寺院である。

東メボンとプレ・ループの、ほぼ中間の三叉路を東に直進し、途中で曲がれば、バンテアイ・スレイに至る道になり、曲がらず、そのまま直進すれば、約五キロほどで、バンテアイ・サムレに着く。

バンテアイ・サムレとは、「サムレ族の砦」との意味（ちなみに、バンテアイ・クディは「僧の砦」、バンテアイ・スレイは「女の砦」の意である）で、そのネーミングはかつて、サムレ族にすばらしく美味なきゅうりをつくる農民がいて、王に、その畑を王の畑として管理し、もし不法に侵入する者があれば殺してもいいという権限を与えられたが、ある日、侵入者を殺すと、これが当の王だった。王には跡継ぎがいなかったため、この農民が王になったという伝承に、基づくものである。しかしながら、王になった農民は高官たちのねたみを恐れて、このバンテアイ・サムレに閉じこもったというのである（もちろん、単なる伝承）。

バンテアイ・サムレは、その名の通り、砦のような高い外壁を周囲に張り巡らした、独特の外観が特徴である。東の塔門をくぐって境内に入ると、回廊に囲まれた一堂型の中央祠堂が建ち、また、回廊の内側には、参拝者がグルッと中央祠堂の回りを歩いて一周出来るよう、張り出した石のテラスが設けられているなど、他の遺跡にはない特徴がある（反面、回廊自体は、途中に壁による仕切りが何カ所かあって、その内部を歩いて一周出来るようにはなっていない）。

中央祠堂は前部に拝殿をつけ、これは創建当初からそうなっていたのかどうかは不明だが、ただ一カ所の出入り口があるのみである。

回廊の内には付属の経蔵も建てられていて、全体的にコンパクトに、小さくまとまっている感じが、強い。

## ロリュオス遺跡群

八世紀のカンボジアは、北部の「陸真臘」と南部の「水真臘」とに分裂、後者はさらに小国に分裂しては抗争を繰り返し、ついにはジャワの王朝（シャイレーンドラ王朝？）の支配下に置かれるなど、混迷の時代が長く続いていた。こうした混迷に終止符を打ったのが、ジャヤヴァルマン二世で、王は帰国したとされるジャヤヴァルマン二世で、王は帰国後各地を転戦しつつ、国内をほぼ再統一、八〇二年にプノン・クーレンの地で、「転輪聖王（正義をもって国を治める王の意）」の儀式を執り行って、正式な王位についた。ジャヤヴァルマン二世はさらに各地を転戦し続け、八五〇年に「ハリハラーヤ」の地で没した、といわれている。

その後を継いだのは、息子のジャヤヴァルマン三世であるが、この王の事績については、ほとんど、わかっていない。同王の後継者となったのは、ジャヤヴァルマン二世の王妃の親戚にあたるといわれている、インドラヴァルマン一世で、八七七年に正式に王位につくと、「ハリハラーヤ」の地に、本格的な王都を建設する。このアンコール朝にとっての初めての王都が、ロリュオス遺跡群である。

ロリュオス遺跡群に行くのには、シェムリアプの街の中心部からなら、国道六号線を空港とは反対の方向、すなわち東に向かって、車を走らせ、約一三キロ、時間にして三〇分あまりの距離である。

かつて、ロリュオス遺跡群に向かう道には、途中に軍の検問所が置かれ、いつでも交戦可能な態勢で戦車が配備されているなど、実に重々しい雰囲気であったが、今はただただ、のどかな田園風景が、どこまでも広がっているばかりである。以下、〈　〉内はロリュオス遺跡群を構成する各遺跡。

## 〈バコン寺院〉

バコン寺院は、その王都「ハリハラーヤ」の中心寺院として、九世紀後半にインドラヴァルマン一世によって、築かれたものである。

バコンは、三重の周壁によって囲まれた壮大な規模のヒンドゥー教寺院であったことがわかっているが、現在ではその第一周壁と第二周壁はほぼ完全に倒壊し、第三周壁内部の伽藍のみが残っている。

現存する第三周壁内部の伽藍について詳述すると、まず中央にはラテライトと砂岩を使った五層の石の基壇を積み上げ、その上に一堂型の中央祠堂が建てられている。基壇の高さは合わせて約一四・六メートル、中央祠堂のそれは一五メートルほどである。

また、基壇の周囲には、それをグルリと取り囲むようにして、八基のレンガ造りの小祠堂や、その他の付属施設が配されている。

寺院の正面は東面であるが、東西南北どちらの側から見ても、同じように見える。各面には中央祠堂へ上る階段が設けられ、その両サイドには石の獅子像が配されている。

また、基壇の第四層南面には、唯一、戦う阿修羅のレリーフが残っており、それが見どころのひとつにもなっている。

バコンの祠堂は、実にシンプルながら、美しく、一二世紀初頭のアンコール・ワットをひとつの頂点とするクメール・ピラミッド寺院建築の、まさに原点とでもいうべき遺跡である。

バコン寺院には、現在、隣接して上座部仏教の寺院が建てられており、地元の人々にとっての信仰の場にもなっている。


〈プリア・コー〉


国道六号線を右折、バコン寺院に向かう途中にある、インドラヴァルマン一世が両親の菩提寺として建設した、ロリュオス遺跡群最古の、ヒンドゥー教寺院である。

祠堂はレンガ造りで、砂岩の基壇の上に三基ずつ二列に、計六基の祠堂が並んで建てられている。祠堂の正面には、それに相対する形でシヴァ神の乗り物とされる、聖なる牛ナンディンの石像が置かれていて、それが「プリア・コー（聖なる牛）」というネーミングの由来になっている。

各祠堂はレンガ造りではあるが、まぐさ材や側柱などには、砂岩が使われており、精緻な装飾文様やデヴァターなどの浮き彫りが施されている。レンガの上に漆喰を塗り、彫刻を施した個所もあるが、こちらは漆喰の剥離による損傷が著しい。

また、祠堂それ自体の保存状態も、良好とはいえず、まだ真新しいレンガでとりあえず補強した跡が、至る所に生々しく、残っている。

## 〈ロレイ祠堂〉

国道六号線の反対側、つまり北側には、今は完全に涸れてしまったが、インドラヴァルマン一世によって造られた「インドラタターカ」という巨大な貯水池があり、王都の治水灌漑事業の要になっていた。その中央に造られたのが、ロレイ祠堂である。

創建者はインドラヴァルマン一世の後継者で、息子のヤショーヴァルマン一世。創建は八九三年と、いわれている。

クメールの祠堂建築には、いくつかの決まったパターンがある。ひとつは立地条件の違いで、これには平地に祠堂や付属施設、回廊等の伽藍を平面的に配した「平地型」、平地に石の基壇を人工的に積み上げ、その上に祠堂を造る「ピラミッド型」、自然の丘や山の上に祠堂をつくり、その山頂に至る山の斜面に付属施設を配した「山岳テラス型」の、三つのパターンがある。また、いまひとつは祠堂の数による分類で、これにはやはり、ひとつの伽藍に対し、ひとつの祠堂の「一堂型」、主祠堂の左右に副祠堂を配した「三堂型」、三つの祠堂を二列に並べた「六堂型」、それに、主祠堂の四方に、四つの副祠堂を配した「五堂型」の、四つのパターンがあるのである。

たとえば、ロリュオス遺跡群を例にとれば、バコンは一堂型のピラミッド寺院、プリア・コーは六堂型の平地型寺院と、いうことになる。

それに対して、ロレイ祠堂は、二基の祠堂が二列、計四基のレンガ造りの祠堂が平面展開で建てられており、これは他に例がない造りである。したがって、もともとは、六堂型の祠堂として建設される予定であったものが、何らかの理由で途中で中断されたものと、考えられている。

祠堂はレンガ造りではあるが、プリヤ・コー同様、まぐさや側柱等には砂岩が用いられ、全体的に損傷は激しいが、一部にデヴァターの美しい浮き彫り彫刻などが、残っている。

また、四基の祠堂の中央に、十字型の溝が刻まれており、これは儀式の際に水を流すために造られたのではないかと、いわれている。

ロレイ祠堂は、かつてはインドラタターカに浮かぶ浮き島の上に造られていたが、今は上座部仏教の寺院が隣接して建てられ、その一部に包摂されて、生き残っている。

## トンレサップ湖とプノン・クロム

シェムリアプの市街地中心部から、シェムリアプ川沿いの道を車で南下すること約三〇分あまりで、トンレサップ湖の湖畔に着く。もっとも、同湖は雨季には乾季の三倍近くにまで膨れ上がるため、湖畔の位置も季節によって、変化する。したがって、雨季明け直後の一〇月末から一一月初頭に現地に行くと、まだ水が完全に引ききらず、水面からニョキニョキと大木が顔を覗かせている光景などに、よく出くわす。

湖畔の小高い堤道沿いには、今は立派な船着き場があり、遊覧用のボートが並んでいる。


湖上には、あちらこちらに本格的な水上家屋をはじめ、簡単な家を乗せただけのボート、周囲を網で囲った生簀などがあり、その間を大小様々な船が頻繁に、行き交っている。

ボート用のガソリンや日用品雑貨等を売る店なども、すべて湖の上にある。

トンレサップ湖は、世界有数の漁獲量を誇る淡水魚の宝庫であり、多くの水上生活者は生簀で魚を育ててそのまま売るか、あるいは、塩漬けした魚を発酵させて「トゥックトレイ」という魚醤や、「プラホック」という調味料にする魚のペーストに加工して、それを売ることで生計を立てている。また、漁師は伝統的に、チャム人やベトナム人の職業になっていることもあって、水上生活者には彼らの比率が多い。

トンレサップ湖の湖上から、船着き場方向を眺めると、その近くに約一四〇メートルほどのなだらかな小山が見える。これがプノン・クロムである。

船着き場に戻ると、そのすぐ近くに山頂への登頂路がある。途中まではまだ新しい石の階段が出来ていて、簡単に登ることが出来る。山頂には石組みのゆがみが目立ち、木材の支え棒も痛々しい、祠堂が三基、横一列に並んで建っている。これが第一次アンコール王都の建設者、ヤショヴァルマン一世が築いたプノン・クロムの祠堂であり、それぞれ、シヴァ、ヴィシュヌ、ブラフマーの、ヒンドゥー教の三大主神に捧げられたものと、いわれている。王は同様に、プノン・バケン、プノン・ボックの山頂にも祠堂を造り、もって王都の守りとしたのである。

祠堂の外壁には、デヴァターの浮き彫りなどもわずかに残っているが、顔を削られていたりして、見る影もない。

遺跡としての見どころはないに等しいプノン・クロムだが、ここから眼下に望む、見渡す限りの大草原と、それと混じり合い、虫食い状に広がる、あたかも巨大な水溜まりのようなトンレサップ湖の眺めは、何といっても、素晴らしい。

彼方では地平線や水平線が空と渾然一体になって、太陽が雲の合間から見え隠れするたびに、光の帯が草原上や湖上を蛇のように、うねっていく。まさに神々しい光景。もっともカンボジアらしいカンボジアが、そこにはある。

## ベンメリア

アンコール遺跡群より東に約四〇キロ、プノン・クーレンの山麓にある大遺跡である。バンテアイ・チュマールやプリア・ビヒィア同様、治安上の理由で長く、行きたくても行くことの出来ない幻の遺跡であったが、最近は道路も整備され、シェムリアプから二時間で、行くことが出来る。五ドルの入場料が、別途、必要。

ベンメリアは、アンコール・ワットの造営に先立つこと二〇年ほど前の、一一世紀の末から一二世紀の初頭に建設されたヒンドゥー教寺院であり、その造営者はアンコール・ワットを造ったスールヤヴァルマン二世といわれているが、実際にはその前の王の時代に建設が始まり、スールヤヴァルマン二世がそれを引き継いだらしい。その伽藍配置がアンコール・ワットと似ていることから、「アンコール・ワットの試作品」などともいわれている。もっとも、現在、その中央祠堂はほぼ完全に倒壊し、伽藍全体の崩壊も相当、進行していて、その往年の壮麗な姿を想像するのは、難しい。

境内は至る所に瓦礫の山が出来、歩くことがはなはだ困難な上に、倒壊した巨石を苔が覆い尽くし、実に滑りやすく、危険だ。最近は、観光客の増加により、境内に木の歩道橋が設置されたため、その範囲内であれば、問題なく、歩くことが出来る。

## プノン・クーレン

小国に分裂し、抗争をくり返していたカンボジアを再統一し、その後のアンコール朝の繁栄の基礎をつくったのが、ジャヤヴァルマン二世である。王は亡命ないし人質になっていたジャワから八〇〇年ころにカンボジアに帰国、八〇二年にプノン・クーレンにおいて、「転輪聖王」の儀式を行い、カンボジアの再統一を、広く内外に、アピールした。以降、王は各地を転戦しつつ、八五〇年に、シェムリアプ郊外のロリュオスの地で死去したといわれている。

プノン・クーレンは、アンコール朝の始まりの地＝聖地として、カンボジア人の信仰の対象となってきた。それだけでなく、同地はクメール石造建築にとって必要不可欠の建築素材である、砂岩の産地でもあり、プノン・クーレンから切り出された石材のブロックが、牛や象の引くソリや、水路を利用して筏によって、約四〇キロ離れたアンコールの地まで、はるばる、運ばれたのである。その山頂から山麓にかけては、今も多くの、当時の石切り場の跡が残っている。

シェムリアプからは車で二時間の距離で、プノン・クーレンの禁のゲートで、現在、外国人観光客からのみ、二〇ドルの入山料を徴収している。

山頂には、現在、新しい上座部仏教の寺院があり、巨石を利用し、金色に塗られた涅槃仏などが安置され、それがカンボジアの人々の信仰の対象となっている。また、参拝路の途中にある川には、川床にアンコール朝時代のものである、横たわるヴィシュヌ神などのヒンドゥー教の神々のレリーフや、リンガが彫り込まれているのを、見ることが出来る。

## クバル・スピアン

プノン・クーレンで調査を続けていた、フランス極東学院のジャン・ブールベが、地元の老人にその存在を教えられ、発見したのがクバル・スピアンである。

プノン・クレーンの裾野、バンテアイ・スレイから車で二〇分ほどの距離の山の麓で、車を降り、山道を三〇〜四〇分ほど、歩く。山道の木々に、赤のペンキで目印がつけられているが、なにしろ、人気のない山の中なので、ガイドなしに行くことは、お勧め出来ない。

やがて、山中を流れる川に出る。川の途中に段差があり、この小さな滝の流れる岩場に、横たわるヴィシュヌ神などのヒンドゥー教の神々の姿が刻まれている。よく見ると、足下の川床の岩にも、半球状のレリーフが無数に刻まれているが、これはシヴァ神の象徴であるリンガである。

クバル・スピアンは、広い意味でのプノン・クーレンの山麓に位置しており、遺跡に至る山道には、岩肌がむき出しになった個所が随所にあり、ここもまた、アンコール朝時代の石材の切り出し場であったことが、よくわかる。

## プノン・ボック

九世紀の末から一〇世紀の初頭、アンコール朝の基礎を確固なものとしたインドラヴァルマン二世の後継者として王位についた、その息子のヤショヴァルマン一世は、それまでの王都「ハリハラーヤ」を捨て、約二〇キロ離れたアンコールの地に、新たな王都「ヤショーダラプラ」（第一次アンコール王都）を築く。この時、王はプノン・

バケンの山頂に、王都の中心寺院を築くと共に、プノン・クロムとプノン・ボックの山頂にも同様の祠堂を建て、もって王都の守りとしたということは、前述した通りである。

プノン・ボックは、シェムリアプの市街地より北東に、車で約一時間の距離にあり、バンテアイ・サムレに向かう道を、さらに直進し、ロリュオス川を越えて、しばらく行って、左折する。

プノン・ボックは、高さにしてわずか二一二メートルほどの小山に過ぎないが、見渡す限り延々と平原が続くアンコールの地にあっては、極めて目立つ存在であり、ここもまたヒンドゥー教の神々の住む聖地＝須弥山として、アンコール時代、人々の信仰の対象となったのである。

見晴らしのいい山の上の遺跡は、内戦下にあっては、貴重な軍事拠点でもあった。プノン・ボックには、政府軍の基地が置かれ、当然、一般人の立ち入りは厳しく制限された。

麓から山頂の遺跡までは、徒歩で約三〇分。それ程急な山道ではないが、瓦礫と落ち葉で埋まった道は極めて歩きにくく、堪え難いほどの暑さと、湿気と、蚊の攻撃に、うんざりする。

山頂の遺跡は、三堂型の主祠堂と副祠堂が二つ残っており、あとは瓦礫の山になっている。主祠堂も中央のものは、上部構造を欠いている。しかし、その壁面に残るデヴァターのレリーフなどは、盗掘され顔面を欠いているものもあるが、かなり完全な形で残っており、同時期のプノン・バケンやプノン・クロムの祠堂に比べれば、保存状態はずいぶんといいように、思われる。これはフランス極東学院によって、一度修復の手が入っているためらしい。

遺跡に隣接して、現代の上座部仏教の寺院がある。

現在、フランスのギメ美術館が所有するシヴァ神とブラフマー神の頭部は、このプノン・ボックの祠堂で発見されたものであり、アンコール遺跡の調査と『アンコール踏査考』等の著作で知られるルイ・ドラポルトが、一九世紀の末に入手し、フランスに持ち帰ったものといわれている。

## タ・ネイ

タ・ネイは、タ・ケウのすぐ近くの深い森の中にある、小規模ではあるが、大変印象的な、遺跡である。

タ・ネイへ行くのには、タ・ケウの裏手の森へと続く道を、片道一五分ほど、歩く。途中までは一本道であり、岐路には矢印の表示もあるので、迷うことはまずないが、ガイドブック等にもあまり紹介されず、行く人がほとんどいないので、森の中の道を歩くのには、多少の勇気がいる。

タ・ネイは、一二世紀の末に、ジャヤヴァルマン七世が築いた大乗仏教の寺院であるといわれており、四つの門のある小振りな回廊の中には、現在、主祠堂を含む二つの祠堂が残っている。壁面やまぐさ上のレリーフ等もかなり残っており、見る価値は十分、ある。

## ワット・アトベア

シェムリアプの市街から南下、トンレサップ湖に向かう道の途中で右折、少し入ったところにある小規模な遺跡だ。

アンコール・ワットの創建者であるスールヤヴァルマン二世の治世に造られたヒンドゥー教寺院であるが、クメール寺院の大半が、東向きに建てられているのに対し、アンコール・ワット同様、西向きに建てられている、極めてめずらしい例である。

このことに関し、上智大学の丸井雅子氏は『アンコール・ワットへの道』（JTB刊）の中で、ワット・アトベアはその昔、アンコール・ワットへ参拝する人が必ず通過した寺であったという、地元の古老の言い伝えを紹介し、また、ワット・アトベアの「トベア」にはカンボジア語で「扉」という意味があることから、「アンコール・ワットへの参詣の途中、第一の札所の古刹寺としてこのワット・アットヴィアが位置していたと考えられる」との見解を、披瀝されている。

ワット・アトベアは、一基のみの中央祠堂と、それを取り囲む隔壁、それに付随する幾つかの施設があるだけの遺跡で、上座部仏教の寺院が隣接して建てられ、僧侶たちの格好の休憩所になっている。また、小さな村の中にあるため、子供たちの遊び場にもなっている。観光客がここまで足を延ばすことはなく、、筆者が境内で写真を撮っていると、物珍しさ故か、多くの村人が集まって来て、ちょっとした騒ぎになってしまった。アンコールの地にはこのような遺跡が、他にも無数にあるのである。

東京国立博物館には、このワット・アトベアから出土した壺や小瓶、ロケット型をした飾り瓦の断片などが、所蔵されているが、常設展示されているわけではないのが、残念である。

## プリア・ヴィヒア

タイとの国境のすぐ近くの、カンボジア領内にある大規模なクメール遺跡で、一〇世紀の初めにヤショヴァルマン一世によって、その建設が開始されたが、その後、何回か歴代の王による増改築がくり返され、現存する遺構の大半は、一〇世紀末のジャヤヴァルマン五世と、一一世紀初頭のスールヤヴァルマン一世の治世に築かれたものであると、いわれている。

山頂に中央祠堂を建て、そこに至る参道沿いに様々な建造物を配するという、典型的な山岳テラス型の寺院建築である。長い内戦に巻き込まれ、遺跡保存のための手立てを、何ら講じることが出来なかったこともあって、遺跡全体の破損は確かにひどいが、それでも各塔門などの破風に残るヒンドゥー神話をモチーフにした精緻なレリーフの数々は、実に見応えがある。また、雄大な自然をそのまま寺院に取り込んだ、設計者たちの意匠の素晴らしさは、様式美の極致ともいえるアンコール・ワットとは、また別の意味で、クメール祠堂建築の、まぎれもない最高傑作であるといえるだろう。

プリア・ヴィヒアへ行くのには、タイ側からのアプローチが楽だが、現在、そのタイ側からの遺跡への入場は、残念ながら、両国間の関係悪化によって、禁止されているようである。したがって、シェムリアプなどから、車とガイドを雇って、悪路を行くしか、当面は方法がない。行く場合には、経験豊富な旅行社やガイドと、よく相談を…。

## パノム・ルン

カンボジアとの国境の近く、タイ側にあるクメールの大遺跡、パノム・ルンに行くのにもっとも近い街は、ブリーラムであるが、宿泊設備等の関係で、スリンか、ナコン・ラーチャシーマーに、泊まった方がいいだろう。

パノム・ルンへ行く公共的な交通手段はないので、それぞれの街から、チャーターした車で行くのが、もっとも楽である。近くにはムアン・タムという、なかなか見応えのあるクメール遺跡もあるので、同時に回ればいいだろう。

パノム・ルンは、その名の通り、ルン山（パノムは「山」の意、カンボジア語の「プノン」と同じ）という標高三八三メートルの小山の山頂に中央祠堂を設け、その山頂までの約一六〇メートルほどの参道沿いに、様々な付属施設を配した、山岳テラス型のヒンドゥー寺院遺跡である。

一二世紀初頭に建設されたものと考えられており、日本におけるクメール遺跡研究の第一人者である上智大学学長の石澤良昭氏は、パノム・ルンはプリア・ヴィヒアとの共通点も多く、おそらく、同じ設計者がプリア・ヴィヒアの増改築にも携わったのではないかとの見解を、明らかにされている。

パノム・ルンは、ピマーイ寺院と並ぶ、タイにあるクメール建築の最高峰であり、遺跡はよく整備された遺跡公園になっている。入場料は四〇バーツで、参道の入り口には駐車場とお土産物店、食堂などがある。

リンガの参道を進んでいくと、やがて山頂に至る急階段が始まり、息を切らせながらこれを登っていくと、その前方に中央祠堂の尖塔が見えて来る。階段は一直線ではなく、ところどころに、踊り場が設けられているため、尖塔は参拝者をじらすように見え隠れする。そして、階段を登り詰めたところで初めて、一気に視界が開け、参拝者は垂直に拡がる大回廊と、垂直に伸びた中央祠堂のまさに絶妙なコントラストに、思わず息を飲むことになる。

回廊に囲まれた山頂には、「モンドップ」と呼ばれる拝殿を前堂としてつけた中央祠堂と、「プラーン・ノイ」と呼ばれる小祠堂をはじめ、幾つかの付属施設が配されている。

パノム・ルンの中央祠堂は、後述するピマーイ寺院のそれに比べてよりスリムで、破風（屋根飾り）を多用した、天にむかって燃え上がる火炎樹のようなフォームが、その特徴だ。破風やまぐさ、側柱等に残る彫刻も、見事である。

そのパノム・ルンから約五キロほど離れたムアン・タムは、一一世紀の初めに造られたヒンドゥー寺院遺跡で、二重の隔壁と五基の祠堂（ただし、中央の祠堂は基壇を残すのみ）からなる平面展開の伽藍が、その特徴である。隔壁の間には、四方に聖池が配された空間があり、その水面に遺跡が上下対称に浮かび上がって、まさに息を飲むような、美しさである。

## ピマーイ寺院

ピマーイ寺院、正確にはプラサート・ヒン・ピマーイは、「タイのアンコール・ワット」と呼ばれ、東北タイに点在する多くのクメール遺跡の中で、唯一、公共的な交通手段を使って行くことの出来る遺跡である。

遺跡への拠点になるナコーン・ラーチャシーマーは、東北タイ最大の都市で、そのバンコクからは飛行機、バス、列車等で、行くことが出来る。ピマーイ寺院へ行くのには、郊外の新バスターミナルから出ているピマーイ行きのバスに乗る。ほぼ三〇分間隔で出ていて、一時間～一時間半で、ピマーイの街に着く。もっとも、遺跡のあるピマーイの街には、小さいながらも、設備の整ったピマーイホテルがあり、とても感じのいいホテルなので、筆者としては、ナコーン・ラーチャシーマーからではなく、ここに泊まられることをお勧めする。

ピマーイの街は、ピマーイ遺跡公園のある旧市街と、その周囲に拡がる新市街からなるが、前述のピマーイホテルや、各種お土産物店、レストランなどはすべて、旧市街の、それも遺跡公園の門前にあるので、いたってわかりやすい。

ピマーイ寺院は、一一世紀の後半か、遅くとも一二世紀の初頭に、タイの東北部のマヒトーラプラを拠点としつつ、アンコール王都をもその支配下に置いていたといわれる、ジャヤヴァルマン六世によって造営されたと考えられている仏教寺院で、アンコール・ワットの原型になったともいわれる、クメール建築史上極めて重要な建造物である。

高さ二八メートルの中央祠堂と、それを取り巻く回廊、さらにその周囲を二重の隔壁によって取り囲んだ大規模な遺跡であるが、現在、その一番外側の隔壁そのものは、残念ながら、残っていない。また、回廊によって囲まれた境内には、中央祠堂と共に、ふたつの小祠堂が残っているが、中央祠堂と比べると造りに粗雑さが際立ち、崩壊が相当、進んでいる。中央祠堂とは別に、後世に造られたものである可能性もある。

中央祠堂は「モンドップ」という拝殿を前堂としてつけた構造のもので、パノム・ルンのそれに比べ、ややズングリとした、その分、均整のとれた形の尖塔が、その特徴だ。まぐさや破風、側柱には、精緻なレリーフが残っている。

ピマーイ寺院の最大の特徴は、多くのクメール遺跡と異なり、建物が東向きにではなく南向きに、建てられていることであろう。この点についてクメール遺跡研究の第一人者である石澤良昭氏は、参拝者が南ないし北の出入り口から入って、右回りに境内を回り、菩薩がこの世に現れる時に使うという北の出入り口から出て行くことによって、悟りに達するという、新しい密教の信仰に基づいたものではないか…との見解を明らかにされている。ピマーイ寺院は密教の中心地として、アンコール王都にそれを伝えたのだ、というのである。

ピマーイ寺院は、その後、一三世紀の初頭ごろまで増改築が行われたらしく、中央祠堂から、アンコール・トムの造営者、ジャヤヴァルマン七世の像なども、発見されている。

遺跡公園に入るのには、四〇バーツの入場料が必要である。また、遺跡公園から北に歩いて数分のところに、ピマーイ国立博物館があり、午前九時〜午後四時まで、年中無休で開館されている。ピマーイ寺院をはじめ、周辺のクメール遺跡から出土した見事な石造彫刻の数々を展示する、近代的な設備の博物館で、入館料は三〇バーツである。

## ロッブリー

タイ国内に残る各地のクメール遺跡から発見された石造彫刻などのクメール美術の数々は、一般的に「ロッブリー美術」といわれている。これはかつて、タイ国内におけるアンコール朝の拠点が、ロッブリーにおかれていたと考えられているからである。

ロッブリーは、タイの首都バンコクから北に約一五三キロほどの距離にある、現在は小さな地方都市であり、バンコクの北バスターミナルからは、ほぼ二〇分間隔で、頻繁にバスが出ている。所要時間は、片道約二時間とちょっと。

ロッブリーは、元々、六〜七世紀ごろタイ中部で興ったモン人による国家「ドバーラバティ」の一都市であったと考えられているが、一一世紀にはこの地にもクメール人が進出、アンコール朝の支配下に組み込まれた。

ちなみに、ドバーラバティは未だその実態がよくわからない謎の王国で、王国の中心は現在のナコーン・パトムの近くにあったとされ、この地で発見された、インドの影響の極めて濃厚ないわゆる「ドバーラバティ様式」の仏像が出土する範囲(チャオプラヤー川下流域)が、王国の勢力圏であったと考えられている。

この地に現在残っている代表的なクメール遺跡は、プラ・プラーン・サム・ヨートと、ワット・プラ・シー・ラタナ・マハタートであり、いずれもロッブリーの鉄道駅のすぐ近くにある。また、そのアンコール朝を打ち破ったアユタヤのナーライ王が建設し、その後、タイの現王朝（ラタナコーシン朝）のラーマ四世の手によって、増改築が行われ、現在の姿になった、ナーライ・ラーチャニウェート宮殿が、現在、国立博物館として一般公開されており、ロッブリーで発見されたクメール美術の数々も展示されているので、是非合わせて、見学されることをお勧めする。

プラ・プラーン・サム・ヨートとは「三つの高塔」との意味で、まさにその名の通り、横一列に三つの祠堂が並んだ典型的なクメール建築である。ナーライ王の時代に、仏教寺院に改宗され、現在はほとんど崩壊してしまっているがレンガ造りの建物がつけ加えられ、上座部仏教の仏像が安置された。遺跡は鉄道駅の北側の線路沿い、駅から歩いて数分のところにあり、入場料は三〇バーツ。

ワット・プラ・シー・ラタナ・マハタートは、鉄道駅のそれこそ真ん前にある大寺院遺跡で、一堂型の中央祠堂は典型的なクメール建築である。ただ、境内にはクメール時代の建造物も残っているが、むしろ、後世のアユタヤ時代のものの方が多く、さらに様々な時代の様式の建造物が混在し、雑然とした雰囲気を漂わせている。

ただし、遺跡自体はよく整備され、芝生が敷き詰められた遺跡公園になっており、三〇バーツの入場料を取っている。

ロッブリーの街にはホテルも多いが、街の規模が小さい上に、主な見どころは鉄道駅から歩いて行ける範囲内にすべてまとまっていて、それを回るのにはせいぜい半日もあれば十分なので、バンコクからの日帰り観光をお勧めする。

## ワット・プー

ワット・プーのある、ラオス南部のバサック地方は、クメール人にとっての揺籃の地であった。

彼らがこの地につくった国家「真臘」は、六世紀の半ばにはその宗主国であった「扶南」からの独立を勝ち取り、いわゆる南進を開始した。そして七世紀の半ばまでには、その扶南をも完全に併合して、ラオス南部からカンボジア全土に至る、広大な領土の支配者となるのである。

しかしながら、クメール人はその南進後も、彼らの揺籃の地であるワット・プーを「聖地」として崇め、一一～一二世紀に入っても引き続き、歴代の王による、寺院の増改築が行われてきた。

そのワット・プーへの観光拠点となる町は、ラオスのパクセーである。パクセーにはラオスの首都ヴィエンチャンから、毎日、フライトがある。カンボジアのシェムリアプからも、毎日、飛行機は飛んでいる。

ワット・プーへ行く公共的な交通手段はないので、ホテルや旅行代理店などを通じて、車をチャーターする必要がある。

ワット・プーは、タイ・カンボジア国境のプリア・ヴィヒアや、東北タイのパノム・ルンなどと同様、自然の小山を利用して、その山頂に中央祠堂を造り、その山頂に続く参道沿いに各種の付属施設を効果的に配するという、山岳テラス型のヒンドゥー教寺院である。

## バンテアイ・チュマール

バンテアイ・チュマールは、プリア・ヴィヒア同様、カンボジアの北西部、タイとの国境より約二〇キロの距離にある、大乗仏教の大寺院遺跡で、創建者はジャヤヴァルマン七世である。現在は、シソポンからの日帰り観光が、可能である。

## コー・ケー

前王イーシャーナヴァルマン二世と対立し、アンコールの地より北東に約一〇〇キロ離れたコー・ケーの地に、新たな都城を建設していたジャヤヴァルマン四世は、対立していた前王の死去により、九四四年に正式に即位すると、王都をアンコールの地から、コー・ケーに遷都した。以降、九四四年にラージェンドラヴァルマン王が、再び王都をアンコールの地に移すまでの十数年間、ここがアンコール朝の政治的中心地となったのである。

コー・ケーの王都の、その中心には、高さ三五メートルのピラミッド寺院であるプラサート・トムが、そびえ立っている。

道路が整備されたため、今はシェムリアプから、片道二時間で行くことが出来る。一〇ドルの入場料が、別途、必要。

## 大プリア・カーン寺院

アンコール地区にあるプリア・カーンと区別するために、コンポンスヴァイのプリア・カーン、もしくは、大プリア・カーンと呼ばれている。本文中に記したように、行くことは可能だが、非常に困難だ。

## サンボール・プレイ・クック

プノンペンからシェムリアプに向かう国道六号線沿いにある街、コンポン・トムから北に約三〇キロ、車で約一時間の距離にある。

七世紀の初頭に、イーシャーナヴァルマン王によって造られた真臘の王都「イーシャーナプラ」の都市遺構である。

## プノン・ダ

扶南は一世紀の末ないし二世紀の初頭から七世紀の前半にかけて、カンボジア南部のメコン・デルタを中心に栄えたクメール人の国家で、その貿易港であったと考えられているオケオ（現在はベトナム領）からは、ローマの金貨や後漢時代の鏡などが出土している。扶南が、海上交易によって栄えた国家であったことが、このことからもよくわかる。

扶南はやがて、同じクメール人の国家＝真臘によって征服され、七世紀の半ば以降、歴史の表舞台からは姿を消す。

六世紀にその王都が置かれたアンコール・ボレイは、プノンペンから国道二号線を南下、かつてUNTAC暫定統治下で自衛隊のPKO部隊の駐屯地が置かれたタケオの近くにある。車なら片道三時間半ほどの、距離である。

その王都は聖山＝プノン・ダの麓にあったと考えられており、プノン・ダの山腹には扶南時代の遺構と見られる「アスラム・マハルセイ」等が、残っている。また、この山中からはインド美術様式を色濃く残す、仏像等や大変力強いヒンドゥー教の神像などが多数出土し、「プノン・ダ様式」と呼ばれている。


以上は、膨大なクメール遺跡群の、ごくごく一部である。ここに記さなかった遺跡が、一見の価値もない遺跡というわけでは、必ずしも、ない。

## 主な参考文献一覧（順不動）


羽田令子『タイ・燦爛たる仏教の都』社会評論社、一九九一年
桑野淳一『タイの古寺を歩く』連合出版、二〇〇五年
梶原俊夫『イサーンの旅』めこん、二〇〇九年
宗谷真爾『アンコール史跡考』中央公論社、一九八〇年
石澤良昭編『タイの寺院壁画と石造建築』めこん、一九八九年
石澤良昭『アンコール・ワット』講談社、一九九六年
石澤良昭『古代カンボジア史研究』国書刊行会、一九八二年
石澤良昭『世界の歴史13／東南アジアの伝統と発展』中央公論社、一九九八年
石澤良昭編『蘇る文化遺産　アンコール』日本テレビ、一九八九年
石澤良昭他『アンコール・ワットへの道』JTB、二〇〇〇年
石澤良昭編『アンコール・ワットを読む』連合出版、二〇〇五年
石澤良昭『アンコール・王たちの物語』NHK出版、二〇〇五年
石澤良昭、大村次郷『アンコールからのメッセージ』山川出版、二〇〇二年
石澤良昭『興亡の世界史11　東南アジア多文化世界の発見』講談社、二〇〇九年
石澤良昭、大村次郷『アンコールの仏像』日本放送出版協会、二〇〇七年
石澤良昭編『おもしろアジア考古学』連合出版、一九九七年
中尾芳治編『アンコール遺跡の考古学』連合出版、二〇〇〇年
盛合禧夫編『アンコール遺跡の地質学』連合出版、二〇〇〇年

片桐正夫編『アンコール遺跡の建築学』連合出版、二〇〇一年
坪井善編『アンコール遺跡と社会文化発展』連合出版、二〇〇一年
青柳洋治、佐々木達夫編『タニ窯跡の研究　カンボジアにおける古窯の調査』連合出版、二〇〇七年
田畑幸嗣『クメール陶器の研究』雄山閣、二〇〇八年
矢部良明『タイ　ベトナムの陶磁』平凡社、一九七八年
丸山雅子他『地域の多様性と考古学　東南アジアとその周辺』雄山閣、二〇〇七年
高橋宏明『カンボジアの民話世界』めこん、二〇〇三年
J・デルヴェール『カンボジアの農民』風響社、二〇〇二年
伊東照司『アンコールワット』山川出版、一九九三年
伊東照司『アンコール・ワットの彫刻』雄山閣、二〇〇九年
伊東照司『東南アジア美術史』雄山閣、二〇〇七年
伊東照司『ベトナム仏教美術入門』雄山閣、二〇〇五年
重枝豊『アンコールワットの魅力　クメール建築の味わい方』彰国社、一九九四年
波田野直樹『アンコール遺跡を楽しむ』連合出版、二〇〇三年
波田野直樹『アンコール文明への旅』連合出版、二〇〇六年
波田野直樹『キリング・フイールドへの旅』連合出版、二〇〇六年
三留理男『悲しきアンコール・ワット』集英社、二〇〇四年
北川香子『カンボジア史再考』連合出版、二〇〇六年
北川香子『アンコール・ワットが眠る前に』連合出版、二〇〇九年
笹川秀夫『アンコールの近代』中央公論新社、二〇〇六年
ブイユヴォー他『カンボジア旅行記』連合出版、二〇〇七年

上田広美編『カンボジア王の年代記』明石書店、二〇〇六年
藤原貞朗『オリエンタリストの憂鬱　植民地主義時代とフランス東洋学者とアンコール遺跡の考古学』めこん、二〇〇八年
パトリシア・モルトン『パリ植民地博覧会』ブリュッケ、二〇〇二年
千原大五郎『東南アジアのヒンドゥー・仏教建築』鹿島出版会、一九九五年
佐藤正彦、片桐正夫編『アジア古建築の諸相』相模書房、二〇〇五年
布野修司編『アジア都市建築史』昭和堂、二〇〇三年
布野修司『曼荼羅都市　ヒンドゥー都市の空間理念とその変容』京都大学出版会、二〇〇六年
樋口英夫『風景のない国・チャンパ』平河出版、一九九五年
ベトナム社会科学院編『チャム彫刻』連合出版、一九八八年
レン・タン・コイ『東南アジア史』白水社、一九七〇年
石井米雄、桜井由躬雄編『東南アジア史Ⅰ　大陸部』山川出版、一九九九年
桜井由躬雄、石澤良昭『東南アジア現代史3　ヴェトナム・カンボジア・ラオス』山川出版、一九九五年
岩波講座『東南アジア史1、2』岩波書店、二〇〇一年
小倉貞男『物語ヴェトナムの歴史』中央公論社、一九九七年
小倉貞男『ヴェトナム　歴史の旅』朝日新聞社、二〇〇二年
ファム・カク・ホエ『ベトナムのラスト・エンペラー』平凡社、一九九五年
NHK取材班他『NHK美の回廊をゆく／東南アジア至宝の旅（全三巻）』NHK出版、一九九一年
今川幸雄他『アンコールの遺跡　カンボジアの文化と芸術』霞ヶ関出版、一九六九年
今川幸雄『現代真臘風土記』KDD、一九九七年
フーォ・タット『アンコールの遺跡とカンボジアの歴史』めこん、一九九五年

ブリュノ・ダジャンス『アンコール・ワット』創元社、一九九五年
ブリュノ・ダジェンス『アンコール・ワットの時代』連合出版、二〇〇八年
ジョルジュ・セデス『アンコール遺跡』連合出版、一九九〇年
ジョルジュ・セデス『東南アジア文化史』大蔵出版、一九八九年
宮本隆司『Angkor』リブロポート、一九九四年
高崎光哲『アンコール・ワット拓本集』五月書房、一九九三年
ベルナール・P・グロリエ『西欧が見たアンコール』連合出版、一九九七年
青山利勝『ラオス』中央公論社、一九九五年
新谷忠彦他『タイ文化圏の中のラオス』慶友社、二〇〇九年
綾部恒雄・石井米雄編『もっと知りたいカンボジア』弘文堂、一九九六年
桜井由躬雄編『もっと知りたいベトナム』弘文社、一九九五年
綾部恒雄、石井米雄編『もっと知りたいラオス』弘文社、一九九六年
上田広美、岡田知子編『カンボジアを知るための60章』明石書店、二〇〇六年
ラオス文化研究所編『ラオス概説』めこん、二〇〇三年
ラオス地域人類学研究所編『ラオス南部：文化的背景と記憶の探求』雄山閣、二〇〇七年
松山晃『東南アジアの伝統食文化』ドメス出版、一九九六年
『朝倉世界地理講座3　東南アジア』朝倉書店、二〇〇九年
森枝卓士『世界の食文化4　ベトナム・カンボジア・ラオス・ミャンマー』農文協、二〇〇五年
坂井隆他『東南アジアの考古学』同文社、一九九八年
ハ・ヴァン・タン編『ベトナムの考古学』六興出版、一九九一年
大橋久利、トロン・メアリー『ヴェトナムの中のカンボジア民族』古今書院、一九九九年

主な参考文献一覧


周達観『真臘風土記』平凡社、一九八九年
ルイ・ドラポルト『アンコール踏査考』平凡社、一九七〇年
J・ボワスリエ『クメールの彫刻』連合出版、一九八六年
J・ボワスリエ『アジア美の様式（下）』連合出版、一九九四年
マドレーヌ・ジトウ他『クメールの芸術』芸術新聞社、一九九七年
フィリップ・ローソン『東南アジアの美術』めこん、二〇〇四年
オフェル・シャガン『東南アジアの美術と歴史』里文出版、二〇〇一年
チャン・キィ・フォン『チャンパ遺跡』連合出版、一九九二年
桃木至朗、樋口秀夫、重枝豊『チャンパ　歴史・末裔・建築』めこん、一九九九年
チャンヴェトキーン『ヴェトナム少数民族の神話　チャム族の口承文芸』明石書店、二〇〇〇年
菊池一雅『インドシナの少数民族社会誌』大明堂、一九八九年
新江利彦『ベトナムの少数民族定住政策史』風響社、二〇〇七年
レジナルド・メイ『東南アジアの仏教美術』明石書店、一九九九年
スメート・ジュムサイ『水の神ナーガ』鹿島出版会、一九九二年
平山郁夫他『アンコール・ワットへの道』講談社、一九九二年
井川一久編『危機に立つアンコール遺跡』朝日新聞社、一九九〇年
高杉等『東南アジアの遺跡を歩く』めこん、二〇〇一年
ペン・セタリン『アンコール・ワットの青い空の下で』てらいんぐ、一九九九年
佐野勝司『石ひとすじ　歴史の石を動かす』学生社、二〇〇九年
森本喜久男『カンボジア絹絣の世界』NHK出版、二〇〇八年
岩宮武二『アンコール』岩波書店、一九八四年

松本栄一『女神群舞』時事通信社、一九九三年
田村仁『ANGKOR』恒文社、一九九四年
田村仁、石澤良昭『アンコールの王道を行く』淡交社、一九九九年
内山澄夫『アンコール・ワット物語』集英社、一九九九年
BUKU斎藤『BAYON』小学館、一九九七年
BUKU斎藤『幻都バンテアイ・チュマールの神々』梧桐書院、二〇〇五年
BUKU斎藤『アンコールと生きる』朝日新聞社、二〇〇五年
スティーブ・マッカリー『聖域アンコールの寺院』ファイドン、二〇〇五年
町田甲一編『新装版　世界の文化史蹟　アンコール・ワット』講談社、一九七八年
大林太良編『世界の大遺跡　アンコールとボロブドゥール』講談社、一九八七年
肥塚隆編『世界美術大全集東洋編12　東南アジア』小学館、二〇〇一年
『アンコールワットとクメールの美術の100年展』図録、一九九七年
『大アンコールワット展』図録、二〇〇五年
『アンコールワット展』図録、二〇〇九年
東京国立博物館『アンコールの美術　フランス極東学院交換品目録』一九九八年
石井米雄他『東南アジアを知る事典』平凡社、一九九六年
石井米雄他『ベトナムの事典』同朋舎、一九九九年
土方美雄『アンコールへの長い道』新評論、一九九九年
土方美雄『北のベトナム、南のチャンパ　ベトナム・遠い過去への旅』新評論、二〇〇一年

以上は、私が直接、購入し、目を通した本の一覧であって、ここに記さなかった本が、読む価値がない本

ということではありません。また、邦語・邦訳文献以外は、掲載しませんでした。すでに絶版になっている本もあります。

# あとがき

一九九九年に私は、一九九一年から九八年にかけての八年間の、私のアンコールへの長い道を辿る旅の、とりあえずの「中間報告」として、新評論から『アンコールへの長い道』という本を出した。その後、二〇〇一年に同社から出した『北のベトナム、南のチャンパ　ベトナム・遠い過去への旅』の中でも、その後の旅について言及はしたが、それ以降もほぼ毎年、私のアンコール詣では続いていた。一〇年近くが経過し、そろそろ、その後の旅の記録を、一冊の本にまとめたいという思いもあって、何社もの出版社を回ったが、正直、なかなか、色よい返事をいただくことが出来なかった。

それだけではなく、二〇〇五年に新紀元社から『マヤ・アステカの神々』を上梓して以来、まったく本が出せないという状況が、今日まで、続いていた。ひとつには巷の出版不況ということも、もちろん、あるのだが、それだけではなく、「売れる本」を出せていないという、私自身の力不足に他ならない。もう、本を出すことは、あるいは出来ないかもしれないなどと、諦観めいた思いに駆られつつも、それでも旅は続け、旅の記録を、随時、文章にまとめては、主に『リプレーザ』という、私自身が編集委員をつめる季刊誌に、掲載していただいていた。

本書に収録した原稿は、その大半が、同誌に連載した「所詮、『旅人』。」用に書いたもので、それをまとめて、さらに加筆と、一部の書き下ろし原稿も加えて、一冊の本にすることを許して下さった、同誌および、同誌の発売元である社会評論社には、深く、感謝している。

社会評論社は、私の初めての本『靖国神社　国家神道は甦るか！』（一九八五年）を出して下さった、出版社である。その後、一〇冊あまりの本を、世に出すことが出来たが、社会評論社からは、これが二冊目の本である。

前書からは二五年が経過し、私ももうすぐ、六〇の大台に手が届く年となった。この二五年もの間に、どれほどの仕事をして来たのかと考えると、実に暗澹たる思いに駆られるのも、また事実である。それでも、精一杯走っては来たつもりだが、すべてが道半ばで、もう身体はボロボロ、この先、一体、どこまで走り続けることが出来るのかも、皆目、わからない。ある人が批判されたように、私は活動家として、もはや、運動の第一線に立っているわけでもなく、かといって、研究者としての道も歩まず、物書きとしても、所詮、三流だ。

それでも、諦めることなく、枯れることなく、悟ることもなく、たとえ、「世界崩壊前夜」であれ、何であれ、とにかく、行けるところまでは行ってやるのだとうそぶきつつ、無様に、ジタバタと、走り続ける覚悟である。

本書がそんな私の、新たなスタート・ラインとなってくれることを、心底、願っている。

この本を書いたのは私だが、『リプレーザ』誌を共に出し続ける同志として、また、カンボジアへの旅の同行者として、私を有形・無形に支えて下さったのは、同誌編集長の小島四郎さんと、編集委員の新居崎邦明さん、大島俊一さんの各氏である。とりわけ、写真家でもある大島さんには、いつも、歯噛みするほど、不本意な写真しか撮れない私のために、カバーと口絵・中扉用に、素晴らしい写真を、提供していただき、心から、感謝している。

長年の友人である末田亜子さん、何冊かの私の本を出して下さり、カンボジアの旅にも同行していただいた㈱リボゾーンの込山明子さんのお二人もまた、それぞれ、何とか、土方にカンボジアの本を出させてやろうと、いろいろ、尽力して下さった。

年上の旅の友である、柏崎邦子さん、いつも、バカな父親・息子を見放さずにいてくれる、娘の悠子と母、そして、何より、厳しい出版事情の中、本書出版の機会をつくって下さった、社会評論社の松田健二さんに対しても、心から、感謝の意を表します。

本当に、皆さん、ありがとう。まだまだ、死にません。

最後に、本書に収録した原稿の初出は、以下の通りである。

第一章「新たな旅のスタート・ライン」（『リプレーザ』第一期第二号、二〇〇七年四月）

第二章「その先の『世界』へ～未踏査のアンコール遺跡群を行く～」（『リプレーザ』第一期第五号～第七号、二〇〇八年二月～一〇月）

第三章「再び、大プリア・カーン寺院へ」（『リプレーザ』第二期第一号、二〇一〇年一月）

第四章「バンコクからホーチミンまで～タイ・カンボジア・ベトナムの国境を超える～」（書き下ろし）

第五章「王たちの見た『夢』～ベトナム墓紀行～」（『リプレーザ』第一期第四号、二〇〇七年一一月）

第六章「13年ぶりのワット・プー&ラオス再訪」(『リプレーザ』第二期第二号、二〇一〇年五月)
「アンコール遺跡の歩き方」(以前、ガイドブック用に書いた原稿を全面改稿)
そして、最後に、本書を読んで下さった読者の皆さん、どうか、よい旅を。
二〇一〇年八月一四日　COCCO『エメラルド』を聴きながら

上方美雄

土方美雄（ひじかた・よしお）
フリーランス・ライター。古代アメリカ学会会員。季刊総合誌『リプレーザ』編集委員。
主な著書としては、『靖国神社　国家神道は甦るか』（社会評論社）『京セラ　その光と影』（れんが書房新社）『検証国家儀礼』（野毛一起・戸村政博との共著、作品社）『アンコールへの長い道』（新評論）『北のベトナム、南のチャンパ　ベトナム・遠い過去への旅』（同）『マヤ終焉　メソアメリカを歩く』（同）『写真でわかる謎への旅　メキシコ』（辻丸純一との共著、雷鳥社）『ミステリー＆ファンタジーツアー　マヤ／アステカ』（新紀元社）『マヤ・アステカの神々』（同）『トッピング充実！メキシコ音楽タコス』（共著、中南米マガジン）等々。
メール・アドレス　hijikata@kt.rim.or.jp
個人ブログ　http://ameblo.jp/hijikata/

カバー・口絵・中扉写真：大島俊一
本文写真：土方美雄

アンコールに惹かれて――国境を越える旅人

2010年9月10日　初版第1刷発行

著　者：土方美雄
装　幀：桑谷速人
発行人：松田健二
発行所：株式会社 社会評論社
東京都文京区本郷2-3-10　☎ 03（3814）3861　FAX 03（3818）2808
http://www.shahyo.com/
印刷・製本：株式会社 ミツワ

## 風の民

ナバホ・インディアンの世界

●猪熊博行

四六判★ 2800 円／ 1306-2

会社を早期退職して居留地のナバホ「族立大学」に留学、工芸品造りを体験するかたわら、その豊かな精神文化、歴史、ことばを学んだ。見て、さわって、語り合った「ナバホ学履修レポート」。(2003・10)

---

[増補改訂版]

## 空の民《チャオファー》の子どもたち

難民キャンプで出会ったラオスのモン族

●安井清子

四六判★ 2000 円／ 0359-9

ラオスを追われた山岳の民＝モン族の子どもたちと、日本人ボランティア女性とのタイ国境難民キャンプでの豊かな出会いの日々。吉田ルイ子さん推薦。エピローグを増補して刊行。(2001・1)

---

## ナガランドを探しに

●坂本由美子

四六判★ 1748 円／ 0357-5

インド・ビルマ国境地帯にあるナガランド。ふとしたことで知り合ったナガ人の「アンクル」とその家族たちの優しさに触れて、彼らの語るナガランドに魅せられていく。ナガランドに潜入し、そこで見たものは。(1995・12)

---

## 入門ナガランド

インド北東部の先住民を知るために

●多良照俊

四六判★ 2000 円／ 0376-6

インドの差別はカーストだけではなかった。人種もまったく違うナガの人びとは 50 年にわたり独立を訴えてきた。知られざる歴史と文化を紹介。(1998・9)

---

## 売女でもなく、忍従の女でもなく

混血のフランス共和国を求めて

●ファドゥラ・アマラ／堀田一陽訳

四六判★ 2000 円／ 1321-5

集合団地地区のアラブ系移民の女たちは、スカーフも拒否し、非宗教、平等、混血のフランス共和国を求めて立ち上がり、パリの街頭を埋め尽くした。ムスリムの女たちの解放を目指す闘いの記録。(2006・5)

---

## 自由に生きる

売女でもなく、忍従の女でもなく

●ルーブナ・メリアンヌ／堀田一陽訳

四六判★ 2000 円／ 1311-6

「売女でもなく、忍従の女でもなく」。母親や娘たちの大行進はパリの街をゆるがす。自由と解放を求めるアラブ系在仏女性の描くもうひとつのフランス。(2005・2)

---

## 移民のまちで暮らす

カナダ　マルチカルチュラリズムの試み

●篠原ちえみ

四六判★ 2200 円／ 1301-7

「人種のモザイク」カナダは 1980 年代、多文化主義を法制化し、多民族を包摂する新たな国づくりをスタートさせた。異文化ひしめく町トロントに暮らしながら、来るべきコミュニティの姿を模索するレポート。(2003・5)